통 한국사

1

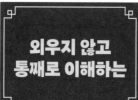
외우지 않고
통째로 이해하는

통 한국사

김상훈 지음 구 석 기 에 서 고 려 까 지 1

다산
초당

벌써 10년도 더 된 이야기입니다. 어느 날 저녁 식당에서 겪은 일이 죠. 당시 옆 탁자에는 대학생으로 보이는 남자 두 명이 술을 마시고 있었습니다. 선후배 사이로 보였는데, 선배가 후배에게 역사 지식을 뽐내고 있는 것 같았습니다.

발해, 백제, 근초고왕…. 이런 단어들이 들려와서 저도 모르게 귀를 쫑긋하게 됐습니다. 그런데 저도 모르게 인상을 찌푸리고야 말았습니다. 선배가 이렇게 말했거든요. "백제의 근초고왕이 멀리 중국까지 진출했어. 북쪽에는 발해가 있었는데…."

제 귀를 의심했습니다. 역사적 사실만 말하자면 근초고왕 통치 시절에 북쪽에는 고구려가 있었습니다. 발해는 고구려가 멸망한 후에 생긴 나라죠. 그러니 근초고왕이 중국에 진출했다 하더라도 발해가 그 땅에 있을 수는 없습니다. 20대 청년이 이 기본적인 역사조차 모르고 있었던 겁니다. 더 황당한 것은, 후배의 답변이었습니다. "아, 그래요? 남쪽에 백제, 북쪽에 발해가 있었던 거네요?"

그 두 사람에게는 미안한 일이지만, 한심해 보였습니다. 제 나라의 역사를 이렇게도 모를 수 있을까요? 분명히 중고교 역사 시간에 배웠을 내용입니다. 대학수학능력시험에서도 한국사 시험을 치르자면 한국사 공부를 했겠죠? 대학생이 되니 다 잊어버린 걸까요?

다소 유쾌하지 않은 이 경험이 『통한국사』를 집필하는 큰 계기가 됐습니다. 사실 제가 이 책을 쓰기 전에도 많은 한국사 서적이 출간돼 있었습니다. 스테디셀러로 자리 잡은 책들도 적지 않았죠. 게다가 유명 역사 강사들이 쓴 책도 많았습니다. 그런데 그 책들은 제가 원하는 형태가 아니었습니다. 청소년들이 쉽게 이해하기에는 너무 많은 정보가, 너무 빽빽하게, 너무 난해하게 들어 있었던 겁니다. 제가 원했던 책은 청소년이 쉽게 이해할 수 있으며, 지겨워하지 않고 끝까지 읽어낼 수 있는 책이었습니다. 결국, 제가 집필하기로 마음먹었고, 2012년 『통한국사』 초판을 출간했습니다.

저는 『통한국사』를 집필하면서 몇 가지 원칙을 지켰습니다. 첫째, 역사적 사실은 되도록 객관적으로 전한다. 둘째, 교과서에 수록된 내용은 빠뜨리지 않되 흥미 있게 스토리텔링을 한다. 셋째, 보수나 진보 진영 중 어느 쪽으로도 치우치지 않고 중립적으로 역사를 서술한다. 넷째, 초등학생도 이해할 수 있도록 어려운 용어는 최대한 풀어 쓴다. 다섯째, 세계사 흐름을 놓치지 않도록 한국사를 서술한다.

이 중에서 다섯째 원칙에 대해서는 조금 더 이야기해야 할 것 같습니다. 역사는 교과서나 책에 갇혀 있는 게 아닙니다. 한국사 또한 한국에만 갇혀서는 안 됩니다. 세계사의 흐름 속에서 한국의 역사를 바라봐야 합니다. 이런 원칙은 현대에도 그대로 작용하고 있습니다.

가령 한반도 주변 정세는 수시로 바뀌고 있습니다. 일본은 우리 대한민국과 지리적으로 가장 가깝지만, 식민 지배 역사로 인해 무척 껄끄러운 이웃 국가입니다. 그런 데다 일본은 독도를 다케시마竹島라 부르며 자국의 영토라고 주장하고 있습니다. 이는 명백한 도발이자, 역사 왜곡입니다. 최근에는 원자력 오염수 등 또 다른 문제로 우리와 갈등을 빚고 있죠.

중국은 어떨까요? 2002년 2월, 중국 정부는 '동북공정東北工程'이라는, 중국 동부지역 고대사를 연구하는 프로젝트를 시작했습니다. 이 프로젝트를 진행하면서 중국은 고조선과 고구려, 발해를 중국의 역사로 규정했죠. 우리 민족이 세운 이 세 나라를 '중국 변방의 소수 민족이 세운 나라' 정도로 위상을 떨어뜨린 겁니다. 최근에는 우리 민족의 전통 복장인 한복, 전통 음식인 김치까지 중국에서 비롯됐다고 우깁니다. 이런 모든 행위는 명백한 역사 왜곡이자 도발입니다. 고조선과 고구려, 발해는 모두 한민족이 주체가 돼 탄생한 국가라는 사실을, 우리는 모두 알고 있습니다. 세 나라의 문화적 유산은 오늘날까지 우리 민족의 피에 흐르고 있죠. 우리에겐 너무나 당연한 이 '역사적 사실'을 중국 정부가 외면하고 있는 셈이죠. 이런 점 때문에 중국을 싫어하는 한국인이 적잖습니다.

주변국들의 도발과 역사 왜곡에 어떻게 대처해야 할까요? 우리 정부의 현명한 외교가 무척 중요합니다. 다만 정부에 맡겨놓기만 해서는 안 됩니다. 국민 모두, 그중에서 특히 청소년들이 우리 역사를 제대로 알고, 눈을 부릅뜨고 지켜봐야 합니다. 청소년의 올바른 역사관이 중요한 이유입니다.

개정판 작업을 하면서 요즘 시대적 환경에 맞춰 더욱 시각적으로 디자인 요소를 강화했습니다. 청소년의 눈에 익숙한 서체로 바꿨고, 연표와 지도에도 시각적 요소를 강화했습니다. 이런 구성이 청소년 독자의 한국사 이해를 쉽도록 도울 것으로 기대합니다. 청소년이 제 나라의 역사를 외면하는 민족에겐 미래가 없습니다. 『통한국사』 2차 개정판이 청소년들의 한국사 이해를 높이는 데 도움이 되기를 바랍니다.

김상훈 드림

차례

첫 통일 왕조 서다

① 문벌귀족 전성시대

통한국사 ❷권
차례

제1장

구 석 기 에 서
고 려 까 지

역사의
새벽을
열다

한반도에 인류가 등장했다.
그 인류는 발전을 거듭해 역사 시대를 열었다.
우리 민족 최초의 국가 고조선의 탄생!
고조선은 고대 국가를 향해 힘찬 발걸음을 내디뎠다.

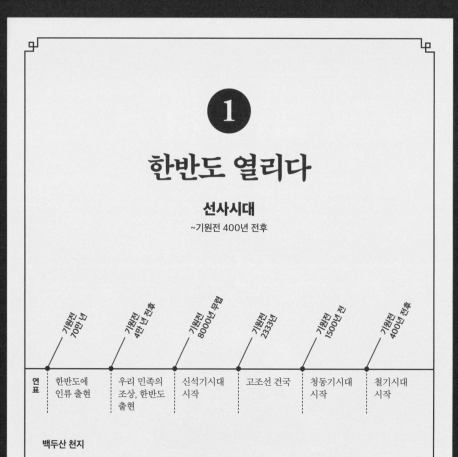

①

한반도 열리다

선사시대
~기원전 400년 전후

연표	기원전 70만 년	기원전 4만 년 전후	기원전 8000년 무렵	기원전 2333년	기원전 1500년 전	기원전 400년 전후
	한반도에 인류 출현	우리 민족의 조상, 한반도 출현	신석기시대 시작	고조선 건국	청동기시대 시작	철기시대 시작

백두산 천지

구석기시대와 민족의 기원

역사 공부를 시작하면서 첫 질문! 한반도에 첫 인류가 나타난 시점은 언제일까?

1970년대 초반 평안남도 덕천시 승리산 동굴유적에서 사람의 어금니 두 개와 어깨뼈 화석이 발견됐어. 이 화석을 조사해 보니, 45~55세쯤 되는 호모에렉투스의 일종이었지. 이 화석을 덕천인이라 불러.

평안북도 상원군 검은모루 동굴에서도 당시에 살았던 것으로 보이는, 1.5톤이 넘는 코뿔소의 뼈가 발굴됐어. 사람이 썼을 것으로 보

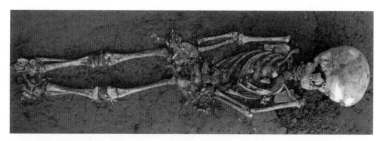

출토된 홍수아이의 유골 · 충청북도 청주시 두루봉 동굴 유적에서 출토된 구석기시대 유골이다. 약 4만 년 전에 살았던 것으로 보인다.

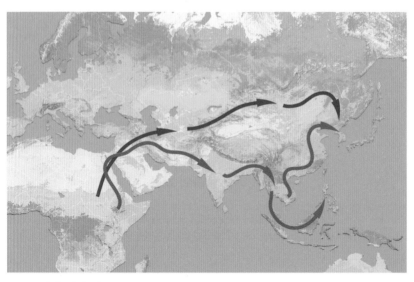

한민족의 이동경로 · 한민족이 북방에서 유래했다는 게 북방기원설, 남방에서 유래했다는 게 남방기원설이다. 두 학설이 혼합된 남북혼합설도 있다.

이는 깨진 돌과 불을 피운 흔적도 있었지. 약 40~60만 년은 족히 됐을 것으로 추정하고 있어.

이 모든 사실을 종합해 보면? 한반도에서 구석기시대가 시작된 것은 대략 70만 년 전이란 결론이 나와.

구석기시대 유적은 전국에 고르게 분포돼 있어. 대표적인 곳으로는 함경북도 선봉군 굴포리, 경기 연천군 전곡리, 충청북도 청주시 만수리 등이 있단다. 기억해 두렴.

자, 그렇다면 또 다른 질문! 이때의 초기 인류가 우리의 조상일까? 많은 학자들은 아니라는 답을 내놓고 있단다. 일반적으로는 기원전 4만~기원전 3만 년에 한반도 주변에 나타난 민족이 우리의 조상이 됐을 거라고 보는 학자들이 많아. 어떤 학자들은 조금 더 시기를 늦춰 잡아서 기원전 1만 5000~기원전 1만 년에 우리 조상이 한반도에 정착했다고 주장하기도 해.

주먹도끼 · 청주시 두루봉 동굴 유적에서 출토된 것이다.

그 어느 쪽이 사실이든, 이 무렵은 모두 후기 구석기시대에 속하고 한반도에 많은 유적지가 남아 있어. 몇몇 유적에서는 사람의 자취 이외에도 당시 생태계를 알 수 있는 흔적도 남아 있지. 가령 충청남도 공주시 석장리의 구석기 유적지에서는 뗀석기가 발견됐고, 충북 제천시 점말동굴, 청주시 두루봉 동굴에서는 곰, 하이에나, 사슴 등의 화석이 발견됐어. 현재는 존재하지 않는 동물의 화석도 섞여 있단다.

이런 궁금증이 생기기도 할 거야. "그들은 어디에서 어떤 경로로 한반도까지 왔을까?" 이에 대해서는 여러 학설이 있어.

가장 오래된 학설은 북방기원설이야. 아프리카에서 출발한 인류가 중앙아시아, 중국을 거쳐 한반도 북부로 들어왔다는 이론이지. 이

남방식 고인돌
땅속에 묘실을 만들고 덮개돌을 올린 남방식 고인돌이다.
고인돌은 남방 문화권에 더 많이 분포하고 있다.

농경문청동기에 나타난 솟대 · 청동기에 새겨진 솟대의 모습이다. 솟대는 나무나 돌로 만든 새를 장대나 돌기둥 위에 앉힌 상징물로, 남방 문화권에 많이 존재한다. 표시한 부분이 솟대이다.

이론은 우리 문화에 북방 요소가 많다는 점에 착안한 거야. 우선 우리 언어를 보면 북방의 알타이어족에 속해. 그들이 주로 쓴 민무늬토기를 우리 민족도 청동기시대에 썼지. 이 이론에 따르면 우리 민족 역시 중앙아시아 유목 민족의 혈통을 이어받았다고 할 수 있겠지?

그러나 우리 문화를 잘 살펴보면 북방에서 볼 수 없는 요소가 꽤 있어. 이를테면 청동기시대의 대표적 유물인 고인돌만 보더라도 북방보다는 남방 문화권에 더 많아. 솟대 또한 남방 문화에 해당하지. 이처럼 북방 문화와 남방 문화가 뒤섞였다는 점에 착안한 게 남북혼합설이야. 북방에서 온 기마민족과 남방에서 온 해양 농경민족이 한반도에서 어우러졌다는 얘기지.

최근 새로운 학설이 각광을 받고 있어. 바로 남방기원설이야. 우리의 조상이 동남아시아에서 해안선을 따라 이동하다 한반도로 들어왔다는 학설이지. 북방기원설이든 남북혼합설이든 북방민족이 한반도로 들어왔다는 사실 자체를 부인하지는 않았지? 그러나 남방기원설은 북방민족의 존재를 거의 인정하지 않아. 설령 소수의 북방민족이 한반도로 들어왔을 수는 있지만 대다수는 동남아시아로부터 온

해양민족이란 거야. 이 학설은 한국을 포함해 전 세계 11개국이 공동으로 연구한 결과 나왔어. 73개 아시아 민족 1900여 명의 유전자를 분석했지.

과연 어느 학설이 맞을까? 앞으로 또 어떤 학설이 나올까? 그 부분은 과학자의 몫으로 남겨두고, 다시 우리 갈 길을 가 볼까?

구석기인들은 주로 동굴이나 큰 바위 밑에 모여 살았어. 동굴이나 큰 바위 밑이 추위나 맹수의 공격을 피하는 데 도움이 됐기 때문이지. 구석기인들은 강가에 대충 막집을 짓고 살기도 했어.

구석기인들은 무리를 이뤄 살았고, 약한 동물을 사냥하거나 나무에 매달린 열매와 과일을 따 먹었어. 혼자 생활하는 것보다는 여러 사람이 모여 생활하는 게 음식을 구하기가 쉬웠을 거야. 어디에 사냥감이 많은지, 어떤 열매는 먹으면 안 되는지…. 이런 정보들을 쉽게 구하려면 무리를 짓고 사는 게 훨씬 낫겠지?

구석기인들은 도구를 사용하기도 했어. 하지만 정교하지는 않아. 이때 사용했던 것이 뗀석기야. 이를테면 주먹도끼와 찍개 같은 것이 여기에 해당하지.

신석기시대와 농업혁명

시간이 많이 흘렀어. 그사이에 빙하기가 끝났고, 생태계도 확 바뀌었어. 매머드 같은 큰 동물은 지구의 날씨 변화에 따라 멸종하고 말았어. 그 전에는 몸집이 크고 순한 동물을 한 번 사냥하면 몇 달간 먹을 수 있었는데, 어느덧 그런 동물은 모두 사라졌어. 이젠 사나운 맹수가 아니면 몸집이 작고 날쌘 동물밖에 없었지.

생존을 위해 사람들도 변해야겠지? 기원전 8000년 무렵부터 인류는 신석기시대로 돌입했단다. 이 시기부터 강가나 바닷가에 움집을 짓고 살았어. 신석기시대의 유적 가운데 조개더미란 것이 있어. 당시 사람들이 조개를 먹고 버린 껍데기가 무더기로 쌓여 있는 거야. 조개더미는 서울 강동구 암사동이나 강원 양양군 등 강가나 해안가 여러 곳에서 발견됐어. 이를 통해 신석기 사람들의 생활이 더 많이 알려지게 됐단다.

신석기인들은 여전히 수렵과 채취 생활을 하고 있었어. 하지만 업그레이드! 사냥 도구를 더욱 정교하게 다듬었지. 끝을 날카롭게 간 돌화살촉과 활이 등장했고 그물과 낚시도구도 이때부터 사용됐지. 뼈로 바늘도 만들어 사용했어. 이 말은? 그래, 옷을 만들어 입었다는

신석기시대의 움집(복원)
신석기인들의 살림집인 움집의 모습이다.
움집은 땅을 파낸 위에 지붕을 씌운 형태이다.

볍씨 · 기원전 2000년경의 지층에서 출토된 볍씨이다. 신석기시대에 농사를 지었을 가능성을 보여주는 자료이다.

빗살무늬토기 · 겉면에 빗살같이 점, 금, 동그라미 등을 새긴 신석기시대 토기이다. 곡식을 보관하거나 음식을 조리하는 데 썼을 것이다.

뜻이야. 구석기시대 때는 동물의 가죽을 뒤집어쓰기만 했었지.

어느 날 신석기 사람들은 땅에 씨앗과 곡식을 심으면 열매가 맺히는 사실을 발견했어. 그대로 따라 해 봤는데, 정말 열매를 얻었어! 이렇게 해서 농사가 시작됐어. 조, 피, 수수 같은 작물을 재배했지.

농사는 사람들의 생활을 완전히 바꿔 놓았어. 가히 혁명적으로!

첫째, 도구가 달라졌어. 돌로 된 농기구가 등장한 거야. 돌괭이, 돌삽, 돌낫, 돌보습…. 얼마 후에는 갈돌을 만들어 곡식을 갈기도 했어.

둘째, 농업 기술이 발달하면서 생산량이 늘어나자 여유 식량을 보관하기 시작했어. 그래야 추운 겨울을 무사히 넘길 수 있잖아? 그 저장 도구가 바로 토기야. 신석기시대의 대표적인 토기는 빗살무늬토기란다.

셋째, 농사를 지으려면 여기저기 떠돌아다녀선 안 돼. 맞아. 이때부터 사람들이 정착 생활을 시작했어.

넷째, 정착 생활의 결과 사람들은 씨족사회를 탄생시켰어. 일부 씨족들은 다른 씨족들과 합쳐 부족사회를 만들기도 했어.

다섯째, 모여 살다 보니 원시종교를 가지기 시작했어. 오늘날의 기독교나 불교 같은 형태의 종교는 아니지만 나름대로 하늘에 제사를 지내며 평온과 안녕을 기원했다는 걸 알 수 있지.

농사를 하려면 물과 햇볕이 절대적으로 필요해. 제때 물을 대 주지 못하면 농작물이 말라버릴 테고, 일조량이 부족하면 곡식이 제대로 여물지 못할 테니까. 신석기 사람들은 이 때문에 태양과 물을 신처럼 숭배했지. 그들에게 일식과 월식은 세상을 멸망시킬 수도 있는 무시무시한 재앙처럼 여겨졌어. 이처럼 자연현상을 숭배한 원시종교를 애니미즘이라고 불러.

신석기 사람들의 문명 수준은 오늘날보다 한참 낮았어. 그러니 이해되지 않는 현상도 많았을 거야. 신석기 사람들은 그럴 때 주술사나 무당에게 물어봤어. 흔히 우리가 말하는 미신이 이렇게 해서 생긴 건데, 이를 샤머니즘이라고 해.

어떤 부족은 곰을 숭배했어. 어떤 부족은 호랑이를 숭배했지. 그 외에 다른 동물을 숭배한 부족도 많았을 거야. 그들은 자기 부족이 곰이나 호랑이에서 출발했다고 생각했어. 이처럼 특정 동물이나 식물을 자기 부족의 조상으로 간주해 숭배하는 신앙은 토테미즘이라고 해.

애니미즘, 샤머니즘, 토테미즘은 신석기 사람들의 대표적인 3대 원시 신앙이야. 이런 신앙은 당장 사라지지 않고, 청동기와 철기시대를 거치면서 지속됐단다. 심지어 오늘날까지도 명맥이 이어지고 있어. 이른바 무속 신앙이라 불리는 거야. 무속 신앙은 과거의 원시 신앙이 변형된 형태라고 할 수 있지.

청동기시대, 국가의 탄생

다시 시간이 흘러 기원전 20~15세기 무렵이 됐어. 한반도에 청동기 문화가 전래됐어. 청동기시대가 시작된 거야.

그사이에 한반도 신석기 사람들의 삶도 달라졌어. 가장 큰 변화는 아무래도 평등이 사라졌다는 사실일 거야. 보통 신석기시대까지를

북방식 고인돌 · 땅 위에 묘실을 만들고 덮개돌을 올린 북방식 고인돌이다. 거대한 고인돌은 많은 노동력을 동원할 수 있는 권력자가 만들었다.

청동으로 만든 여러 가지 도구 · 정확한 용도를 알 수 없는 여러 가지 청동기이다. 청동기는 주로 제사용 도구, 장신구 등으로 사용되었다.

원시공산사회라 불러. 모두가 평등했고, 부족사회는 평화로웠어. 하지만 청동기시대로 접어들면서 인류는 처음으로 지배자와 피지배자로 나뉘었어. 이렇게 된 과정을 살펴볼까?

아마 농지를 놓고 갈등을 벌였을 수도 있어. 그러다가 강한 부족이 약한 부족을 힘으로 눌러 농지를 빼앗았어. 때로는 협상을 통해 부족끼리 통합하기도 했지만 대부분은 한쪽이 다른 쪽을 정복하는 식이었지.

강한 부족의 족장을 따로 군장이라 부르기도 했어. 군장의 밑에는 충성스러운 부하들이 있었고, 그 밑으로는 평민이 있었지. 강한 부족은 청동기로 무장했을 거야. 청동 무기의 파괴력은 돌 무기와 비교가 되지 않아. 그러니 약한 부족은 무릎을 꿇을 수밖에 없었겠지. 패한 부족민들은 노비로 전락했어.

민무늬토기 · 주로 청동기시대에 사용한 것으로, 무늬가 없는 토기이다. 빗살무늬 토기에 비해 형태가 다양하다.

잘 봐. 어느덧 사회 전반적으로 서열이 정해지고 있지? 이 서열을 계급이라고 불러. 왕은 존재하지 않지만

반달돌칼과 사용법 · 반달돌칼은 곡식의 이삭을 잘라 수확하는 데 사용했다. 가운데에 난 구멍에 끈을 꿰고, 손가락을 끈 사이에 집어넣어 손을 고정한 다음 밑면의 날로 이삭을 잘랐다.

얼핏 보면 초보적 형태의 국가 모습이 보이지? 이런 국가를 군장국가라고 한단다.

청동기시대의 대표적인 유물은 고인돌이야. 오늘날 남한에만 약 2만 개, 북한까지 합쳐 약 3만 5000개 정도의 고인돌이 남아 있어. 고인돌은 아마도 군장이나 지배층의 무덤이었을 거야. 가령 강화도 부근리에 있는 고인돌은 무게가 80톤에 덮개돌 길이만 7미터에 이른단다. 이런 돌을 옮기려면 최소한 500명이 힘을 써야 했을 거야. 최고 권력자가 아니면 이 인원을 동원할 수 있었을까?

물론 크기가 작은 고인돌도 많이 만들어졌어. 전북 고창군의 매산 마을에서 400개가 넘는 고인돌이 발견됐는데 몇 미터 간격으로 약 1.5킬로미터에 걸쳐 이어져 있단다. 한 마을에 이렇게 많은 족장이 있을 수는 없겠지? 족장의 가족, 싸우다 죽은 전사, 종교적 지도자…. 이런 사람들이 묻혀 있는 게 아닐까 추정하고 있어.

어쨌든 군장의 권력은 무척 강했어. 그들은 몸에 청동 장식품을 달아 그 위용을 자랑했지. 청동은 또한 제사용 도구로도 사용됐어. 하

고대국가의 발전 · 군장국가는 각 부족장이 왕 역할을 했다. 이런 부족이 모여 연맹왕국을 구성했으며 왕은 연맹을 대표했다. 중앙집권 국가로 발전하면서 부족장은 중앙의 귀족으로 변신했다.

지만 청동을 만들기는 어려운 일이어서 일반 농기구에는 거의 사용되지 않았어. 일상 도구들은 여전히 돌로 된 석기였지. 물론 훨씬 정교해졌어. 가령 반달돌칼을 쓰면 곡식을 수확할 때 아주 편했단다. 토기는 빗살무늬토기에서 민무늬토기로 바뀌었어. 민무늬란, 아무런 무늬가 없다는 뜻이야.

기원전 5세기, 중국 남부를 통해 철기 문화가 수입됐어. 이때 수입된 철기 문화는 한반도 남부에서 삼한이 탄생하고 발전하는 데 큰 도움을 줬어. 특히 변한은 철의 주생산지로, 한반도 중북부의 낙랑과 중국, 일본에까지 수출을 했단다.

다음 장에서 살펴보겠지만 청동기와 철기시대를 거치면서 한반도에 여러 국가들이 출현했어. 고조선을 비롯해 부여와 고구려, 삼한 등이지. 이 나라들은 대부분 군장국가이거나 부족연맹 왕국이었어. 부족연맹 왕국은 군장국가에서 한 걸음 더 나아가 군장들이 연맹을 만든 형태의 나라야. 연맹의 왕은 존재했지만,

각 지역은 군장들이 통치했어. 왕이 전국을 통치하는 고대국가는 언제 출현하느냐고? 좀 더 기다려야 해.

한국사 시대 구분은 어떻게 하나?

크게 선사시대와 역사시대로 나눌 수 있어. 문자를 사용한 시점이 두 시대를 가르는 기준이지. 우리는 철기시대부터 문자를 썼어. 경남 창원에서 당시 썼던 붓이 발견됐거든. 따라서 구석기, 신석기, 청동기는 선사시대, 철기 이후는 역사시대가 돼.

역사시대는 다시 고대, 중세, 근세, 근대태동기, 근대, 현대의 6단계로 나눌 수 있어. 고대는 보통 삼국시대~남북국시대를 가리켜. 고조선과 부여, 삼한 등의 역사는 따로 국가형성기로 보는 경우가 많아.

중세는 고려시대에 해당돼. 고대와 근세 사이에 끼어 있어서 중세라 부르는 거야. 서양처럼 중세봉건제라고 불러선 안돼. 고려에서는 왕과 제후들이 토지를 매개로 한 계약 관계를 맺지 않았거든.

근세는 중세 또는 근대로 확정하기가 애매한 시기를 가리켜. 보통 조선 건국 때부터 강화도조약이 체결되는 시점까지야. 임진왜란과 병자호란 이후 조선 사회가 확 바뀌는데, 이때를 따로 근대태동기로 보기도 한단다.

근대는 일제강점기가 끝날 때까지, 현대는 광복을 맞은 이후부터로 보통은 규정해. 하지만 학자에 따라 약간씩 시기 구분이 달라. 그래서 강화도조약 체결 이후부터 합쳐서 근·현대라 부르는 학자들도 많단다.

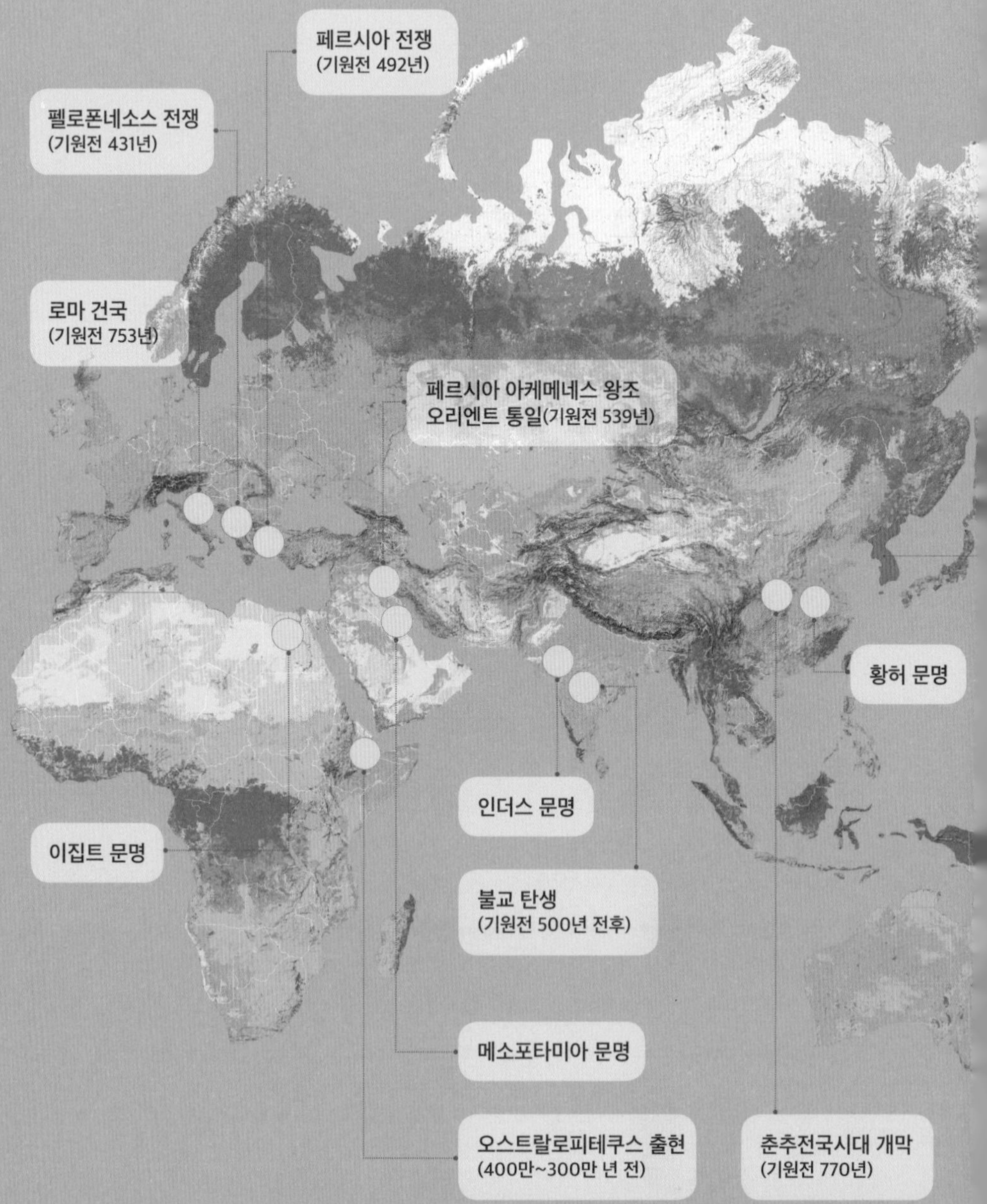

페르시아 전쟁
(기원전 492년)

펠로폰네소스 전쟁
(기원전 431년)

로마 건국
(기원전 753년)

페르시아 아케메네스 왕조
오리엔트 통일(기원전 539년)

황허 문명

인더스 문명

이집트 문명

불교 탄생
(기원전 500년 전후)

메소포타미아 문명

오스트랄로피테쿠스 출현
(400만~300만 년 전)

춘추전국시대 개막
(기원전 770년)

인류 출현(기원전 70만 년)
고조선 건국(기원전 2333년)
철기시대 개막(기원전 400년 전후)

인류 탄생, 그리고 고대제국의 등장

약 400만~300만 년 전 인류가 지구에 처음 나타났어. 그 인류를 오스트랄 로피테쿠스라 부르지. 그 후 인류는 진화를 거듭했고, 동시에 세계 전역으로 이동했어. 마침내 기원전 70만 년 무렵 일종의 호모에렉투스에 해당하는 인류가 한반도에 처음 나타난 것으로 추정돼. 물론 이 인류가 오늘날 우리 민족의 직접적인 조상은 아니야. 우리의 조상은 기원전 4만 년을 전후로 한반도에 나타났단다.

한반도를 포함해 전 세계가 기원전 8000년 무렵 신석기시대로 접어들었어. 기원전 4000년 무렵부터 기원전 2500년 사이에 메소포타미아를 비롯해 이집트, 황허, 인도에서 4대 문명이 발전했지.

『제왕운기』에 따르면 그로부터 200년이 흐른 후, 한반도에도 고대국가 고조선이 탄생했어. 사실 이에 대해서는 논란이 많아. 아직 한반도에 청동기 문화도 전파되지 않았을 때잖아? 이 무렵의 고조선은 군장국가, 혹은 거기에서 조금 발

카르타고의 유적

달한 부족연맹 왕국이었을 확률이 아주 높아.

바로 이 시기, 세계에는 많은 일이 있었어. 아리아인의 이동이 있었고^{기원}전 2000년경, 함무라비 법전이 만들어졌으며^{기원전 1750년경}, 중국 은^殷나라가 건국됐어^{기원전 1600년경}. 서아시아에서는 모세가 유대인을 이끌고 이집트를 탈출해 팔레스타인에 정착했지^{기원전 1300년경}. 얼마 후 중국에서는 은나라가 무너지고 주나라가 그 자리를 대신했어^{기원전 1046년}.

고조선이 더디지만, 착실히 성장하고 있을 때 세계는 급격하게 변동하고 있었어.

페니키아가 아프리카 북부에 카르타고를 건설했고^{기원전 814년}, 이탈리아 반도에서는 미래의 제국 로마가 건국됐지^{기원전 753년}. 지중해에 새로운 기운이 물씬 풍기고 있지? 반면 중국은 주나라가 휘청거렸고, 결국 춘추전국시대의 혼란으로 빠져들었어^{기원전 770년}.

메소포타미아 일대는 혼란과 안정을 반복했어. 아시리아는 최초로 오리엔트 지역을 통일했지만^{기원전 671년}, 얼마 후 분열하고 말았어. 그 뒤를 이어 페르시아 아케메네스 제국이 오리엔트 지역을 재통일했단다^{기원전 539년}.

페르시아 제국은 초강대국으로 성장했어. 이윽고 그리스를 공격했는데, 이게 페르시아 전쟁이야^{기원전 492년}. 이 전쟁은 그리스의 승리로 끝났어. 그러나 승리의 기쁨도 잠시. 그리스는 곧 펠로폰네소스 전쟁이란 내전을 벌이기 시작했단다^{기원전 431년}.

기원전 403년, 중국에서 춘추시대가 끝이 났어. 하지만 더욱 복잡한 전국시대로 접어들었단다. 이 두 시대를 합쳐 춘추전국시대라 부르는 거야. 이때를 전후해 한반도에도 철기문화가 전파됐어.

이제 중국은 전국시대로 접어들었어. 이때를 전후해^{기원전 4세기~기원전 3세기} 한반도에도 철기 문화가 전파됐단다.

국가 탄생하다

국가형성기

기원전 3세기 ~ 서기 전후

연표	기원전 194년	기원전 108년	기원전 57년	기원전 37년	기원전 18년
	위만 왕조의 고조선 시작	고조선 멸망, 한사군 설치	신라 건국	고구려 건국	백제 건국

참성단 • 강화도 마니산 꼭대기에 있는 제단으로, 단군이 하늘에 제사 지낸 곳이라고 한다.

고조선의 흥망

고조선은 우리 민족 최초의 국가야. 오늘날의 한반도 북부와 만주 일대에서 번영한 것으로 알려져 있어.

고조선이 처음 중국 역사서에 등장한 것은 기원전 7세기 무렵이지. 그러나 고조선에 대한 기록은 풍부하지 않아. 그렇다 보니 고조선의 실체를 완전히 파악하기는 쉽지 않아.

다만 초기 모습은 단군신화에서 힌트를 얻을 수 있어. 신화와 설화는 허무맹랑하게 보일지 모르지만 많은 역사적 사실을 그 안에 담고 있단다. 물론 해석하는 사람마다 의견이 달라서 학설이 여러 개가 나오기도 해. 어쨌든 고조선의 이야기는 바로 그 신화부터 시작을 해야 할 것 같아.

고조선 탄생하다

하늘의 신이 있었어. 불교에서는 그 신을 제석천 또는 제석환인이라
고 불렀어. 줄여서 환인이라고도 해. 『제왕운기』와 『조선왕조실록』
에서는 상제환인이라고 불렀단다. 그 환인에게는 여러 아들이 있었
어. 환웅은 그 아들 중의 한 명이었는데, 서자였어. 환웅은 하늘나라
에 살았지만 인간 세계를 동경했지. 어느 날 환웅이 아버지 환인에
게 오래 품었던 소망을 말했어.

"인간 세계에 내려가 널리 인간을 이롭게 하고 싶습니다."

환인은 물끄러미 아들을 쳐다봤어.

"그래, 홍익인간이 네 소원인 게냐?"

환인이 환웅의 소원을 들어줬어. 환웅은 환인으로부터 청동검, 청
동거울, 청동방울 등 천부인을 받았어. 이윽고 바람을 관장하는 풍
백, 비를 통제하는 우사, 구름을 요리하는 운사를 데리고 인간 세계
로 내려왔지. 환웅의 뒤를 3000명의 무리가 따랐어. 환웅은 태백산
신단수에 신시를 열었어. 이윽고 곡식과 수명, 질병과 형벌, 선과 악
등 인간 세상에서 벌어지는 360여 개의 일을 다스리기 시작했지.

그러던 어느 날이었어. 곰과 호랑이가 환웅을 찾아왔어. 두 짐승은
인간이 되는 게 소원이라고 했어. 환웅은 쑥과 마늘을 주며 이렇게
말했어.

"지금부터 100일 간 어두운 굴 안에서 이 쑥과 마늘만 먹으면서
인내하라. 그러면 인간이 될 것이다."

빛 한 줄기 들지 않는 암흑의 동굴. 인고의 시간이 이어졌어. 평소 고기만 먹던 호랑이가 끝내 견디지 못하고 동굴을 뛰쳐나갔어. 그러나 곰은 묵묵히 참았어. 그러기를 삼칠일, 마침내 곰은 여자가 됐어. 이 여자가 바로 웅녀야.

웅녀는 엄마가 되고 싶었어. 그러나 아무도 그녀와 결혼해 주지 않았어. 웅녀는 신단수 아래에서 기도를 올렸지. 이번에도 환웅이 소원을 들어줬어. 환웅이 직접 사람으로 변해 웅녀와 결혼한 거야. 곧 둘 사이에 아이가 태어났는데, 이 아이가 단군이야. 단군왕검이라고도 부르지.

단군은 평양성에 도읍을 두고 고조선을 세웠어. 이윽고 수도를 아사달로 옮겼고. 단군은 1500년 간 고조선을 다스렸고, 그 후 중국에서 건너온 현인 기자에게 왕위를 넘겨주고는 산신이 됐어. 이때 단군의 나이 1908세였어.

이는 고려 후기의 승려 일연이 지은 『삼국유사』에 실린 개국신화

삼국유사 · 13세기에 승려 일연이 지은 역사책이다. 고조선과 단군신화에 관한 서술이 실려 있어 우리 역사의 유구함을 보여준다.

야. 이 내용을 믿어야 할까? 물론 사실이라 믿기는 좀 어려워. 하지만 역사가 이 신화 속에 숨어 있단다.

신화에 등장하는 인물은 특정 씨족이나 부족을 상징할 때가 많아. 환웅도 그런 사례라고 할 수 있어. 환웅은 천부인을 가지고 있었고 구름과 비, 바람을 마음대로 부렸으며 인간의 생로병사를 관장했지? 이 말은 아마도 환웅이 속해 있는 집단이 강력한 지배 부족이었다는 뜻일 거야.

환웅이 하늘에서 인간 세계로 내려왔다는 것은 강한 부족이 약한 부족을 정복했다는 이야기로 해석할 수 있겠지? 강한 부족은 외부에서 온 유목 부족이었을 테고, 약한 부족은 농경 부족이었을 확률이 높아. 그렇다면 환웅과 웅녀의 결혼은 유목 부족이 농경 부족과 합쳐졌다는 뜻으로 해석할 수 있어.

호랑이는 인간이 되는 데 실패했지만 곰은 성공했다는 이야기는 강한 부족인 환웅 부족이 곰을 숭배했다는 뜻일 거야. 몽골 계통의 많은 부족이 곰을 숭배했는데, 이 해석대로라면 우리 민족이 몽골 계통이라는 추정이 가능할 거야.

단군이 고조선을 세웠다는 기원전 2333년 무렵, 중국은 삼황오제 가운데 태평성대를 상징하는 요순시대였어. 하지만 요 임금과 순 임금이 실존했는지는 확실치 않아. 중국이나 한국이나 모두 전설과 설화의 시대였던 거야.

단군이 첫 도읍으로 정했던 평양은 오늘날의 평양이 아니야. 중국 동북부의 어느 지점이겠지만 아직 정확한 위치는 밝혀지지 않았어.

이후 단군왕검은 아사달로 도읍을 옮겼는데, 이곳 또한 어디인지 알 수 없다는구나.

단군은 그 후 1000~1500년간 고조선을 통치했어. 그사이 중국에서는 요순시대→하→은으로 왕조가 바뀌었어. 그러다가 기원전 1040년 무렵에는 주나라의 무왕이 은나라를 무너뜨렸지.『삼국유사』에 나온 대로라면 중국에서 몇 차례 왕조가 바뀌는 동안 고조선은 한 명의 왕이 죽지도 않고 계속 통치한 셈이야.

이 수수께끼는 단군왕검이 특정인의 이름이 아니라 벼슬 또는 지위의 이름이었다고 가정한다면 쉽게 풀린단다. 단군왕검이 왕이나 황제, 대통령, 총리와 같은 호칭이란 거야. 이렇게 이해한다면 여러 명의 단군왕검이 대를 이어가면서 1500년간 통치했다는 뜻이 돼.

단군은 제사를 지내는 종교지배자, 즉 제사장이란 뜻이야. 왕검은 정치적 지배자를 뜻하는 용어지. 그렇다면 단군왕검은 정치와 종교를 모두 장악한 최고 지배자를 가리키는 호칭이었을 가능성이 커. 이때까지만 해도 종교와 정치가 분리되지 않은 제정일치 사회였다는 의미가 되겠지?

고조선의 성장

『제왕운기』에서는 건국 시점을 기원전 2333년으로 설정했어.『삼국유사』에서는 건국 시점을 그보다 조금 더 늦춰 잡았지. 그러나 실제

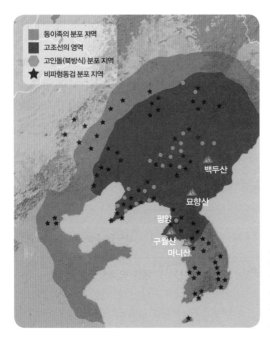

고조선의 영역 · 고조선 시기 대표적인 청동기 문화 유물인 비파형동검은 만주와 한반도에서 공통적으로 발견된다. 두 지역의 문화권이 같다는 뜻으로 해석할 수 있다.

로 고조선이 이때 건국되지는 않았을 거라고 생각하는 학자들이 많 단다.

　전 세계적으로 국가는 청동기시대 이후에 생겨났어. 하지만 『제왕 운기』와 『삼국유사』의 기록을 인정한다면 우리나라에서는 신석기 시대에 국가가 탄생한 셈이 돼. 세계적 흐름을 감안한다면 고조선의 실제 건국 연도는 이보다 나중이라고 보는 게 타당하겠지?

　고조선의 건국 연도가 이처럼 이르게 설정된 것은 개국 신화의 특성 때문이야. 일반적으로 개국 신화는 민족의식을 고취하려는 의도에서 만들어져. 이 신화는 『삼국유사』에 실려 있는데 『삼국유사』는 몽골의 지배를 받던 고려 후기에 만들어졌지. 학자들은 당시 저자인 승려 일연이 대몽항쟁 의지를 북돋우기 위해 단군신화를 극적으로 재구성했다고 보고 있단다.

사실 고조선이 실존한 나라였는가에 대해서도 한때 논란이 있었어. 궁궐이나 성벽과 같은 유적이나 유물이 발견되지 않았기 때문이야. 다행히 고대 중국이나 국내 사료에 고조선의 존재를 인정할 만한 내용들이 남아 있어. 고조선의 명칭이 처음 나타나는 중국 역사서는 기원전 7세기 무렵에 만들어진 『관자』야. 이 책에는 고조선이 중국 제나라와 교역했다고 기록돼 있어. 『산해경』이라는 책에는 고조선이 발해만 북쪽에 있었다고 적혀 있지.

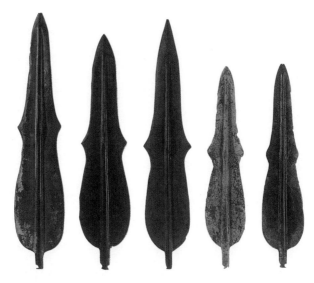

비파형동검 · 모양이 비파처럼 생겨 붙인 이름이다. 검의 날과 칼자루를 따로 만들어 조립했다. 중국 요령 지방과 한반도에서 출토된다.

여러 연구 결과를 토대로 추정해보면 고조선은 기원전 12세기~ 기원전 10세기 무렵 한반도의 북부와 만주에 성립된 우리 민족 최초의 국가라는 결론을 내릴 수 있어. 기원전 2333년까지는 아니더라도 역사가 제법 되는 셈이지?

고조선이 중앙집권 국가였을 확률은 매우 낮아. 당시 요하라오허에서 한반도 서북부에 이르는 넓은 지역에서 활약한 부족들을 아울러 조선이라 불렀을 가능성이 크지. 고조선은 초기에 왕이 없는 군장국가 형태였다가 점차 부족연맹 왕국 단계로 발전해가지 않았을까 싶어.

고조선의 중심지는 기원전 4세기 무렵부터 한반도로 옮겨왔어. 이 사실을 추론할 수 있는 증거가 있어.

고조선 초기, 북방 스키타이 계통으로부터 청동기 문화가 전파됐어. 그 때문에 청동기시대의 대표적 유물인 비파형동검이 만주 일대와 한반도 중부에서 공통적으로 널리 발견되고 있지. 두 지역의 청동기 문화가 동일하다는 뜻이야.

고조선 중기 이후 한반도는 철기시대에 돌입했어. 철기 문화는 북방이 아닌 중국 남부로부터 유입됐지. 게다가 이 무렵 고조선은 연나라와의 전쟁에서 패하는 바람에 요동 지방을 빼앗긴 후 한반도 쪽으로 이동했어. 이런 사정이라면 고조선과 북방 지역의 문화 교류가 단절됐을 가능성이 커. 실제로 이 무렵 한반도에서 썼던 세형동검은 북방 지역에서는 발견되지 않고 있단다. 고조선의 중심지 이동으로 나타난 결과인 셈이야.

기원전 4세기~기원전 3세기의 고조선은 상당히 강했을 것으로 추정되고 있어. 물론 아직까지는 고대국가 체제를 갖췄다고 할 수는 없었겠지. 그러나 중국과도 힘을 겨룰 만큼 성장한 것은 분명해.

이 무렵 중국에서는 전국시대의 혼란이 계속되고 있었어. 가장 세력이 큰 7개의 나라를 전국칠웅이라고 불렀는데, 그 가운데 하나인 연은 고조선과 국경이 붙어 있었어. 고조선은 기원전 4세기에 연과 자주 전투를 벌였어. 중국의 한 역사서에는 "연의 동쪽에 사는 조선 오랑캐는 잔인하고 교만하다"고 기록돼 있어. 왜 이런 기록이 남아 있을까? 고조선이 버거운 상대로 성장했으니까 이런 비방이 나온 게 아닐까? 아마 이 무렵부터는 고조선에서도 왕위가 세습됐을 것으로 추정돼.

오늘날 그 일부가 전하는 고조선의 8조법도 이즈음 만들어졌어. 주나라가 시행했다는 정전제를 고조선도 시행한 것으로 전해지고 있어. 8조법을 보면 사회 신분과 계급이 분명하게 정해져 있었다는 걸 알 수 있어. 현재 3개 조항이 전해지고 있는데, 내용은 다음과 같아.

"첫째, 사람을 죽이면 사형에 처한다. 둘째, 상처를 입히면 곡식으로 죄를 갚는다. 셋째, 도둑질하면 노비로 삼고, 그 죄를 벗으려면 그에 상응하는 돈을 낸다."

이를 분석해 볼까? 우선 권력층이 확실히 존재했다는 걸 알 수 있어. 그들은 자신의 기득권을 지키기 위해 법을 활용했지. 모두가 평등한 원시공산사회와 부족사회의 범위를 훌쩍 넘었다는 이야기야.

위만 왕조의 몰락

안타깝게도 얼마 후 고조선은 연나라에 서쪽 국경의 땅 2000여 리를 빼앗겼어. 이때부터 고조선이 위축되기 시작했지.

얼마 지나지 않아 진나라가 중국 통일의 대업을 이뤘어. 중국 최초로 대제국을 건설한 진이니 상당히 강했겠지? 고조선의 부왕은 그런 진이 두려웠어. 결국 복속을 청했지. "저항하지 않고 말을 잘 들을 테니 침략하지 마세요." 이런 약속을 하면서 사실상 속국이 되는 걸 복속이라고 한단다.

진시황제는 강력한 독재자였어. 진에 저항하는 세력들이 늘어났어. 저항이 많으면 쓰러지는 법. 결국 진은 통일 대업을 이루고 고작 15년 만에 무너졌단다. 그 뒤를 이어 한나라가 들어섰어. 비슷한 시기 고조선에서는 준왕이 등극했지.

한나라를 세운 고조^{유방}는 군국제를 시행했어. 변방 지역은 황제가 지정한 제후가 통치하는 제도야. 고조선과 인접한 연나라에는 노관이란 인물이 왕이 됐어. 그 노관이 기원전 206년 반란을 일으켰어. 그 혼란을 틈타 노관의 부장이었던 위만은 1000여 명의 무리를 이끌고 고조선으로 도망쳐 왔어.

준왕은 위만을 받아들였어. 그러자 더 많은 난민이 고조선으로 들어왔고, 그로 인해 국경도 어수선해졌어. 위만은 국경 지대를 경비하는 임무를 맡았고, 그 일을 훌륭히 수행했어. 준왕은 위만을 신임했단다. 그러니 덩달아 위만의 권력도 커졌어. 은혜를 원수로 갚는다는

말이 있지? 위만이 그랬어. 흑심을 품기 시작한 거야. '왕이 되자!'

기원전 194년 위만은 반란을 일으켰어. 성공! 위만은 준왕을 몰아내고 정권을 차지했어. 그는 왕검성에 도읍을 두고 왕에 올랐어. 이 왕조를 그 전의 조선과 구별해 '위만 조선'이라 부른단다. 위만이 고조선을 그대로 계승했기 때문에 '위만 왕조'나 '위만 집권기의 고조선'이라 불러야 한다고 주장하는 학자들도 있어.

자, 여기서 궁금증이 생겨. 과연 이 나라가 우리 민족의 것일까? 아니면 위만이 연나라 사람이니 중국 왕조가 맞는 것일까? 위만의 이야기를 직접 들어볼까?

<u>위만께서는 어디 출신입니까?</u>

"중국 연나라로부터 넘어왔다. 당시 중국은 극도로 혼란스러웠다. 나는 그 혼란을 피해 고조선으로 온 것이다."

<u>그럼 중국인이신가요?</u>

"그건 아니다. 나는 당시 상투를 틀고 있었다. 그것만 봐도 내가 고조선과 뿌리가 같다는 사실을 알 수 있지 않겠는가? 많은 후세의 역사학자들이 나를 혼란 와중에 중국으로 쏠려간 고조선계 유민으로 본다고 들었다. 그 분석이 틀리지 않을 것이다."

<u>그래도 반란을 함께 일으킨 사람들은 중국인이 아닙니까?</u>

"그것도 사실과 다르다. 내 주변에는 토착 고조선 세력이 많았다. 비록

중국 요령성 무순시 노동공원고성 · 이곳은 한나라가 설치한 한사군 중에 현도군의 세 번째 치소로 추정된다.

내가 왕조를 빼앗기는 했지만 정신과 핏줄은 고조선을 이어받았다는 뜻이다. 나의 위만 왕조는 중국 왕조가 아니다."

위만 왕조는 고조선의 후반부를 화려하게 장식하면서 최고 절정기를 맞았어. 국경 주변의 이민족을 모두 제압해 영토를 넓힌 것도 이 무렵이었어. 당시 한반도 남쪽에는 진국을 중심으로 여러 나라들이 바다 건너 한나라와 무역을 하며 성장하고 있었어. 위만 왕조는 이 나라들과 한의 무역을 차단하고 직접 한과 무역함으로써 돈을 벌었단다.

새로운 국가가 들어서면 정착하는 데 어느 정도 시간이 걸리기 마련이야. 중국의 한나라도 그랬어. 어쩌면 위만 왕조가 번영한 것도 한이 강력하지 않았기 때문이라고 할 수 있지. 물론 그 이유가 100퍼센트는 아니겠지만. 어쨌든 기원전 156년 무제가 한의 황제에 오르면서 상황이 돌변했어.

한 무제는 중국 역사상 손에 꼽을 수 있는 강력한 황제야. 그는 황제로 등극하자마자 가장 큰 골칫거리였던 흉노를 멀리 쫓아 버렸고, 비단길실크로드을 개척했어. 그 전의 어떤 황제도 이루지 못했던 일을 해낸 거야. 그런 한 무제가 이윽고 고조선에도 눈독을 들이기 시작했어.

기원전 109년, 무제의 군대가 고조선을 침략했어. 육군 5만 명에 수군 7천 명. 당시 인구 규모를 감안하면 엄청난 대군이야. 군사력에서 상대가 되지 못했지만, 고조선은 끝까지 저항했어. 그러나 1년 이상을 버티기는 어려웠어. 결국 고조선의 우거왕이 전투 도중 목숨을 잃었고, 수도 왕검성이 함락됐어. 이로써 고조선은 기원전 108년 역사 속으로 사라졌단다.

한 무제는 정복지에 군을 설치해 왔어. 그 관례대로 고조선에도 낙랑군, 현도군, 진번군, 임둔군의 4군을 설치했는데, 이게 한사군이야. 일종의 식민 지배가 시작된 셈이지. 고조선의 유민들은 짐을 싸 남쪽으로 이동하기 시작했어. 그들이 도착한 곳은 한반도 중부 이남 지역이었어. 마한과 진한, 변한 등 삼한이 그곳에 있었지. 고조선의 뿌리가 끊어지지 않고 계속 이어졌다는 뜻이야.

기자조선의 실체

중국 사서 『상서대전』과 『사기』를 보면 주나라의 무왕이 기자라는 현인을 고조선에 왕으로 보내 통치하게 했다는 대목이 나와. 단군은 기자에게 왕의 자리를 내주고 산신이 되지. 이 학설이 기자동래설이고, 이렇게 해서 탄생한 나라가 기자조선이야.

중국에 대한 사대주의가 강했던 조선 학자들은 기자동래설을 사실로 여겼어. 그러나 근현대로 접어들면서 이 학설이 허구라는 주장이 제기됐지. 중국이 중화사상에 입각해 없는 사실을 날조했다는 얘기야. 근거? 물론 있어!

첫째, 기자조선에 대한 내용은 한나라 이후의 중국 역사서에서만 볼 수 있어. 한나라 이전의 어느 기록에도 기자조선 이야기는 보이지 않아. 그렇다면 중화사상이 굳어지는 한나라 이후에 교묘하게 만들어진 이야기일 가능성이 높지 않겠니?

둘째, 기자조선이 존재했다는 시점의 고조선 청동기 문화와 주나라의 청동기 문화가 많이 달라. 당시 중국에서 쓰던 갑골문자도 한반도 북부에서는 발견되지 않았어. 만약 중국 귀족이 넘어와 고조선을 지배했다면 두 나라 문화가 비슷해야 하지 않을까?

기자조선이 실존했다고 가정해 볼까? 이 경우 단군이 정권을 넘겨 준 기원전 1122년 (또는 기원전 1100년)부터 위만이 정권을 잡은 기원전 198년까지가 기자조선 시기가 될 거야. 고조선이 한창 국가의 기틀을 다지던 때였지. 그렇다면 혹시 고조선 내부에서 새로 등장한 동이족의 신진 파벌을 기자라 부른 게 아니었을까?

또 다른 가정을 해 볼까? 춘추전국시대 당시 중국에는 전쟁이 끊이지 않았어. 많은 유민들이 한반도로 들어왔어. 그 와중에 누군가 단군의 왕조를 빼앗았는데, 그 세력을 기자라고 부른 것은 아니었을까? 현재 국내 사학계에서는 기자조선의 존재를 인정하지 않고 있단다.

주변 국가의 발전

고조선이 한창 발전하고 있을 때 주변에 작은 국가들이 등장했어. 그 나라들을 세운 민족은 예맥이야. 예맥은 중국 북동부와 한반도의 북부 및 중부에 퍼져 살고 있었는데, 고조선을 세운 민족 또한 넓은 의미에서 이 민족에 속했어. 눈치 챘니? 바로 이 민족이 우리 민족의 기원이란다.

위만 왕조가 고조선을 통치하고 있던 기원전 3세기 무렵, 예맥의 일파인 부여족이 북만주에 국가를 세웠어. 바로 부여야. 부여는 남쪽으로 현도군과 고구려, 서쪽으로 선비족, 동쪽으로 퉁구스계 말갈의 조상인 읍루와 접하고 있었어. 부여를 비롯해 다른 국가들의 역사도 한꺼번에 살펴볼까?

부여의 탄생

부여란 이름으로 불린 나라는 참 많아. 북부여, 동부여, 졸본부여에 남부여까지⋯. 보통 우리가 '부여'라고 했을 때는 동부여를 가리켜.

북부여는 여러 부여 가운데 가장 먼저 생겼고, 졸본부여는 고구려의 전신이지. 남부여는 6세기에 백제 성왕이 수도를 웅진에서 사비부여로 옮길 때 부여의 기상을 잇겠다는 뜻으로 선포한 국명이야.

『삼국유사』에는 천제의 아들 해모수가 기원전 59년 북부여를 세웠다고 기록돼 있어. 그러나 이 기록이 사실인지는 분명하지 않아. 가령 중국 사서인 『사기』에는 진시황제 때 중국인이 부여 상인과 거래했다는 기록이 있고, 또 다른 사서에서는 전국칠웅의 하나인 연나라가 부여와 접해 있다고 돼 있어. 이 내용이 사실이라면 부여는 기원전 3세기 무렵부터 송화강^{松花江} 일대에 넓게 퍼져 있었다고 볼 수 있어. 고조선이 멸망할 무렵, 부여와 고조선은 나란히 존재했다는 뜻이야.

어쨌든 『삼국유사』를 따른다면 북부여는 해모수가 세웠어. 동부

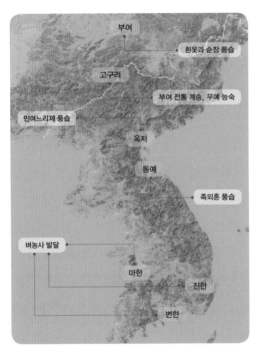

연맹왕국들의 성장 · 고조선 멸망 후 만주에는 부여와 고구려, 한반도 북부에는 옥저와 동예, 중부와 남부에는 삼한이 발달했다.

여는 북부여에 있던 해부루가 독립해 세운 것으로 추정돼. 엄밀하게 보면 부여가 둘로 쪼개진 거야. 동부여 세력이 북부여 세력과 갈등을 벌이다 뛰쳐나갔을 수도 있고, 동부여 세력이 북부여 세력을 몰아내고 권력을 잡았을 수도 있어. 어느 쪽이 맞을까? 아마 뒤쪽이 진실에 가까울 거야. 동부여가 등장할 때부터 북부여가 크게 위축되거든. 이 이야기는 조금 이따가 설화를 다룰 때 마저 살펴볼게.

부여는 왕이 통치하는 국도를 중심으로 사방으로 4개의 마을이 있었어. 이 네 지역을 사출도라고 했는데, 각각의 마을에는 왕의 영향력이 미치지 못했어. 사출도는 각각의 족장이 통치했어. 그 족장 4명은 가축의 이름을 따서 마가말, 우가소, 저가돼지, 구가개라고 불렀단다.

족장의 신분은 대가였어. 그 아래로는 대사, 대사자, 사자라 불리는 지배층이 있었지. 평민하호과 노예는 피지배층이었어.

대가의 권력은 왕과 큰 차이가 없었어. 각자 군대를 가지고 있었고, 적이 나타나면 대가들이 연합해 싸웠어. 5명의 대가 중에서 왕을 선출했어. 하지만 왕을 중심으로 한 정치 체제는 아니야. 왕이 무능하다고 판단되면 나머지 4명의 대가들이 힘을 합쳐 왕을 몰아낼 수도 있었지. 이 때문에 부여를 부족연맹 왕국5부족 연맹체으로 규정한단다.

부여의 법은 무척 엄했어. 아마도 고조선 8조법의 영향을 많이 받았을 것이라고 생각돼.

"사람을 죽이면 사형. 그 가족은 노비로 삼는다. 물건을 훔치면 12배로 갚는다. 간음해도 사형. 음란한 행동을 하거나 남편을 투기해도 사형."

마지막 조항을 보면 부인보다 남편에게 좀 유리한 것 같지? 실제로 형이 죽으면 동생이 형수를 부인으로 맞는 풍습이 있었다고 전해지고 있어. 여러 명의 부인을 동시에 두는 일부다처제 풍습도 있었

복골 · 고대에 점을 칠 때 사용한 동물의 뼈이다. 부여에서는 소의 발굽으로 점을 쳤다.

을 거라는 의견이 많아.

부여 사람들은 매년 12월 영고라는 제천 행사를 지냈어. 오늘날의 축제와 크게 다르지 않아. 모여서 노래 부르며 춤을 췄지. 좋은 날이니 죄인들도 풀어줬어. 소 발굽으로 점을 치기도 했는데, 이를 '우제점법'이라 불렀지. 부여에는 왕이나 족장이 죽으면 그가 쓰던 물건과 노예들을 함께 묻는 순장 풍습도 있었어. 또한 부여 사람들은 흰옷을 즐겨 입었어. 백의민족이 맞지?

부여족의 일파가 세운 옥저와 동예도 마저 볼까? 옥저는 오늘날의 함흥 일대, 동예는 강원도 북부 동해안 일대가 근거지였던 작은 나라야.

옥저에는 민며느리 제도란 독특한 결혼 풍습이 있었어. 여자들은 10세 무렵부터 결혼할 남자의 집에서 살다가 어른이 되면 친정으로 돌아갔어. 그러면 시댁과 친정 사이에 흥정이 벌어져. 그 흥정은 대부분 잘 끝나. 그러면 여자는 시댁으로 돌아갔지.

동예에서는 같은 씨족끼리는 결혼을 하지 않았어. 반드시 다른 씨족과 결혼을 했는데, 이런 제도를 족외혼이라고 불러. 옥저와 나란히 붙어 있지만 결혼 풍습이 많이 다르지? 만약 자기 부족 사람이 다른 부족에 해를 끼치면 소나 말과 같은 짐승으로 갚는 책화 제도도 동예만의 고유한 풍습이야. 또한 동예에서는 매년 10월, 부여의 영고와 같은 제천 행사가 열렸어. 이게 무천이야.

두 나라 모두 고구려의 간접 지배를 받았어. 아직 왕이 존재하지 않아 읍군과 삼로라는 군장이 부족을 통치했어. 그래, 군장국가였다는 이야기야. 두 나라 모두 나중에 고구려에 흡수된단다.

그물처럼 얽힌 부여와 고구려 신화

먼저 『삼국유사』에 나타난 부여에 관한 설화부터 볼까?

기원전 59년 해모수가 북부여를 세웠어. 해모수는 첫 번째 부인과의 사이에서 해부루를 낳았고, 후궁인 유화부인과의 사이에서 주몽을 낳았어. 이 기록대로라면 해부루와 주몽은 배다른 형제이며 해모수는 둘의 아버지가 돼.

반면 『삼국사기』에는 해부루가 재상 아란불의 권유에 따라 바닷가에 있는 가섭원이란 곳으로 옮겨 동부여를 세웠다고 돼 있어. 해모수는 천제의 아들로 설정됐고, 따로 북부여를 세웠어. 이 기록대로라면 해모수는 해부루의 아버지가 아니야. 주몽은 아예 등장하지도 않아.

약간 뒤죽박죽이지? 설화가 원래 그런 거야. 이번엔 고려시대의 문인 이규보가 지은 『동국이상국집』의 「동명왕편」에 수록된 내용을 추가해 설화를 이어가 볼까?

시간이 흘러 동부여의 건국자 해부루가 노인이 됐어. 그는 후계자가 없어 걱정이 많았어. 아들을 내려 달라며 하늘에 기도했지.

그러던 어느 날. 해부루가 탄 말이 곤륜이란 곳으로 향했어. 커다란 바위 앞에 이르자 말이 뚝뚝 눈물을 흘리는 게 아니겠어? 이상한 생각이 들어 그 바위를 굴려 봤지. 놀랍게도 어린아이가 그 안에 들어 있었어.

"몸에서 금빛이 나고 개구리처럼 생긴 아이라⋯. 그래, 이름을 금와로 지으면 되겠구나."

그로부터 시간이 흘러 기원전 60년 무렵. 해부루가 세상을 떠났고, 그의 뒤를 이어 금와가 동부여의 왕이 됐어.

어느 날 금와가 태백산 남쪽으로 행차를 나갔어. 우발수란 곳에 이르렀을 때 한 여자를 발견했어. 그녀는 유화부인이었어.

하백이란 이름의, 강을 다스리는 신이 있었어. 그에게는 딸이 셋 있었는데, 유화는 그중 가장 예쁜 딸이었지. 얼마나 예뻤으면 천제의 아들 해모수가 한눈에 반했을까? 해모수는 유화를 유혹해 사랑을 나눴어. 이 사실을 알게 된 하백은 노발대발하며 유화를 우발수로 쫓아냈지.

사정을 알게 된 금와는 측은지심이 들었어. 금와는 유화부인을 데리고 궁으로 돌아갔어. 그 후 이상한 일이 일어났어. 유화부인에게 자꾸 햇빛이 쏟아지더니 임신을 한 거야. 얼마 후 유화부인은 알을 낳았어.

사람이 알을 낳다니…. 금와는 불길한 예감이 들어 알을 돼지우리에 버렸어. 그런데 돼지들이 알을 안 먹는 거야! 들판에 버렸더니 소와 말, 새들이 보호했어. 금와는 결국 알을 유화부인에게 돌려줬어. 기원전 58년 사내아이가 알을 깨고 나왔어. 이 아이가 바로 주몽이야. 주몽은 부여말로 활을 잘 쏘는 사람이란 뜻이야. 일곱 살 때부터 활만 쏘았다 하면 백발백중했기에 그런 이름이 붙은 거란다.

설화를 끝내 놓고 보니 가족 관계가 더 뒤죽박죽이 돼 버렸어. 무엇보다 주몽과 금와의 관계가 이상해졌어. 『삼국유사』를 따르자면 해부루가 주몽과 형제이니, 금와는 주몽의 조카가 되는 게 맞지? 유화부인은 금와의 할머니뻘이 돼. 마구 엉켜버린 이 가족 관계를 어떻게 정리해야 할까?

역사학자들마다 해석이 다른데, 가장 일반적인 해석은 유화부인이 금와의 후궁으로 들어갔다는 거야. 이 경우 어지러운 가족 관계를 단칼에 정리할 수 있어. 어떻게 달라질까?

"해부루가 등장하기 전, 이미 부여라는 나라가 있었는데 바로 북부여다. 곧 해부루가 독립해 동부여를 세웠다. 해부루는 아들인 금와에게 왕위를 물려줬다. 금와는 유화부인을 후궁으로 들였다. 유화부인이 곧 아들을 낳았는데 주몽이다. 주몽은 금와의 자식이다."

고구려의 탄생과 부여의 쇠퇴

부여의 건국 설화는 자연스럽게 고구려 건국 설화로 이어져. 주몽 탄생 이후의 이야기를 계속해 볼까?

금와왕은 왕후와의 사이에 여러 아들을 뒀어. 장남의 이름은 대소였는데, 대소를 포함해 모든 형제들이 주몽을 시기했어. 모든 면에서 주몽이 자신들을 앞질렀기 때문이지. 그대로 두면 나중에 막강한 경쟁자가 될 게 뻔하잖아?

아들들이 주몽을 제거하길 원했지만 금와왕은 그러지 못했어. 그 대신 주몽에게 말을 돌보는 허드렛일을 시켰어. 하지만 뛰어난 인물은 아무리 몸을 낮춰도 진가가 드러나는 법이야. 주몽이 그랬어. 갈

광개토대왕비의 모습과 탁본 중 일부 · 광개토대왕비가 위치한 중국 길림성 집안현은 고구려의 옛 수도이다. 비문의 첫머리에 동명성왕의 건국 설화를 기록했다.

초기 고구려의 영토 확장
주몽은 졸본에 도읍을 정했
지만 2대 유리왕은 국내성으
로 천도했다. 대무신왕 이후
고구려의 영토 확장이 본격
화했다.

수록 주몽은 돋보이는 존재로 성장했어. 결국 대소 형제는 주몽을 제거하는 것 외에는 방법이 없다고 생각했지.

이 암살 음모를 유화부인이 알아챘어. 유화부인은 급히 주몽에게 망명길에 오르라고 말했어. 이때 주몽은 이미 결혼한 후였단다. 그의 부인 예씨는 아이까지 임신한 상태였지. 그 모두를 데리고 피신할 수는 없었어. 그러나 남아 있으면 목숨이 위태로운 상황이야. 어쩔 수 없이 주몽은 혼자 부여를 탈출해야 했어.

졸본부여에 도착한 주몽은 그곳의 지배자 연타발^{연타취발}의 딸 소서노와 다시 결혼했어. 소서노에게는 이미 비류와 온조, 두 아들이 있었어. 그래, 결혼을 했다가 남편을 잃은 여자였던 거야.

하지만 주몽은 개의치 않았어. 사실 소서노만큼 든든한 후원자가 어디 있겠니? 주몽은 연타발과 소서노의 지원 하에 세력을 키웠고 마침내 나라를 세웠어. 이 나라가 고구려^{기원전 37년~서기 668년}야. 이로써 주몽은 고구려 시조 동명성왕에 오른단다.

환도산성 · 국내성을 지키기 위해 쌓은 성이다. 외적이 침입해 오면 고구려의 왕은 국내성에서 이곳으로 옮겨 방어했다.

이 고구려 건국설화에 따르면 주몽의 아버지는 천제의 아들 해모수야. 당연히 '해'가 성씨가 되겠지? 주몽은 고구려를 세우면서 이 성을 고씨로 바꿨어.

주몽이 고구려를 세운 후에도 부여와의 관계는 그리 나쁘지 않았어. 하지만 금와가 죽고 대소가 왕에 오른 후 두 나라의 관계는 악화되기 시작했어. 두 나라가 대립하니 가장 두려움이 컸던 인물은 부여에 남아 있던 주몽의 아들 유리였지. 유리는 즉각 어머니 예씨와 함께 부여를 탈출해 고구려로 향했어.

주몽은 아들 유리를 태자로 책봉했어. 그러자 비류와 온조가 닭 쫓던 개 신세가 돼 버렸지. 형제는 어머니 소서노와 함께 남쪽으로 떠났어. 이 세력이 백제를 건국한단다. 이에 대해서는 백제 이야기를 할 때 다루도록 할게.

부여의 대소왕은 고구려를 철천지원수로 여기고 있었어. 이 때문에 초기에는 유리왕이 많이 시달릴 수밖에 없었어.

대소왕이 유리왕에게 인질을 교환하자고 제안한 적이 있어. 고구려는 이 제안을 거절했는데, 이에 대한 보복으로 대소왕은 5만 대군을 이끌고 고구려를 공격했어. 눈이 많이 내려 부여가 스스로 군대를 철수시켰지만, 어쨌든 부여의 승리^{기원전6년}!

대소왕은 나아가 유리왕에게 "고구려는 부여를 예로 섬겨라!"라고 요구했어. 고구려가 망설이자 부여는 대대적인 정벌을 준비하기 시작했어. 아직 힘이 미약한 유리왕은 먼저 화친을 청할 수밖에 없었지^{서기9년}.

두 나라의 관계가 역전된 것은 유리왕의 아들인 3대 대무신왕 때야. 대무신왕은 고구려 최초의 정복 군주였어. '대무신'이란 묘호만 봐도 짐작할 수 있지? 그런 인물이 부여에 머리를 숙이려 했겠어? 대소왕도 긴장했어. 언제 터질지 모르는 전쟁에 대비해 철저한 준비를 지시했단다.

21년, 정말로 고구려 대무신왕이 부여로 쳐들어왔어. 전쟁은 해를 넘겨서도 계속 됐어. 대소왕이 필사적으로 맞섰지만 전세는 고구려로 기울기 시작했지. 결국 부여가 패했어. 대무신왕은 대소왕을 참수했어. 할아버지 주몽과 아버지 유리의 원수를 확실하게 갚은 셈이야.

이로써 동부여는 사실상 멸망했어. 그러나 세력이 완전히 사라진 것은 아니었지. 비록 작은 나라로 전락 했지만 그 후로도 400여 년간 부여는 존재했어. 훗날 광개토대왕이 동부여를^{410년}, 장수왕이 북부여를^{494년} 정복함으로써 부여는 완전히 역사에서 사라졌단다.

한사군에 대하여

한사군의 위치에 대해 많은 논란이 있었어. 멀리 중국 본토에 가까운 곳에 한사군이 설치됐을 거라고 주장하는 학자들도 있단다. 하지만 대부분의 학자들은 한사군이 한반도의 북부 지역과 만주 일대에 설치됐을 거라고 추정하고 있어.

이 추정에 따르면 낙랑군과 진번군은 한반도의 서북부, 그러니까 압록강, 평안남도, 황해도, 경기 북부에 나란히 있었을 거야. 임둔군과 현도군은 한반도의 동북부, 그러니까 만주와 함경북도 일대에 설치됐지.

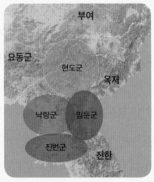

한사군 위치 추정 한 무제가 고조선을 정복한 후 설치한 한사군. 한반도의 북부 지역에 설치됐을 것으로 추정된다.

이 중 진번군은 낙랑군에, 임둔군은 현도군에 각각 통합됐어기원전 82년 무렵. 두 개의 군으로 압축된 셈이지. 그러다가 얼마 후에는 현도군마저 한반도 밖으로 쫓겨났어기원전 75년 무렵. 그 대신 약 300여 년 후에는 진번군에 속해 있던 대방현이 대방군으로 승격했어204년. 대방군은 경기 북부와 황해도 지역이었어. 자, 결론을 보면? 한반도에는 낙랑군과 대방군만 남았어!

여기서 퀴즈. 이 낙랑군과 대방군이 정말로 중국 한나라의 영역이었을까? 아니야. 물론 두 군은 공식적으로는 한의 영역이야. 하지만 한과 두 군 사이의 교류는 이미 오래전에 끊겼어. 말로만 한의 영역이었지, 실제로는 한반도 안에 있는 작은 독립국가였던 셈이야. 이 점 때문에 많은 학자들이 낙랑군과 대방군의 역사를 한반도의 역사로 다뤄야 한다고 주장하고 있단다.

한반도 남부의 성장

한반도 북부와 중국 만주에서 고조선과 부여가 성장할 무렵 한반도 남부에서도 작은 나라들이 기지개를 펴고 있었어. 기원전 4, 5세기 무렵 중국으로부터 철기 문화를 수입하면서 문명의 발달 속도가 빨라졌지. 바로 삼한이야.

중국 사서 『후한서』에는 마한이 54개, 진한이 12개, 변한이 12개 소국으로 돼 있다는 기록이 있어. 이 숫자가 정확한지는 알 수 없지만 삼한의 소국을 모두 합치면 대략 70~80개가 됐을 거라는 데는 많은 학자들이 동의하고 있단다. 마한은 훗날 백제, 진한은 신라, 변한은 가야로 발전하지.

삼한의 중심은 마한이었어. 그 마한의 중심에는 목지국이 있었어. 유일하게 목지국에만 왕이 있었지. 나머지 소국들은 왕 대신 신지와 읍차라는 족장들이 다스렸어. 목지국만 부족연맹 왕국의 단계에 돌입했을 뿐, 나머지 삼한 국가들은 모두 군장국가 수준이었다는 얘기야.

삼한의 발전

기원전 194년 위만이 고조선의 준왕을 내쫓았지? 준왕은 무리를 이끌고 남쪽으로 내려왔는데, 그때 도착한 곳이 오늘날의 충남 천안

직산 일대로 추정돼. 중국 사서 『삼국지』의 「위지동이전」에는 당시 그곳에 월지국 또는 목지국이 있었다고 기록돼 있어. 이 나라의 왕은 진왕이라고 불렀어. 그렇다면 '목지국=진국'이란 추측이 가능하겠지? 복잡하다고? 좋아. 다시 정리해 줄게.

"여러 소국들이 지역별로 연합해 나라를 만들었다. 그게 바로 마한과 변한, 진한이다. 이 중 가장 세력이 큰 마한은 경기 남단, 충청 남북, 전라남북 일대를 차지했다. 진한은 경상남북을, 변한은 전남 동부에서 낙동강에 이르는 좁은 지역을 차지했다. 이 셋을 합쳐 삼한이라 부른다."

초기 삼한에서 가장 강했던 나라는 마한이었어. 마한은 삼한 전체를 대표했어. 진한과 변한에 속한 소국의 지배자도 마한의 왕이 임

마한의 무덤과 토실 · 널무덤 주위에 고랑이 있어 주구묘라고 한다. 토실(아래)은 마한의 독특한 집 형태이다.

명할 정도로! 그 마한의 중심은 목지국이었지? 목지국의 왕 후보는 당연히 마한에 속했던 국가들만 낼 수 있었어. 그러나 이 목지국도 얼마 후 백제에 굴복하고 말았어. 백제는 서서히 세력을 키워 마한 전체를 차지하게 된단다.

삼한의 특징을 정리하고 넘어갈까?

첫째, 이미 설명한 대로 삼한의 소국들은 군장국가 수준이었어. 신지와 읍차가 국가를 통치했지.

둘째, 그래도 놀라운 발전이 있었어. 대표적인 것이 제정 분리야. 종교와 정치가 분리됐다는 뜻이지. 각 나라별로 소도솟대라는 곳이 있었는데, 천군이라 부르는 제사장이 다스리는 종교 지대였어. 그 어떤 법도 이곳 소도에서는 적용되지 않았어. 심지어 범죄자가 소도로 도망가도 관리

솟대(복원) · 삼한의 소도에는 솟대를 세워 신성한 지역임을 표시했다. 소도는 제사장이 다스리는 지역으로 군장의 힘이 미치지 못했다.

가 쫓아 들어가 체포할 수 없었단다. 신성불가침의 영역이었기 때문이야. 정치와 종교가 확실히 분리됐다는 걸 알 수 있겠지?

셋째, 삼한은 모두 농업을 주업으로 하고 있었어. 특히 평야 지대에서는 일찍부터 벼농사를 지었어. 게다가 철제 농기구도 사용했어. 뿐만 아니야. 농사를 지으려면 물을 다스리는 게 정말 중요한데, 이를 위해 일찍부터 저수지를 많이 만들었어. 벽골제^{김제}, 수산제^{밀양}, 의림지^{제천}가 이때 만들어진 저수지야. 이 밖에도 삼한에서는 양잠과 길쌈도 발달했단다.

넷째, 부여나 동예, 고구려와 마찬가지로 삼한에서도 제천 행사가 열렸어. 씨를 뿌린 후인 5월과, 농작물을 수확한 후인 10월 두 차례 열렸지. 제천 행사가 열리면 모든 사람들이 춤을 추고 노래를 부르며 흥겹게 놀았어. 집단적으로 춤을 추기도 했는데, 이게 기원이 돼 농악이나 강강술래, 쾌지나칭칭나네로 발전했을 것으로 추정하고 있어.

다섯째, 변한에서는 철 산업이 크게 발달했어. 철을 화폐처럼 사용하기도 했고, 멀리 낙랑이나 일본에 수출하기도 했지.

여섯째, 삼한 사람들은 초가지붕으로 된 반 움집이나 귀틀집을 짓고 살았어. 삼한의 남성들은 도포 같은 옷을 입고 상투를 틀었으며 짚신을 신었단다. 그 후 옷의 재료가 달라지긴 했지만 전체적인 모양새는 고려, 조선과 크게 다르지 않지?

신라의 건국 설화

한반도의 동남쪽 진한 서라벌. 서라벌을 구성하는 6개 부락의 촌장들이 알천 언덕에 모였어_{기원전 69년}.

"하늘이시여. 우리에게 임금을 내려주소서. 하늘이시여. 우리의 소원을 들어주소서."

그 순간 알천 언덕의 남쪽 양산에서 번쩍 하고 빛이 피어올랐어. 촌장들이 황급히 달려갔어. 그곳에 신비로운 풍경이 펼쳐지고 있었어. 우물 옆에 하얀 말 한 마리가 절하는 모습으로 앉아 있는 거야.

나정 · 박혁거세의 탄생 설화가 깃들어 있는 우물 유적이다.

오릉 · 신라 초기의 왕릉으로 박혁거세의 다섯 무덤이라는 전설이 있다. 실제로는 박혁거세와 알영부인, 남해차차웅, 유리이사금, 파사이사금의 무덤이라고 전한다.

촌장들이 다가서자 말은 하늘로 날아가 버렸어.

말이 있던 자리를 보니 큰 알이 하나 놓여 있었어. 촌장들이 고개를 갸우뚱거리고 있는데, 그 알이 조금씩 깨어지기 시작했어. 머지않아 사내아이가 세상에 모습을 드러냈지. 촌장들이 아이의 몸을 씻기니 빛이 나기 시작했어. 야생 짐승들도 몰려들어 덩실덩실 춤을 췄지. 촌장들은 이구동성으로 이렇게 말했어.

"비범한 아이임에 틀림이 없어. 알에서 태어났으니 성은 박으로 하고, 이름은 세상을 밝게 다스린다는 뜻의 혁거세라고 짓도록 하세."

박혁거세는 13세 되던 해 촌장들에 의해 왕으로 추대됐어. 이 나라가 사로국이야. 나중에 신라로 이름이 바뀌지. 그래. 신라^{기원전 57~서기 935년}가 탄생한 거야.

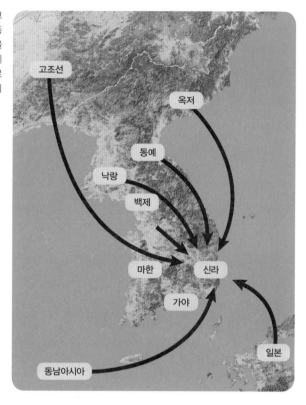

신라의 성립 · 신라는 고조선계 유민, 옥저와 동예 주민, 일본 이주민을 비롯해 심지어 동남아시아에서 건너온 사람들로 구성된 우리 역사 최초의 '다문화 국가'였다.

박혁거세는 6개 부락을 잘 다스렸어. 그는 성인군자였던 것으로 전해지고 있어. 변한이 그의 인품에 반해 스스로 나라를 바쳐왔다나. 마한이 왕의 죽음으로 혼란에 빠졌을 때 신하들은 마한을 치자고 했지만 박혁거세는 다른 나라의 슬픔을 악용하는 것은 예의가 아니라며 거절하기도 했어.

박혁거세는 62년 간 신라를 통치한 뒤 승천했어. 7일 후 박혁거세의 시신이 여러 조각이 돼 땅에 떨어졌지. 백성들이 시신 조각을 모아 다시 장례를 지내려 했는데, 쉽지 않았어. 그때마다 큰 뱀이 나타나 백성들을 쫓아냈기 때문이야. 백성들은 어쩔 수 없이 박혁거세의 시신 조각을 따로따로 장례를 지내야 했어. 이 때문에 박혁거세의 무덤은 다섯 개가 됐고, 오릉이라 부른단다.

이 내용은 『삼국유사』의 기록을 인용한 거야. 이를 역사적으로 해석해 요약하면 이렇게 말할 수 있을 거야.

"6개 마을의 촌장이 등장하는 것은 당시 신라가 씨족끼리 연합한 나라였다는 뜻이다. 박혁거세는 씨족 연합체의 왕에 올랐다. 또 그가 우물 옆에서 태어났다는 것은 당시 부락이 평지에 집중돼 있었다는 이야기다."

이 기록에 따르면 신라는 기원전 37년 건국한 고구려보다 20년 앞서 탄생했어. 그러나 적잖은 역사학자들이 이 기록이 사실이 아닐

덩이쇠 · 변한 지역에서 출토된 덩이쇠이다. 변한에서 대량생산된 철은 주요한 교역품이었으며, 화폐로도 사용했다.

몽촌토성 · 서울시 송파구 방이동에 있는, 백제 초기에 흙으로 쌓은 성이다. 인근의 풍납토성과 함께 백제를 처음 건국한 위례성으로 추정하는 곳 중의 하나이다.

수 있다고 의심(?)하고 있어. 왜? 『삼국사기』는 고려 때의 유학자 김부식이 쓴 책이야. 그는 신라의 수도였던 경주 출신이지. 고구려보다는 신라를 옹호했을 것 같지 않니? 혹시 신라의 정통성을 내세우기 위해 신라의 건국 연도를 고구려보다 앞선 것으로 교묘하게 왜곡한 것은 아니었을까?

설화에 숨겨져 있는 역사를 찾아볼까? 가장 눈에 띄는 건, 박혁거세가 외부 세력이라는 점이야. 신라 건국 세력의 주체가 외부에서 왔다는 뜻이지. 이 사실에 의미를 굳이 부여한다면… "신라가 한반도 최초의 다문화 국가다!"라고 할 수도 있지 않을까?

이런 해석이 완전히 터무니없는 것은 아니야. 『삼국사기』는 고조선 유민이 사로국을 세웠다고 적고 있어. 중국 사서들도 유민들이 신라를 건국했다고 적고 있지. 일본에서 건너온 세력이 신라 건국에 큰 힘을 보탰다는 주장도 있어. 이 모든 점을 종합해 보면, 신라는 현지 토착민이 처음부터 세운 나라가 아니라 토착민과 외부 세력이 연합해 만든 나라라는 결론을 내릴 수도 있지 않겠니?

마한과 변한이 그랬듯 진한 또한 연맹왕국이었어. 사로국, 즉 신라는 진한에 속해 있던 12개 소국 중 하나였지. 백제가 마한의 소국을 정복하면서 영토를 넓혔듯 신라는 진한의 소국을 하나씩 흡수해 영토를 넓혔어. 3세기 후반이 되면 신라는 진한의 소국을 거의 모두 통합하는 데 성공한단다.

초기의 진한은 마한보다 약했어. 진한은 몸을 낮출 수밖에 없었고, 마한은 삼한의 큰형님으로서 진한의 내정에 간섭했지. 이미 설명했지? 이런 관계가 바뀐 것은 3세기 후반이었어. 당시 신라는 마한에 사신을 보내 "우리도 독자국가다!"라는 사실을 공포했단다.

변한을 살펴볼까? 사실 변한도 진한과 크게 다르지 않아. 문화와 풍습이 비슷비슷했지. 중국 사서 『삼국지』에도 변한과 진한은 제사 풍습만 약간 다를 뿐 특별히 구분되지 않는다고 기록돼 있어. 유물을 분석해 봐도 두 나라의 차이점은 별로 발견되지 않아. 게다가 지역적으로도 가깝잖아?

굳이 다른 점을 하나 꼽자면 변한에서 철이 많이 생산됐다는 사실이야. 이 또한 앞에서 살펴봤어. 변한 사람들은 철을 화폐로 썼고, 일본과 중국에까지 수출했다고 했지? 진한이 신라로 발전했듯, 변한 12개 국가들은 가야로 발전했어. 가야는 그 후 한동안 번영하다가 신라에 완전히 흡수돼 버려. 이후의 역사는 차차 다루도록 할게.

백제의 건국과 세력 확대

백제의 건국 역사를 알려면 주몽의 부인이 된 졸본부여의 소서노에 대해 먼저 짚어봐야 해. 이미 말한 대로 소서노는 주몽과 재혼을 했어. 전 남편과의 사이에서 비류와 온조, 두 아들을 낳았지. 두 아들의 아버지인 해우태는 동부여 귀족이었어. 주몽이 졸본부여에 왔을 때 해우태는 이 세상 사람이 아니었지.

두 아들 가운데 누군가는 고구려의 2대 왕이 될 수도 있었을 거야. 부여에서 주몽의 친아들 유리가 오지 않았다면 말이야. 그러나 그 우려는 현실이 돼버렸어. 유리가 태자로 책봉되자 비류와 온조는 위기감을 느꼈겠지. 결국 형제는 무리를 이끌고 한반도의 남쪽으로 떠날 수밖에 없었어.

비류가 미추홀인천에 먼저 정착했어. 뒤이어 온조도 위례성하남에 자리를 잡고는 나라 이름을 십제라고 정했어. 이제 새로운 곳에 잘 적응하나 싶었는데, 문제가 생겼어. 비류가 정착한 미추홀이 바닷가라 그랬는지 습도가 높고 물의 염도가 높아 사람이 살기에 적합하지 않았던 거야. 비류의 백성 가운데 상당수가 위례성으로 넘어갔어.

한반도 남부의 성장 · 마한 지역에서는 백제가, 진한 지역에서는 신라(사로)가 성장했다. 두 국가 사이에는 가야연맹이 있었다.

이를 비관한 비류는 스스로 목숨을 끊었어. 온조가 형의 백성까지 모두 껴안았지. 이렇게 해서 탄생한 나라가 백제기원전 18년~서기 660년야. 온조왕이 백제의 시조가 된 거지.

백제의 건국 스토리는 고구려 신라보다 설화적인 요소가 적어. 아니, 엄밀하게 말하면 설화적인 요소가 거의 없어.

물론 설화적인 요소가 전혀 없는 것은 아니야. 이를테면 진짜 역사에서는 온조와 비류가 형제가 아닐 수도 있어. 어쩌면 형제는 각각 독립적인 부족 국가를 상징하는 것일 수도 있어. 두 부족이 연맹을 구성해 백제를 세웠거나 온조 부족이 비류 비족을 눌러 백제를 건국했다는 해석이 가능하겠지?

백제를 세울 때만 해도 한반도 중부와 서남부에서는 마한의 세력이 특히 강했어. 백제는 마한에 속한 여러 작은 왕국 중 하나일 뿐이었지. 하지만 머잖아 백제가 마한 전역을 제압한단다.

백제 위례성은 중국에 있었다?

위례성은 한강을 기준으로 위쪽을 하북 위례성, 남쪽을 하남 위례성이라 구분하는 게 보통이야. 온조와 비류 일행이 먼저 정착한 곳은 하북 위례성이었고, 13년 만에 하남 위례성으로 옮겼다는 게 『삼국사기』에 기록된 내용이지. 하북 위례성은 북한산 동쪽이나 중랑천 정도에 있었을 것으로 추정되며 하남 위례성은 오늘날의 하남, 남한산성 또는 풍납토성 일대일 것으로 추정되고 있어.

이런 추측을 모두 부정하고 "위례성은 중국에 있었다"고 주장하는 학자들도 있단다. 이런 학자들은 고구려와 백제가 중국 본토까지 지배했다고 보고 있는데, 이런 사관을 대륙사관이라고 불러.

이런 사관을 적용해 이야기를 다시 엮어 볼까? 온조 일행은 중국 동해안을 따라 남하했고, 산둥반도에서 배를 타고 한반도로 들어왔어. 그들은 중국에 머물 때 산둥반도에 성을 쌓았는데, 이게 바로 하남 위례성이야. 대륙사관 학자들은 백제가 근초고왕 이후 한동안 중국 동해안의 거의 대부분을 지배했다고 주장한단다. 과연 이 주장이 사실일까? 역사학자들이 앞으로 밝혀내야 할 대목이겠지?

◆ 역 사 리 뷰 ◆

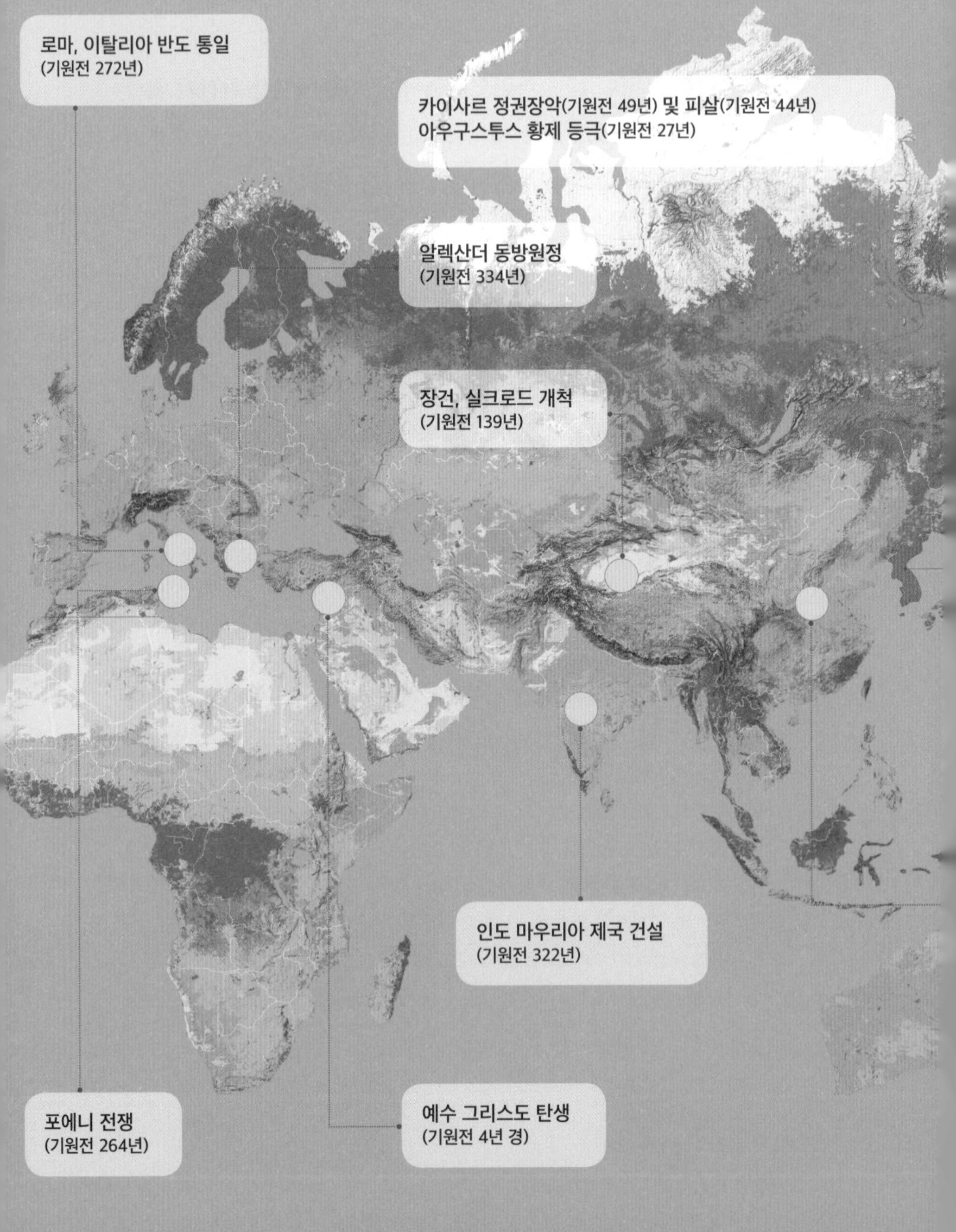

로마, 이탈리아 반도 통일
(기원전 272년)

카이사르 정권장악(기원전 49년) 및 피살(기원전 44년)
아우구스투스 황제 등극(기원전 27년)

알렉산더 동방원정
(기원전 334년)

장건, 실크로드 개척
(기원전 139년)

인도 마우리아 제국 건설
(기원전 322년)

포에니 전쟁
(기원전 264년)

예수 그리스도 탄생
(기원전 4년 경)

위만 조선 건설(기원전 194년)
고조선 멸망(기원전 108년)
신라 건국(기원전 57년)
고구려 건국(기원전 37년)
백제 건국(기원전 18년)

진, 중국 통일(기원전 221년)
한, 중국 재통일(기원전 202년)

동방원정, 그리고 동서양 대제국의 탄생

기원전 2333년 단군은 평양성에 도읍을 정하고 고조선이라 불렀어. 물론 당시의 평양성은 오늘날 북한의 평양이 아니야. 중국 동북부 어딘가에 있는 곳이겠지?

이 고조선의 왕조가 기원전 194년 바뀌었어. 북방에서 내려온 위만이 고조선의 준왕을 몰아내고 권력을 차지한 거야. 이 위만 왕조는 그 후로도 약 90년간 지속됐지만 한 무제가 들어선 후 멸망하고 말았어^{기원전 108년}. 한나라는 고조선의 땅에 4군을 설치했지.

이 무렵 고조선 주변에는 예맥의 국가 부여가 이미 존재하고 있었어. 『삼국유사』에서는 기원전 59년 북부여가 건국됐다고 기록돼 있지만 실제로는 훨씬 이전이었을 확률이 높아. 그로부터 2년 후인 기원전 57년에 신라가, 20년이 지난 기원전 37년에 고구려가 세워졌어. 19년이 지난 기원전 18년에는 백제도 들어섰지.

한반도에 활력이 넘치고 있지? 기원전 3세기부터 서기 전후까지 세계 역사도 마찬가지였어. 아니, 솔직히 말하면 우리 역사보다 훨씬 역동적이었단다.

아마 예맥 민족이 부여를 세울 무렵이었을 거야. 마케도니아의 알렉산드로스 대왕이 페르시아를 정벌하겠다며 동방원정을 단행했어^{기원전 334년}. 그 결과 아케메네스 왕조 페르시아가 멸망했고, 그 영향을 받은 인도에서는 찬드라굽타가 첫 통일제국인 마우리아를 건국했지^{기원전 322년}.

이 무렵 세계사에서 가장 두드러진 것은 중국에서 진―한 제국이, 지중

해에서 로마 제국이 탄생했다
는 거야. 뭐, 이때는 로마가 제
국이라 하기에는 좀 약하긴
했지만. 어쨌든 로마는 기원
전 272년 이탈리아 반도를 통
일했어. 그 후 세력을 키워 지
중해 강국 카르타고와 포에니

카이사르 암살 장면

전쟁을 치렀지^{기원전 264년}. 물론 로마의 승리였어.

중국에서는 진나라가 춘추전국시대를 끝내고 천하를 통일했어^{기원전 221년}.
그러나 진은 약 20년 만에 무너지고 유방이 한나라를 세웠지^{기원전 202년}. 한
의 강력한 황제인 무제에 이르러 장건은 실크로드를 개척했고^{기원전 139년}, 사
마천은 130권에 이르는 대작 역사서 『사기』를 집필했단다^{기원전 95년}. 무제
시절, 참 많은 업적이 만들어졌지?

다시 로마로 가서….

기원전 73년 검투사 노예인 스파르타쿠스가 반란을 일으켰어. 반란은 곧
진압됐어. 크라수스 폼페이우스 카이사르가 1차 삼두정치를 시작했지^{기원전}
^{60년}. 이것을 깨고 카이사르가 종신 독재관에 올라 권력을 독점했어^{기원전 49년}.
하지만 카이사르는 기원전 44년 암살됐고, 다시 혼란이 벌어지는 듯 했어.
이 혼란을 끝내고 아우구스투스가 황제에 올랐어^{기원전 27년}. 한반도에서 고
구려, 백제, 신라가 성립할 무렵 로마에서도 제국의 기틀이 다져진 셈이야.

기원전 4년경 예수 그리스도가 탄생했다는 사실도 알아 둬.

정치 제도는 어떻게 변했을까?

• 통치조직

대한민국의 정치 형태는 대통령제야. 국민이 뽑은 대통령이 정부^{행정부}를 구성하는 형태지. 물론 대통령은 행정부의 수장이 돼. 이와 별도로 국회^{입법부}와 법원^{사법부}을 두고 있어. 권력이 어느 한쪽으로 치우치지 않도록 하자는 취지야. 이를 삼권분립 원칙이라고 하지. 가장 먼저 이 삼권분립 원칙이 적용된 나라는 미국이었어.

까마득한 옛날에 이런 형태의 민주주의 정부가 존재했을 리가 없겠지. 정치도 서서히 발전하는 것이니까! 우리 정치 역사의 진화 과정을 살펴볼까?

구석기와 신석기시대에는 신분이나 계급 같은 것도 없었어. 모두가 평등한 원시공산사회였지. 생각해 봐. 생존하는 것도 힘든 마당에 정치에 신경이나 쓸 수 있겠니? 그런데 청동기시대를 거치면서 권력과 계급이 생겨났어. 힘 있는 자는 지배자가 됐고, 힘이 없는 자는 피지배자가 됐지.

최초의 권력자는 부족장이었어. 그 부족의 우두머리를 말하는 거야. 이런 부족장 가운데 특히 강한 부족장을 군장이라고 불렀어. 사실상의 왕처럼 군장은 그 부족에서 강력한 권력을 행사했지. 고조선 초기 시절, 그리고 옥저와 동예, 삼한의 여러 나라들이 이런 군장국가에 해당돼.

군장국가에 이어 등장한 것이 부족연맹 왕국이야. 여러 부족이 모여 하나의 국가를 구성하는 방식이지. 고구려와 부여는 5부족연맹이었어. 가야도 6가야연맹이었지. 이 가운데 고구려는 중앙집권 체제를 구축하고 고대

국가로 발전했어. 하지만 부여나 가야의 경우 부족연맹 왕국 단계에서 성장을 멈췄지. 그래서 멸망하고 만 거야.

삼국시대로 접어든 후 고구려, 백제, 신라는 중앙집권 체제를 구축하기 위해 상당히 노력했어. 중앙집권 체제는 왕의 통치가 지방에까지 미치는 정치 형태야. 이 체제를 구축하려면 왕권이 강해야겠지? 통치 조직도 제대로 정비해야 해. 율령^{律令}도 마련해야 하고, 국민의 정신을 하나로 묶을 종교도 필요하지.

삼국시대에 이르러 이런 개혁이 본격적으로 추진됐어. 그 결과 관료제도 어느 정도 정착됐지. 관료제는 중앙집권 체제 구축에 있어서 무척 중요한 요소란다. 모든 관리들을 신분에 따라 등급으로 매겨야 왕의 밑에 둘 수 있거든.

고구려는 대대로 이하 10여 관등, 백제는 좌평 이하 16관등, 신라는 이벌찬 이하 17관등으로 돼 있었지. 고구려는 비교적 덜했지만 나머지 두 나라는 자신의 신분에 따라 승진할 수 있는 최고 관직이 정해져 있었어. 쉽게 말해 하급 귀족은 장관급에 오를 수 없었어.

이와 별도로 세 나라에는 모두 귀족회의가 있었어. 고구려는 대대로가 의장으로 있는 제가회의, 백제는 상좌평이 의장인 정사암회의, 신라는 상대등이 의장인 화백회의를 운영했단다. 이런 귀족회의가 존재한다는 건, 아직까지 왕권이 강하지 않았다는 뜻이야. 왕과 귀족이 서로를 견제하는 형국인 거지. 물론 왕이 강하면 귀족들은 몸을 낮췄어.

왕들은 지방에까지 왕명이 고스란히 전파되기를 원했지. 그래서 중앙과 지방 행정 조직을 종종 정비했단다. 삼국시대 때부터 본격적으로 중앙과 지방 조직이 정비된 셈이야.

여진족에게 항복을 받는 조선의 기병

　고구려는 수도와 전국을 각각 5부로 나눴어. 오늘날의 도지사에 해당하는 지방 장관은 욕살이라고 했단다. 백제는 전국에 22개의 담로를 설치해 중앙에서 왕족을 보내 통치하게 했지. 이와 별도로 수도와 지방을 각각 5부와 5방으로 나누기도 했어. 방에는 방령이란 지방 장관을 파견했지. 신라는 수도를 6부로 나누고, 지방을 5주로 나눴어. 주 밑에는 군과 현을 뒀지. 특수 행정 구역으로 2소경을 따로 두기도 했어.

　신라가 삼국을 통일했어. 그렇다면 정치 형태는 신라의 것을 많이 따라가

겠지? 그래서 통일신라의 정부 구성은 통일 이전의 신라와 크게 다르지 않아. 다만 당나라의 제도를 모방해 조금 선진화했다고 할 수 있지. 통일의 대업을 이루는 과정에서 왕권이 강화됐겠지? 반대로 귀족회의는 약해졌을 거야. 그러니 귀족의 우두머리인 상대등의 권한도 약해지고, 새로이 중앙에 있는 집사부의 우두머리 시중의 권력이 강해졌어. 물론 시중은 왕의 말을 잘 들었지.

다만 영토가 넓어졌으니 지방 행정조직은 정비할 필요가 있었어. 통일신라는 전국을 9주 5소경으로 나눴단다. 주 밑에는 통일 이전과 마찬가지로 군과 현이 있었어. 특이한 점은 이때부터 천민 대우를 받던 사람들이 주로 사는 향, 소, 부곡이 만들어졌다는 거야. 이 천민촌은 고려까지 이어진단다.

오늘날 대한민국은 성인 남성에 한해 국방의 의무를 지도록 하고 있어. 남성만 국방의 의무를 지는 것은 예전에도 마찬가지였단다. 다만 지금보다 군 복무 기간이 많이 길었지.

삼국시대에는 따로 군사조직이란 게 없었어. 만약 변방에서 전투를 해야 할 상황이 생긴다면 그 지역의 장정들이 바로 군대에 편입돼 전투를 치렀지. 농번기에는 농사를 지어야 하니까 군대를 소집하지 않았어. 농번기에는 웬만하면 전쟁을 벌이지 않았단다. 농민들이 부대에서 많이 이탈할 수도 있고, 한해 농사를 망치면 식량난이 찾아오지 않겠어? 그래서 군사조직과 지방조직을 일치해 운영한 거야. 통일신라로 들어서면 본격적으로 중앙 군대를 운영했지. 그게 바로 9서당이야. 이와 별도로 지방에도 10정이란 군대를 뒀지.

발해를 살펴보고 고대시대를 끝낼까? 우선 중앙의 통치 조직부터!

발해는 당의 3성 6부제를 모방해 정당성·선조성·중대성의 3성을 뒀고, 그 밑에 충·인·의·지·예·신 등 6부를 뒀어. 전국에는 오늘날의 특별시나 광역시에 해당하는 5경을 배치했고, 15부 62주를 뒀지. 그 밑으로는 현과 촌을 뒀어. 발해에도 10위란 군사조직이 있었지. 별도의 군사조직이 있었다고는 하지만 이때까지만 해도 농번기에는 농사를 지어야 했단다. 삼국시대의 군대 제도와 크게 다르지 않지?

이제 중세시대, 즉 고려로 넘어가 볼까? 고려시대의 정치 시스템은 귀족과 관련이 깊어. 호족, 문벌귀족, 권문세족…. 다양한 귀족이 등장하기 때문이야.

고려 또한 당나라를 모방해 중앙 통치조직을 정비했어. 당 왕조가 중서성·문하성·상서성을 뒀고, 상서성 밑에 이·호·예·병·형·공 등 6부를 뒀는데, 이 시스템을 고려가 벤치마킹한 거야. 다만 중서성과 문하성을 합쳐 중서문하성이라 불렀으니, 고려의 통치조직은 2성 6부제가 되는 거야. 6부의 순서는 이·병·호·형·예·공부로, 중국과 달라. 국방부의 서열이 두 번째지? 고려시대 외적의 침략을 많이 당했기 때문에 이렇게 순서가 정해진 거란다.

이밖에도 중추원이란 기관이 있었는데, 오늘날 대통령 비서실과 비슷해. 중추원은 왕명 출납과 군국기무^{국가의 중요한 일}를 담당했단다. 어사대란 기관은 오늘날의 언론과 검찰 역할을 했어. 관리를 감찰하고 풍기를 단속했으며, 정치의 잘잘못을 논했지. 또 삼사는 화폐 업무와 출납을 담당했어. 조선시대에는 사헌부, 사간원, 홍문관을 삼사라고 불렀단다. 조선시대의 삼사는 고려시대와 달리 언론 기능을 했어. 이름만 같은 거니까 헷갈리지 마.

고려에도 삼국시대 때처럼 귀족회의 기구가 따로 있었어. 고려에 다양한 귀족이 있었다고 했지? 귀족의 시대여서 그랬을까? 고려시대에는 귀족회의가 분야별로 세분화됐어. 도병마사는 국방 정책을 비롯해 중요한 국가 정

관찰사가 임지에
부임하는 모습

책을 결정하고 심의했고, 식목도감은 국가 의식이나 법과 관련된 문제를 논의했지. 이 가운데 도병마사는 훗날 몽골의 식민 지배를 받으면서 도평의사사로 이름이 바뀌었어.

고려시대의 지방 행정조직은 6대 국왕 성종 때부터 본격적으로 정비됐어. 성종은 전국에 12목을 설치하고 지방 장관인 목사를 파견했지. 이어 8대

국왕 현종은 전국을 5도 양계로 재편했어.

5도는 일반 행정 구역이었어. 안찰사라는 지방 장관이 중앙에서 파견됐지. 도 밑에는 주와 군, 현을 뒀어. 군과 현까지 중앙에서 관리를 보내려 했는데, 실제로는 많은 군과 현에 관리를 파견하지 못했다는구나. 이처럼 중앙관리가 파견되지 않은 지역을 속군, 속현이라 불렀어. 아직 중앙집권 체제가 100퍼센트 구축된 건 아닌 셈이야.

양계는 군사 행정 구역이었어. 평안도 지역에 설치된 북계, 함경도와 강원도 지역에 설치된 동계, 두 곳을 가리키지. 이곳에는 병마사를 파견해서 군대를 지휘하도록 했어. 이 밖에 오늘날 특별시와 광역시에 해당하는 3경개경, 서경, 동경이 또 있었어. 현종은 12목을 8목으로 축소했고, 별도로 4도호부를 두었단다. 물론 향, 소, 부곡은 여전히 남아 있었지.

고려로 들어오면서 군사조직에 조금 변화가 생겼어. 중앙군으로 2군과 6위를 뒀어. 2군은 국왕의 친위부대였고, 6위는 수도와 국경을 방어하는 군대였지. 이 군대에 속한 사람들은 전문적인 군인이었단다. 일종의 직업군인인 셈이야. 그러니까 군인전이란 토지도 받았어. 반면 지방에는 주현군과 주진군을 뒀는데, 모두 농민으로 구성됐어. 지방까지는 직업군인 제도를 도입하지 못한 거지.

2군 6위의 지휘자들은 중방이란 곳에 모여 군사와 관련된 논의를 했어. 무신정권이 들어선 이후에는 이 중방이 최고의 권력기구로 부상했지. 그러다가 최충헌이 집권하면서부터는 교정도감이 최고의 권력기구가 됐어.

고려시대의 정치조직은 삼국시대나 남북국시대보다 훨씬 정교하고, 복잡한 것 같지? 중앙집권 체제가 훨씬 더 강력해진 것 같은 느낌도 들 거야. 이건 당연한 거야. 역사가 발전하고 있으니 정치조직도 체계적일 수밖에 없지.

총융청

근세에 해당하는 조선시대. 정치조직은 훨씬 더 정교해졌어. 고려가 귀족의 시대라고 했지? 조선으로 접어들면 그런 귀족은 더 이상 존재하지 않았어. 조선을 이끈 지배층은 사대부들이야. 사대부들은 과거 시험을 통해 중앙의 벼슬을 얻고, 능력을 인정받아야 고위직에까지 오를 수 있었지. 점점 능력이 더 중요한 사회로 발전하고 있는 셈이지. 역사는 발전하니까!

중앙의 통치조직으로는 의정부와 이·호·예·병·형·공조가 핵심이라고 할 수 있어. 의정부는 영의정·좌의정·우의정 등 삼정승이 중심이 돼 국가 정책과 관련한 회의를 하는 기관이었어. 여기에서 논의된 사안을 바탕으로 왕이 최종 결정을 내렸지. 이런 정치 형태를 의정부서사제, 또는 의정부중심제라고 불러. 의정부서사제는 왕과 신하의 권력이 균형을 이룬 체제라고 할 수 있을 거야.

그러나 3대 국왕 태종은 의정부서사제를 무시하고, 6조로부터 직접 보고를 받았어. 정승의 권력이 아주 약해지고 의정부의 역할도 약화된 거야. 이런 정치 형태를 6조 직계제라고 불러. 신권보다 왕권이 월등한 통치조직 형태라고 볼 수 있지.

조선시대에는 이와 별도로 사헌부, 사간원, 홍문관 등 왕을 견제하는 기관들이 있었어. 오늘날로 치면 언론기관에 해당하지. 역사를 담당하는 춘추관, 왕의 비서실 역할을 하는 승정원도 있었어.

16세기 이후에는 비변사가 설치돼 의정부를 뛰어넘는 권한을 행사했어. 그러나 흥선 대원군이 집권하면서 다시 의정부의 권한이 강화됐지. 그 후 조선이 개항하고 갑오개혁을 거치면서 의정부는 해체되고 내각이 등장한단다.

조선 시절, 전국은 8도로 나눴어. 향, 소, 부곡과 같은 특수 행정 구역은 사라졌어. 고려시대의 양계와 같은 군사 행정 구역도 사라졌지. 행정 구역이라고는 8도밖에 없어. 단순해진 거지. 이 8도에는 관찰사를 파견했단다.

8도 밑으로는 부부사, 목목사, 군군수, 현현령을 뒀어. 이들을 보통 통틀어 수령이라고 한단다. 수령을 보좌하는 향리는 지방에서 자체적으로 뽑았는데, 이를 6방이라 불렀어.

조선은 말 그대로 농병일치 사회였어. 국방의 의무란 개념이 본격화했다고 해야 할까? 천인이 아닌 양인이라면 누구나 16세부터 60세까지 국방의 의무, 즉 군역을 져야 했단다. 이들은 현역으로 복무하는 정군과 군대 비용을 부담하는 간접군인보인으로 분류됐어.

조선 군대도 고려와 마찬가지로 중앙군과 지방군으로 분류할 수 있어. 중앙군은 5위라고 불렀는데, 서울과 궁궐을 수비하는 게 주요 임무였어. 지방군은 육군인 병영, 해군인 수영으로 구분할 수 있지. 이외에도 일종의 예비군인 잡색군이 있었단다.

임진왜란과 병자호란은 조선 민중에게 정말로 큰 사건이었어. 국방의 중요성을 새삼 깨달았지. 이처럼 조선 후기로 접어들면서 5위가 5군영으로 바뀌었어. 5군영은 훈련도감, 총융청, 어영청, 수어청, 금위영을 가리키는 거야.

근대로 접어들면서 개화파 정권은 5군영을 2영으로 축소하고 그 대신 신식군대인 별기군을 창설했어. 이 때문에 구식군인들이 반란을 일으켰는데, 그게 바로 임오군란이란다. 우리 군대는 1907년 정미7조약을 계기로 모두 해산됐어. 그 후 일제 강점기의 역사로 접어들게 됐지.

제2장

구 석 기 에 서
고 려 까 지

세 나라,
천하를
다투다

한반도에 비로소 고대시대가 열렸다.
세 나라는 견제와 협력, 투쟁을 통해 발전해 나갔다.
웅장한 고구려와 세련된 백제, 소박한 신라의 모습에서
조상의 멋을 배워 본다.

1

고구려─백제,
고대국가 도약하다

삼국시대 전기
기원 전후 ~ 4세기 후반

연표	22년	42년	53년	65년	194년	260년
	고구려 대무신왕, 부여 대소왕 제거	금관가야 건국	고구려 태조왕 즉위, 국가 기틀 정비 착수	김씨 시조 김알지 탄생	고구려 고국천왕 진대법 첫 실시	백제 고이왕, 6좌평과 16관등제 첫 실시
	373년	372년	371년	356년	313년	
	고구려 소수림왕, 율령 반포	고구려 소수림왕, 전진으로부터 불교 수입	백제 근초고왕, 고구려 평양성 점령. 중국 공략	신라 내물왕 즉위, 김씨 왕위 세습 기반 마련	고구려 미천왕, 낙랑군 완전 축출	

고구려의 돌무지무덤 · 국내성과 환도산성 사이에 있는, 고구려 지배층의 돌무지무덤 무리이다.

고구려, 먼저 기틀 세우다

고구려가 발전한 과정은 한반도 남부의 백제나 신라와 많이 달라. 고구려는 부여 세력을 흡수하고, 말갈 부족을 복속시켜 영토를 넓혔어. 또 한이 설치한 낙랑군과 싸우는 과정에서 우리 민족을 규합했어. 즉, 외부 세력과의 투쟁을 통해 나라를 키운 거야.

그러나 4세기 중반에는 백제의 공격을 받아 왕이 사망하는 사태가 발생하기도 했어. 물론 그렇다고 고대국가로의 발전을 멈춘 건 아니야. 그 와중에도 중앙집권 체제는 서서히 구축되고 있었지. 고구려의 기틀이 잡혀가는 과정부터 살펴볼까?

첫 정복 군주 대무신왕

기원 전후부터 2세기까지 한반도 남쪽에서는 백제와 신라가 더디게 발전하고 있었어. 그러나 북쪽의 고구려는 빠른 속도로 세력을 키우고 있었어. 고구려 시조 동명성왕은 대대적인 정복 전쟁을 벌였지. 비류국과 행인국에 이어 북옥저까지 정복했어.

주몽은 자신을 길러준 동부여 금와왕과 원만한 관계를 유지했어. 그러나 대소가 동부여 왕이 되면서 평화는 깨지고 말았어. 대소가 주몽을 철천지원수로 여겼다고 했지? 두 나라는 자주 전투를 벌였어. 이에 대해서는 앞에서 간단히 말했지?

주몽은 졸본부여에서 소서노와 결혼했고, 소서노 세력의 지원을 받아 고구려를 세울 수 있었어. 그러나 동부여에 친아들이 남아 있었어. 그 아이가 유리라고 이미 말했을 거야. 부여에서 대소가 왕에 오를 즈음, 유리가 어머니인 예씨 부인과 함께 동부여를 탈출해 고구려로 왔어. 주몽은 유리를 태자로 삼았는데, 이 또한 이미 살펴본 내용이야.

국내성 성벽 · 고구려는 유리왕 때 수도를 졸본에서 국내성으로 옮겼다.

얼마 후 주몽이 마흔의 나이로 세상을 떠났어. 유리가 2대 국왕에 올랐는데, 이름을 따서 유리왕이라 불러. 유리왕도 아버지의 뒤를 이어 영토를 늘려 나갔어. 선비, 양맥과 같은 북방 민족들을 물리쳤고, 부여의 공격도 잘 막아냈어. 유리왕은 수도를 졸본에서 국내성으로 옮긴 왕이기도 해^{서기 3년}.

유리왕은 '황조가'라는 작품을 남긴 인물로도 유명해. 황조가는 『삼국사기』에 실려 있는데, 국내 문학사상 최초의 서정시로 평가받고 있단다^{기원전 17년}. 일단 작품부터 볼까?

"펄펄 나는 저 꾀꼬리 암수 서로 노니는데, 외로울 사 이내 몸은 뉘와 함께 돌아갈꼬."

뭔가 스토리가 있을 것 같지? 맞아. 유리왕에게는 특히 아끼는 두 명의 후궁이 있었어. 그런데 그 둘은 서로 사이가 좋지 않았어. 급기야 왕이 사냥을 나간 사이 심하게 싸웠고, 그중 한 명이 고향으로 돌아가 버렸지. 뒤늦게 이 사실을 안 유리왕이 급히 따라갔지만 후궁은 돌아오지 않았어. 터덜터덜 돌아오는 길에 유리왕이 짝을 지어 날아가는 꾀꼬리^{黃鳥}를 보고 지은 작품이 바로 황조가였어.

황조가가 단순한 사랑가가 아니라고 주장하는 학자들도 있어. 정치적 의미가 숨어 있다는 거야. 당시 고구려는 갓 탄생한 신생국이었어. 여러 세력이 은근히 권력 다툼을 벌였을 거야. 그 상황을 감안해 해석해 볼까? 참고로 알아 두렴.

"두 후궁은 서로 다른 정치 세력을 상징한다. 그 둘은 유리왕도 어찌하지 못할 만큼 세력이 강했다. 결국 권력을 장악하지 못한 유리왕의 슬픔을 황조가로 에둘러 노래했다. 이 시는 정치적 의미를 담았다."

유리왕의 뒤를 이은 대무신왕3대은 묘호묘에 새겨진 이름만 봐도 어떤 왕인지 짐작할 수 있을 거야. 대무신은 '무공으로 큰 업적을 세운 신'이란 뜻이야. 이 말 뜻 그대로 대무신왕은 27년에 이르는 재위 기간 동안 정복 전쟁을 통해 영토를 크게 넓혔어. 보통 고구려의 정복 군주 하면 광개토대왕을 꼽는데, 제대로 따지자면 최초의 정복 군주는 바로 대무신왕이라고 할 수 있지.

대무신왕은 동부여를 제압하고 대소왕을 죽였어22년. 이때의 패배로 동부여는 군소국가로 전락하고 말았지. 4년 후 대무신왕은 압록강 상류에 있던 개마국과 구다국도 정복했단다.

고구려는 요동 지방을 놓고 중국과 많은 전투를 벌였어. 한나라의 요동 태수가 고구려를 침략하자28년 고구려가 한사군의 하나인 낙랑군을 치기도 했어32년. 이때 고구려 군대를 이끈 인물이 대무신왕의 아들인 호동 왕자야. 호동 왕자와 낙랑 공주의 설화는 널리 알려져 있지.

호동 왕자가 바람도 쐴 겸해서 옥저 근처로 놀러 갔어. 그곳에서 한 여자를 만났는데, 첫눈에 반하고 말았지. 호동 왕자를 사랑에 빠지게 한 여자는 바로 낙랑 태수의 딸이었어. 둘은 곧 결혼을 했어.

바로 그해 고구려는 낙랑을 공격할 계획을 세웠어. 군대의 사령관은 호동 왕자였지. 낙랑 공주는 자기 나라로 돌아갔어. 그녀에게도 임무가 있었거든. 낙랑에는 적이 오면 스스로 울리는 자명고란 북이 있었다고 전해져. 바로 이 북 때문에 공격하기가 쉽지 않았지. 그런데 호동 왕자가 공격할 때는 그 북이 울리지 않았어. 호동 왕자를 사랑한 낙랑 공주가 그 북을 찢어 버렸던 거야. 조국을 버리고 사랑을 택한 낙랑 공주는 안타깝게도 자신의 아버지에게 죽임을 당했지.

설화에서는 이 전쟁 직후 고구려가 낙랑을 정복했다고 돼 있어. 그렇지만 낙랑이 이때 완전히 무너진 것 같지는 않아. 한반도에 남아 있던 낙랑군이 완전히 철수한 것은 미천왕이 통치하던 때였단다313년.

대무신왕이 통치하던 때, 중국에서 전한이 무너지고, 새로이 후한 왕조가 시작됐어. 대무신왕은 좋은 관계를 유지하기 위해 후한 광무제에게 사신을 보냈어. 굳이 충돌할 필요가 없다고 판단했던 거야.

대무신왕은 또 좌보와 우보 직위를 새로 두기도 했어. 이 직위는 일종의 정승과 같아. 조선의 좌의정, 우의정으로 생각하면 크게 틀리지 않을 거야. 정승 자리를 마련했다는 것은 나름대로 의미가 있어. 왕을 보좌하는 직책이 있다는 얘기는 그만큼 왕권이 강화됐다는 뜻이거든. 그래, 서서히 중앙집권 체제 구축을 위한 시동을 걸고 있는 거야.

태조왕, 고구려를 다시 세우다

민중왕4대, 모본왕5대을 거쳐 태조왕6대이 등극했어53년.

태조는 보통 나라를 세운 왕에게 붙이는 묘호야. 왕건을 고려 태조, 이성계를 조선 태조라 부르는 게 이런 이유이지. 중국에서도 송 왕조 이후에는 창건자를 태조라 불렀어. 이런 어마어마한 묘호를 붙인 까닭은? 그래, 태조왕의 업적이 그만큼 대단하기 때문이야. 태조왕은 고구려를 한 단계 발전시킨 왕으로 평가받고 있어. 고구려를 중앙집권 국가로 만드는 데 크게 기여했지.

그 전까지만 해도 고구려왕들은 부족장의 눈치를 많이 봐야 했어. 고구려는 소노부, 계루부, 절노부, 순노부, 관노부 등 5부족 연맹체로 출범했어. 그러니 왕도 5부족장 회의에서 선출했어. 왕권이 미약할 수밖에 없었지.

시조 주몽은 고씨였지? 그러나 2대 유리왕부터 5대 모본왕까지는 고씨 성을 쓰지 않고, 해씨 성을 썼어. 유리가 주몽의 아들인데 이상하지 않니? 더 이상한 점은 이 네 명의 왕이 시조인 주몽에 대한 제사를 지내지 않았다는 거야. 이 때문에 어떤 학자들은 유리가 주몽의 아들이 아닐 수도 있다고 주장한단다.

어쨌든 주몽이 계루부 출신으로 고구려를 세웠지만 2~5대 왕은 소노부 세력이었어. 유리왕의 부인이 소노부 족장인 다물국 왕 송양의 딸이었다는 점이 이 사실을 뒷받침하고 있지. 그런데 태조왕은 이런 상황을 확 바꿔 버렸어. 왜? 왕권을 강화하기 위해서!

우선 계루부 고씨만이 왕위를 독점하도록 했어. 물론 태조왕 자신이 고씨였지. 이제 계루부만이 정통 왕족 행세를 할 수 있게 된 거야. 왕의 혈통이 오락가락하지 않게 됐지? 비로소 왕권이 강화될 토대가 만들어진 셈이야.

태조왕은 또 5부족을 5부로 바꾸려고 시도했어. 이 시도가 당장 성공하지는 않아. 실제로 5부로 지방 행정 구역이 확정된 것은 9대 고국천왕 때야. 이게 왜 중요하냐고? 부족에서 부로 행정 구역이 바뀐다는 것은 부족의 해체를 의미해. 그 부족들이 중앙집권 체제에 쏙 흡수됐다는 뜻이야. 삼국 가운데 가장 먼저 고구려가 부족연맹 왕국에서 중앙집권 국가로 변신하고 있었던 거지.

중앙집권 국가를 이루는 또 하나의 요소는 영토야. 왕의 위엄을 떨칠 넓은 영토가 있어야 고대국가라 할 수 있지.

태조왕도 왕성하게 정복 활동을 벌였어. 먼저 동옥저를 정복함으로써 남쪽으로 살수^{평안도}까지 영토를 넓혔어^{56년}. 이게 신호탄이야. 이어 부여 대소왕의 동생이 망명해 세운 갈사국을 쳤어. 그다음에 쉬지 않고 주변 지역으로 영토를 넓혔지.

후한의 공격에 대비해 요서 지역에 10성을 쌓기도 했어. 또한 지속적으로 후한의 요동군과 현도군, 낙랑군을 공격하기도 했지. 특히 요동 서안평을 공격해 후한과 낙랑의 연결 통로를 차단한 것은 기억할 만한 일이야^{146년}.

태조왕의 측근 가운데 수성이란 인물이 있었어. 바로 태조왕의 동생이야. 그는 후한 유주자사 풍환이 고구려를 공격해 왔을 때 군대를 이끌고 나가 격파하기도 했어. 바로 그가 얼마 후 권력을 장악했어. 당시 태조왕은 100세의 노인이었는데, 어떻게 대처했을까? 태조왕은 수성이 군사 반란을 모의하고 있다는 소식을 듣고 순순히 왕위를 내줬어. 수성이 바로 차대왕^{7대}이야. '나라를 세운 왕의 다음 왕'이란 뜻이지. 태조왕이 고구려의 창건자 대우를 받았다는 사실이 여기에서도 확인되지?

차대왕에 이어 신대왕^{8대}이 등극했고, 이어 고국천왕^{9대}의 시대가 됐어. 고국천왕은 왕권을 강화하기 위해 여러 개혁을 추진했어. 이미 설명한 대로 5부를 행정 구역으로 재조정한 것도 고국천왕이야. 이 조치를 통해 부족을 사실상 해체했다고 했지? 고국천왕은 나아가 왕위는 아들이 계승하도록 제도화했어. 그 전에는 형제끼리 왕위를 물려받기도 했단다.

특히 기억해야 할 업적 한 가지 더. 바로 진대법이란 구휼 제도를 처음 실시한 거야194년. 구휼은 국가가 불행한 사람을 돕는다는 뜻이 야. 이 뜻 그대로 고국천왕은 봄에 가난한 농민에게 쌀을 빌려줬다 가 수확을 끝낸 10월 이후에 돌려받았어. 농민에게 큰 도움이 됐겠 지? 사실 이 제도는 왕에게도 큰 이득이 됐어. 궁핍해진 농민이 도움 을 받을 사람이 없다면 귀족에게 의지하겠지? 그렇게 되면 농민은 결국 귀족의 손아귀에 들어가게 될 거야. 국가가 도와주면 이를 막 을 수 있지. 결과적으로 왕권이 강화되는 거야.

소수림왕, 중앙집권 체제를 확립하다

동천왕11대의 시대로 가 볼까? 동천왕 시절, 중국에서는 위, 촉, 오 세 나라가 싸우고 있었어. 동천왕은 삼국 가운데 위가 가장 강하다는 사실을 잘 알고 있었어. 그 때문에 위와 화친하고 오를 멀리하는 전 략을 채택했지. 그런 사실도 모르고 오의 왕이 고구려에 사신을 보 내 화친을 제안했어. 고구려와 연합해 강력한 위를 치려는 전략이었지. 하지만 동천왕은 받아들이지 않았어. 결국 오의 사신을 죽여 위로 보냈단다236년.

얼마 후 위의 요동 태수였던 공손연이 독립을 선언하면서 연을 건국했어. 화가 난 위가 연을 즉시 공격했어. 동천왕도 병사를 보내 위를 도왔어. 그 결과 연은 무너지고 말았지.

아뿔싸. 이게 화근이 됐어. 연이 사라지자 위가 고구려와 국경을 맞대게 된 거야. 위가 본색을 드러내 고구려를 압박하기 시작했어. 동천왕은 고민 끝에 결론을 내렸어. 먼저 치자! 고구려가 요동 지방의 서안평오늘날의 주롄을 먼저 공격했어242년.

이 전투에서는 큰 성과를 거두지 못했어. 게다가 2년 후 위의 유주자사 관구검이 낙랑, 대방군과 연합해 고구려를 공격했어. 위의 대군은 곧 고구려 수도 환도성을 함락시켰어. 동천왕은 옥저까지 급히 달아나야 했지. 다행히 유유라는 고구려의 명장이 목숨을 내놓고 싸운 덕분에 위를 몰아내고 환도성을 되찾을 수 있었어. 그러나 환도성은 이미 폐허로 변한 후였지. 고구려는 수도를 잠시 평양성으로 옮길 수밖에 없었단다.

4세기로 접어들면서 고구려의 요동 되찾기 프로젝트가 또다시 시작됐어. 미천왕15대이 3만 군사를 이끌고 현도군을 쳤어. 미천왕은 무려 8000여 명의 포로를 사로잡고 귀환했어. 중국의 간담이 서늘했겠지?

미천왕은 이어 낙랑군을 공격해 멸망시켰어313년. 그다음에는 대방군을 고구려 영토로 흡수시켰지314년. 이로써 한반도의 중국 세력을 모두 축출했어. 그러나 요동 지방을 되찾지는 못했어.

고국원왕16대도 중국과 격돌했어. 그가 왕에 오를 무렵 중국에서는 5호16국시대가 펼쳐지고 있었어.

위, 촉, 오 세 나라의 싸움 결과는? 모두 패배였어. 위의 대장군 출신인 사마씨가 진을 세웠고, 결국 중국을 통일하거든. 그러나 진은 생각보다 약했어. 북방의 이민족들이 중국을 잠식해 갔지. 마침내 이민족들이 중국 한복판에서 치고받는 5호16국시대가 시작된 거지.

고구려와 인접한 요동 지방은 어떨까? 선비족의 일파인 모용선비가 연전연을 세웠어. 전연은 강한 데다 야비하기까지 했어. 고구려를 침략해 고국원왕의 아버지미천왕 시신을 훔치고, 어머니를 인질로 끌고 간 거야. 고국원왕은 아버지 시신과 어머니를 돌려받기 위해 전연의 눈치를 봐야 했어.

고국원왕은 남쪽으로도 세력을 확대하려 했어. 그러나 백제의 세력이 이미 상당히 커져서 쉽지 않았어. 곧 살펴보겠지만 당시 백제의 왕이 그 유명한 근초고왕이란다. 위로는 전연과 힘겨운 싸움을 해야 했고, 아래로는 떠오르는 백제의 공격을 막아야 하는 상황. 고구려가 좀 밀리는 듯한 분위기였어.

백제군이 평양성까지 치고 올라왔어. 이 평양성 전투에서 고국원왕은 목숨을 잃었어371년. 고구려에 비상이 걸렸어. 즉시 고국원왕의 아들이 즉위했어. 바로 소수림왕17대이지. 하루라도 왕의 자리를 비워 놓으면 안 되잖아?

소수림왕은 고구려를 강한 나라로 만들겠다고 결심했어. 이를 위해 무엇보다 제도를 정비하고, 중국과 친교를 맺을 필요가 있다고 생각했어. 둘을 한꺼번에 만족시킬 수 있는 방법이 있었지. 바로 종교를 중국에서 수입하는 거야.

당시 중국은 5호16국시대라고 했지? 한마디로 정리하면 혼란 시대라고 할 수 있는데, 그 가운데 전진이란 나라는 그나마 탄탄하고 강했어. 소수림왕은 바로 그 전진으로부터 불교를 수입했어372년. 불교를 고구려의 호국사상으로 발전시키려는 의도였지. 소수림왕은 이와 동시에 전진과도 문화 교류를 하면서 우호 관계를 유지했어.

불교를 수입한 그해, 소수림왕은 태학이란 교육기관도 세웠어. 태학은 우리 역사상 처음으로 만들어진 국립 중앙교육기관이라고 할 수 있지. 물론 신분사회였으니 귀족의 자녀들만 입학할 수 있었어. 그들은 태학에서 유교 경전이나 역사서를 공부했어.

소수림왕은 이어 나라를 통치하기 위한 법, 즉 율령까지 반포했어.

예불도 · 고구려 귀족이 부처에게 절하는 모습을 그린 고분 벽화이다. 고구려는 소수림왕 때 전진으로부터 불교를 들여왔다.

이로써 고구려의 중앙집권 개혁은 어느 정도 마무리됐어. 태조왕이 개혁을 시작한 지 250여 년. 드디어 고구려는 강력한 중앙집권 국가로 재탄생하게 된 거야. 이런 노력이 있었기에 동북아시아의 제왕이 나올 수 있었지. 누구냐고? 바로 광개토대왕이야.

고구려는 장수 국가?

『삼국사기』의 기록대로라면 태조왕은 119세의 나이에 사망했어. 우리나라 역사상 가장 오래 산 왕이지. 그러나 이 기록이 사실이 아니라고 주장하는 학자들도 있단다. 당시 평균수명을 감안하면 이렇게 오래 살 수 없다는 거야.

물론 사람마다 수명이 다르니 100세 이상 살았다는 걸 무조건 왜곡이라고 할 수는 없겠지. 다만 이런 주장을 뒷받침하는 근거가 있는데, 이게 나름대로 설득력이 있어.

기록에 따르면 태조왕만 장수한 왕이 아니야. 그의 뒤를 이어 7대 왕에 오른 차대왕은 97세까지 살았어. 그다음 8대 신대왕도 91세까지 살았지. 차대왕은 태조왕의 동생이야. 그는 태조왕의 명을 받들어 많은 공을 세웠지만 말년으로 갈수록 성격이 포악해졌어. 결국 무력으로 왕위를 빼앗으려 했고, 늙고 병든 태조왕이 순순히 왕위를 넘겨줬다고 했지?

차대왕은 왕이 된 후에도 폭정을 일삼았어. 그러자 명림답부란 인물이 반정을 일으켜 차대왕을 몰아냈어. 이 명림답부가 추대한 인물이 신대왕이야. 그 후 명림답부는 재상 자리인 국상에 임명됐는데, 이 명림답부 또한 무려 113년을 살았단다.

어떻게 해서 이 시대 인물들이 모두 장수할 수 있었을까? 혹시 사료가 조작된 것은 아닐까? 진실은 무엇일까? 역사학자들이 밝혀내야 할 대목이야.

백제 약진하다

백제 시조 온조왕은 고구려보다 늦게 나라를 세웠어. 한강 유역에 정착했을 때 주변에는 크고 작은 여러 나라들이 이미 존재하고 있었지. 백제와 고구려 사이, 그러니까 황해도와 평안도 일대에는 낙랑군이 남아 있었어. 말갈족도 그곳에 살고 있었지. 그 동쪽으로는 동예도 있었어. 그들이 비록 강하지 않다고 하더라도 이제 갓 걸음마를 시작한 초보국가 백제에는 위협이 될 수 있었어. 이 때문에 온조왕에게는 빨리 국가를 안정시키는 게 급선무였지.

오늘날 고구려는 동북아시아 전역에 용맹을 떨친 나라, 신라는 삼국을 통일한 나라라는 분명한 이미지가 있어. 그런데 백제는 뚜렷한 이미지가 남아 있지 않아. 백제가 정말 무기력한 나라여서 그런 것일까? 그건 아니야. 백제는 동북아시아 해양을 호령한 강대국이었단다.

백제 초기의 왕권 다툼

온조왕 시대, 백제는 말갈, 동예와 여러 차례 전투를 치렀어. 말갈의 침략은 대체로 모두 물리쳤지만 동예에 대해서는 그렇지 못했어. 한때 동예의 침략에 잠시 위례성을 잃기도 했지^{기원전 4년}. 이에 복수하

청동자루솥 · 백제 초기에 쌓은 풍납토성에서 나온 유물로 제사 같은 신성한 의식에 사용한 것으로 추측된다. 풍납토성은 백제 초기의 수도인 위례성으로 추정되고 있다.

기 위해 5년 후 동예를 공격했지만 폭설을 맞아 군대를 철수시켜야 했어.

온조왕은 마한도 공략했어. 『삼국사기』에는 "백제가 9년 마한을 패망시켰다"고 기록돼 있는데, 당시 백제 국력으로 가능했을까 하는 의문이 들어. 대체로 학자들은 이때 마한의 여러 세력을 흡수한 것은 맞지만 완전 정복은 과장일 거라고 보고 있단다.

온조왕 이후로도 백제는 힘겨운 시기를 견뎌야 했어. 말갈의 침략은 여전히 계속됐고, 설상가상으로 큰 자연재해까지 겹쳤지. 고구려를 6대 태조왕이 통치하고 있던 때, 백제에서는 개루왕4대이 등극했어. 이 개루왕 때부터 백제와 신라가 본격적으로 충돌하기 시작했지.

충돌의 불씨가 된 것은 신라 아찬 길선의 반란이었어. 길선은 반란이 실패하자 백제로 망명해버렸어155년. 신라의 왕8대 아달라왕은 당장 길선을 돌려보내라고 백제에 요구했지. 개루왕이 이를 거절하자 신라가 백제를 공격했어. 이 전투가 두 나라 사이에 대대적으로 일어난 첫 전쟁이라고 할 수 있지.

개루왕은 북한산성을 쌓아 말갈 침략에 대비하기도 했어. 오늘날의 북한산성은 돌을 쌓아 만든 것이지? 당시에는 흙을 쌓아 산성을 만들었어. 시간이 흐르면서 산성의 형태가 바뀐 거야.

신라 아찬 길선 문제는 그다음 왕인 초고왕5대 때까지도 해결되지 않았어. 신라는 집요하게 길선을 보내라고 요구했어. 백제도 자존심이 있지, 끝까지 거절했어. 이 때문에 수많은 전투가 벌어졌어. 두 나라는 주로 오늘날의 충북 지역에서 전투를 치렀지. 이런 상황에서 말갈마저 툭하면 백제의 북쪽 국경을 넘어 쳐들어왔어. 백제가 혼란스러울 만도 하지? 이런 상황은 구수왕6대까지 이어졌어.

구수왕의 뒤를 이어 사반왕7대이 등극했어234년. 그러나 사반왕은 어리다는 이유로 바로 그해, 곧바로 폐위됐어. 사반왕이 구수왕의 장남이었기에 왕통만 따진다면 후계자로 아무런 문제가 없어. 나이가

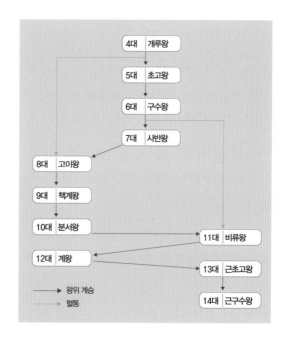

고이왕 전후의 백제 왕계

어린 왕이 어디 한 둘이야? 그런데도 폐위된 데는 이유가 있어. 이 무렵 왕위를 놓고 치열한 권력 다툼이 벌어졌던 거야.

사반왕을 몰아낸 인물은 고이왕8대이야. 그는 초고왕 → 구수왕 → 사반왕으로 이어지는 혈통이 아니었어. 『삼국사기』에는 고이왕이 초고왕의 동생이라고 기록돼 있지만 출생연대를 따지고 보면 사실이 아닐 확률이 높아. 고이왕은 기존의 왕통이 아닌, 왕족 가운데 여러 파벌 중 하나에 속한 인물이었을 거야. 그렇다면 백제 탄생 200여 년 만에 처음으로 정권이 교체됐다고 볼 수 있어. 물론 평화적인 방법은 아니었겠지?

고이왕의 이야기를 하기 전에 백제 왕권 다툼에 대해 정리하고 넘어갈까?

고이왕의 뒤를 이은 책계왕9대, 분서왕10대은 모두 고이왕의 아들과 손자야. 고이왕계 혈통이 이어진 거지. 하지만 비류왕11대은 6대 구수왕의 혈통이었어. 초고왕계 혈통이 왕위를 되찾은 셈이지. 고이왕계 혈통이 가만히 있었겠어? 고이왕계 혈통은 와신상담했고, 마침내 왕위를 되찾았어. 계왕12대이 고이왕계 혈통이었거든.

그러나 계왕의 뒤를 이은 근초고왕13대은 비류왕의 아들이었어. 그래, 또다시 초고왕계가 정권을 잡은 거야. 복잡하지? 동서양을 막론하고, 고대의 많은 국가들은 이런 혼란을 경험하며 중앙집권 국가로 발전했어. 백제가 좀 더 복잡하지만 일반적인 역사 발전 과정에서 나타나는 현상으로 이해하는 게 타당할 거야. 곧 살펴보겠지만 신라도 박, 석, 김 씨 세 가문이 번갈아가며 왕위를 차지했단다.

고이왕, 중앙집권 국가를 만들다

자, 이제 본격적으로 고이왕의 이야기를 시작해 볼까?

고이왕 시절, 중국은 위, 촉, 오 세 나라가 자웅을 겨루는 삼국시대였어. 고구려 동천왕은 이 시절, 위에 신경 쓰느라 백제에 큰 관심을 기울일 수 없었어. 신라에서는 석씨 계열에서 김씨 계열로 권력이 조금씩 넘어가고 있었지.

백제 고이왕은 중앙집권 체제를 구축하는 데 전력을 쏟았어. 고구려에서는 태조왕이나 고국천왕이 이미 중앙집권 개혁을 시도했지? 하지만 그 왕들도 관등과 관제를 갖추고 율령을 반포하는 정도까지는 나아가지 못했어. 고이왕은 달랐어. 확실하게 개혁을 밀어붙였어. 그 결과 삼국 가운데 백제가 가장 먼저 중앙집권 체제 골격을 갖추게 돼.

고이왕은 가장 먼저 16관등제를 실시했어[260년]. 관리를 총 16개의 관등으로 나눈 거야. 왕에 이어 2인자인 자리인 제1관등[1품]은 좌평이야. 총 6명의 좌평을 뒀는데, 이들은 오늘날의 장관에 해당돼. 이 가운데 가장 우두머리인 내신좌평은 국무총리로 볼 수 있겠지. 좌평 밑으로는 달솔, 은솔 등 '솔'의 관직이 이어졌어.

관등에 따라 입는 관복도 다르게 했어. 6품 이상은 자색, 11품 이상은 비색, 16품 이상은 청색 관복을 입었어. 관료 체계가 자리 잡혔다는 느낌이 들지? 왕을 중심으로 한 중앙집권 체제의 골격이 손에 잡힐 것 같지? 고이왕의 이야기를 직접 들어볼까?

제도를 개혁한 까닭은 무엇입니까?

"사실 고구려의 태조왕이 먼저 추진했다. 그가 5부족을 5부로 바꾸지 않았는가? 고구려나 백제나, 부족의 힘이 강한 현실을 극복해야 비로소 국가다운 국가로 발전할 수 있다. 고대국가의 첫 번째 요소가 바로 중앙집권이 아닌가?"

부족장을 제압하기가 쉽지 않았을 텐데….

"우선 각 부족의 족장에게 높은 관등을 준다. 그러면 그들이 중앙정부의 틀 안으로 들어올 것이다. 그 결과를 상상해 보라. 부족장 힘의 크기에 따라 등급을 달리 주면, 그들은 서로 다른 계급의 중앙 귀족이 된다. 그러나 그들의 권력은 과거보다는 못하게 된다. 또한 왕은 그들 모두를 아우르기 때문에 권력이 훨씬 강해지지 않겠는가?"

중앙집권 국가로 발돋움하기 위한 또 다른 조건이 있습니까?

"바로 법이다. 율령이라 부르는 법을, 삼국에서 내가 가장 먼저 반포했느니라. 고구려의 태조왕도 이 율령만큼은 반포하지 못했다. 또 하나의 조건이 있다. 국가가 국가다우려면 모름지기 영토가 넓어야 한다. 난 영토도 많이 넓혔다."

고대국가의 기틀을 다진 후 왕의 권력은 어떻게 달라졌습니까?

"그 전까지는 국가 중대사를 왕이 마음대로 정하지 못했다. 이젠 다르다. 귀족과 왕이 모여 국가 중대사를 논의하는 남당南堂이란 기구가 있다. 이 남당에서도 왕과 신하는 뚜렷하게 구분됐다. 신하의 의견을 모두 듣고 난 후 내가 가장 좋은 걸 선택했느니라. 왕이 신하들보다 우월하다는 걸 증명하는 게 아니겠느냐?"

고구려를 태조왕이 창건한 것이나 다름없다고 했지? 백제의 경우는 고이왕이 사실상의 창건자였어. 중앙집권 국가의 골격을 확실하게 구축한 데다 영토까지 크게 넓혔거든.

무엇보다 한강 일대를 완전히 장악했다는 게 두드러져. 당시까지만 해도 마한의 우두머리 목지국이 남아 있었어. 목지국은 여전히 54개 소국 연합인 마한을 좌우하는 강자였지. 바로 그 목지국을 고이왕이 제압했단다. 최강자를 눌렀으니 당연히 백제가 최강자로 떠올랐겠지? 이제 한강 유역에서 백제를 꺾을 나라는 없어!

북쪽으로도 세력을 넓혔어. 당시 황해도 일대에는 낙랑군과 대방군이 남아 있었는데 고이왕은 두 지역에 대해서도 압박을 가하기 시작했어. 위의 유주자사 관구검이 고구려를 침략했을 때는, 경비가 허술한 틈을 타 낙랑을 치기도 했어.

대방과 낙랑, 한이 서로 갈등을 벌이던 때가 있었어. 고이왕은 그 기회도 놓치지 않고 대방을 쳤어. 이 전투에서 백제는 대방 태수를 죽이는 전과를 올렸지. 어때? 백제가 점점 강해지고 있는 게 느껴져?

고이왕의 뒤를 이은 책계왕은 온건주의로 정책을 바꿔 대방과 사이좋게 지냈어. 대방 태수의 딸을 왕비로 맞아들이기도 했지. 대방이 고구려의 공격을 받자 지원군을 보내기도 했어. 덕분에 대방은 고구려를 막아냈지만, 백제는 고구려와 사이가 나빠졌어. 책계왕은 서둘러 산성을 쌓도록 했는데, 그게 아차성아차산성과 사성풍납토성이란다.

책계왕은 대방과는 원만한 관계를 유지했지만 낙랑에 대해서는 여전히 냉랭했어. 백제와 낙랑은 정말 서로에게 악연이었나 봐. 책계왕은 그들과 전투 도중 사망했고, 그의 뒤를 이은 분서왕은 낙랑이 보낸 자객에게 암살됐어.

두 명의 왕이 잇달아 참변을 당했어. 아마도 백제 왕실에서는 고이왕계에 대한 비판이 쏟아졌을 거야. 결국 초고왕계의 비류왕이 왕좌를 차지했어. 그러나 비류왕도 강력한 왕권을 확립하지 못했어. 그다음에 어떻게 됐지? 맞아. 고이왕계 혈통으로 바뀌어 계왕이 왕위에 올랐어.

고구려 미천왕이 낙랑을 정복함으로써 고구려와 백제가 국경을 마주하게 됐어. 강력한 고구려 군대를 상대한다는 것은 백제로선 큰 부담이었을 거야. 게다가 이 무렵 백제는 왕통이 오락가락 하고 있었잖아? 다행히 강력한 왕이 등장했어. 바로 근초고왕이야. 근초고왕의 시대, 백제는 최고의 전성기를 맞았어. 백제의 세력은 고구려, 중국, 일본까지 뻗었지.

대제국을 세운 근초고왕

근초고왕은 강력한 왕이 되기 위해 귀족 세력을 잘 활용했어. 고이왕이 중앙집권 국가의 기틀을 구축했다고는 하지만 아직도 귀족의 권력은 강했어. 그러니 귀족들과 원수가 되면 안 돼. 오히려 강력한 귀족과 제휴를 맺는 것이 더 좋은 방법이야. 그렇게 하면 나머지 귀족들이 함부로 못 하겠지?

근초고왕은 진씨 가문에 접근했어. 그 가문이 당시 백제에서 가장 강력한 귀족 중 하나였거든. 근초고왕은 진씨 귀족의 여성을 왕비로 맞아들였어. 진씨 가문과 가족 관계를 맺은 덕분에 근초고왕의 입지는 훨씬 탄탄해졌지. 나아가 근초고왕은 지방 통치를 수월하게 하기 위해 지방관을 처음으로 파견하기도 했어.

내부 정비를 끝낸 근초고왕이 드디어 밖을 향해 말 달리기 시작했어. 그래, 정복 전쟁을 시작한 거야. 우선 남쪽 마한의 잔여 세력부터 정복했어. 마한의 통일369년! 그다음은 낙동강 서쪽에 있던 가야로 진격했어. 가야도 제압! 이로써 한반도 남서부는 모두 백제의 영토에 흡수됐어. 한반도 남서부를 완전히 통일한 거야!

남부를 평정했으니 그다음엔? 그래, 북쪽으로 나아가야지. 당시 고구려의 왕은 고국원왕이었어. 고국원왕은 아버지의 시신과 어머니를 인질로 잡아 놓은 전연의 눈치를 한동안 봐야 했지? 이 무렵에는 다행히 어머니가 고국으로 돌아올 수 있었어. 덕분에 시름을 놓은 고국원왕은 백제로 영역을 넓히려고 애를 쓰고 있었단다.

한강을 두고 백제와 고구려가 대립하고 있는 형국이야. 그러니 두 나라의 충돌은 불을 보듯 뻔해. 근초고왕이 한반도 남서부를 평정한 그해, 고구려가 먼저 싸움을 걸어왔어. 두 나라의 군대가 치양성황해도 배천에서 격돌함으로써 두 나라의 전쟁이 본격화했어369년.

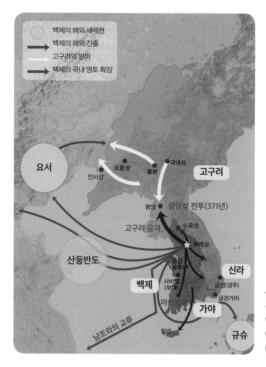

4세기 백제의 활약 · 근초고왕은 마한을 정복하고 고구려 평양성을 공격한 데 이어 해외로 뻗어 나갔다. 중국 요서, 산둥 지방과 일본 규슈까지 진출했다.

지도 범례:
- 백제의 해외 세력권
- 백제의 해외 진출
- 고구려의 방어
- 백제의 국내 영토 확장

지도 내 지명: 요서, 안시성, 요동성, 졸본, 국내성, 고구려, 평양, 평양성 전투(371년), 고구려 공격, 수곡성, 위례성, 웅진(공주), 산둥반도, 백제, 사비성(부여), 신라, 금성(경주), 금관가야, 마한, 가야, 규슈, 남조와의 교류, 탐라

　고구려가 밀렸어. 고구려는 중국과 백제, 두 곳에 모두 신경 써야 했기 때문에 전력을 한 곳에 집중할 수 없었잖아? 근초고왕도 그 점을 충분히 알고 있었어. 지금이야말로 정말 좋은 기회라고 생각했을 거야. 적의 심장부로!

　백제군이 고구려의 평양성을 쳤어. 이 전투가 평양성 전투야371년. 결과는 놀라워. 백제의 대승이었어! 심지어 이 전투에서 고구려 고국원왕도 전사했단다. 백제는 대방의 옛 땅까지 차지했어. 그러나 백제는 그곳에 눌러앉지 않고 남쪽으로 철수했어. 왕이 죽었다고 해도

고구려가 멸망한 것은 아니었잖아? 고구려는 여전히 강국이었어. 게다가 신라와 왜구의 침략도 걱정이 됐지.

이제 백제는 남쪽으로 전라도, 북쪽으로 황해도, 동쪽으로 강원도 일부에 이르는, 한반도의 대제국이 됐어. 이때가 백제의 영토가 가장 넓었던 시절이야. 그래, 최고의 전성기였지.

근초고왕의 활약은 이것으로 끝나지 않아. 그는 바다로도 나아갔어. 중국의 산둥반도와 요서, 일본의 규슈까지 그의 군대가 진출했지. 해외진출이 말은 쉽지만, 결코 쉬운 일은 아니야. 당시 근초고왕은 중국 동진에 조공을 바치고 백제왕으로 책봉을 받은 상태였어. 이런 상황에서 중국 본토를 공략하는 건 대단한 용기와 패기가 없으면 불가능한 일이었지.

잠깐, 여기서 조공에 대해 반드시 짚어 봐야 할 게 있어. 사실 백제만 중국에 조공하고 왕으로 책봉 받은 게 아니야. 우리 민족의 최대 정복자인 광개토대왕도 조공을 했단다. 훗날 신라도 그랬지. 그러나 조공을 하고 왕으로 책봉을 받았다는 사실만으로 우리

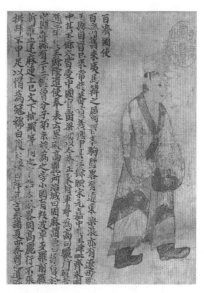

양직공도의 백제 사신 · 6세기 초에 양나라에 사신으로 간 백제인을 그린 그림이다. 중국과 삼국이 맺은 조공과 책봉 관계는 외교의 한 방편이었다.

민족이 중국에 무릎을 꿇었다고 해석하면 안 돼.

당시 중국이 우리보다 강대국이었다는 사실은 부인할 수 없어. 모름지기 제대로 외교를 펼친다면 무턱대고 싸울 것만 주장해선 안 돼. 힘의 차이를 인정하지 않고 강대국에 강경책으로 맞서는 것은 몰락의 지름길이야. 때론 져주는 척하면서 실리를 챙길 필요가 있어. 조공과 책봉 외교도 그런 전략에서 나온 거야. 그러니 이런 일부 역사적 사실을 근거로 중국이 고구려 역사를 제 것인 양 왜곡하는 것은 옳지 않지.

자, 그럼 다시 백제 역사 이야기로 돌아가서….

근초고왕의 해외 진출은 상당히 의미가 있는 일이야. 일설에 따르면 근초고왕은 중국 요서 지방까지 진출했고, 그곳에 백제군을 세우기도 했어. 아직 정설로 받아들여지고 있지는 않아. 그래도 근초고왕의 활약이 얼마나 대단했는지 짐작할 수 있겠지? 그의 포부를 들어 볼까?

칠지도 · 철을 두드려 단조 기법으로 만든 철검으로 일곱 개의 가지 모양을 하고 있어 칠지도라고 한다. 근초고왕이 만들어 일본 왕에게 주었을 것으로 보고 있다.

왜 중국으로 진출하려는 계획을 세웠습니까?

"중국 대륙에 근거지를 가지고 있으면 고구려를 견제할 수 있다. 당시 고구려는 요동으로 진출하고 있었다. 우리가 요서와 산둥반도에 떡하니 버티고 있으면 고구려가 어찌 우리를 함부로 대하겠는가?"

고구려 견제만이 목적이었습니까?

"그럴 리가 있겠느냐? 서해를 장악하면 해상 무역도 장악할 수 있다. 실제로 백제가 그랬느니라. 일본으로 진출할 수 있었던 것도 바다를 장악했기 때문에 가능한 일이었다."

중국에 조공 외교를 하면서 본토를 공략했습니다. 부담이 없었습니까?

"조공과 책봉도 외교의 일환이니라. 수치
스러울 이유는 없다. 기회가 된다면 적극
공략하는 게 옳다. 당시 중국은 5호16국의
혼란 시대였다. 고구려도 그 혼란을 노려
요동을 공략한 게 아닌가? 나 또한 그 기회
를 놓치지 않았다."

중국 동해안 지대를 모두 정복했습니까?

"역사는 후세 사람들이 평가하는 것이다.
나의 이야기를 나의 입으로 말 할 수는 없
다. 아쉬운 점은, 21세기가 됐는데도 중국
에서 우리 백제 사람들이 어떤 활약을 했는
지 밝혀내지 못했다는 것이다. 반드시 밝혀
백제의 기상을 드높여 달라."

계미명 금동삼존불 · 6세기에 만든 백제의 불상이다. 백제는 침류왕 때 동진으로부터 불교를 들여왔다.

일본 덴리 시에 있는 이소노카미 신궁에 가 보면 아주 오래된 철제 검이 전시돼 있어. 이 칼은 일본 국보로 지정된 아주 소중한 물건이야. 칠지도라고 불러. 칼의 몸체 좌우로 일곱 개의 가지가 나 있어 이런 이름이 붙었지.

이 칠지도에 글이 새겨져 있는데, 온전하지가 않아 해석이 잘 안되고 있어. 제작 시기도 정확하게 알 수 없다는구나. 다만 확실한 것은, 근초고왕이 일본 왕에게 선물로 준 칼이라는 거야. 백제가 일본과 우호적인 사이였다는 걸 알 수 있겠지? 이 밖에도 근초고왕은 왕인과 아직기를 일본에 보내 『천자문』과 『논어』를 가르치게 했어. 일본에 유학을 전파시킨 셈이지. 이 무렵 백제는 일본에 첨단 문물을 전수하는 위치였던 거야.

『삼국사기』에 따르면 근초고왕은 박사 고흥에게 역사서를 쓰도록 했어. 이 책이 『서기』인데, 안타깝게 남아 있지는 않아. 역사학자들은 『서기』가 고구려의 『유기』나 『신집』, 신라의 『국사』와 비슷한 형식이었을 거라고 추정하고 있어. 이런 역사서는 주로 왕실의 위엄을 높이기 위해 만들어졌지. 『서기』가 만들어졌다는 것은 그만큼 왕의 권력이 강했다는 뜻이 되겠지?

대륙과 해양을 오가며 동아시아 최대의 강자로 등극한 영웅. 그렇게 한 시대를 풍미했던 근초고왕은 375년 세상을 떠났어. 근초고왕이 너무나 위대했기에 다음 왕들은 그를 따라잡을 수 없었어. 근구수왕14대이나 침류왕15대 모두 별다른 업적을 남기지 못했지.

다만 침류왕 통치기, 백제에 불교가 처음으로 전파됐다는 것은 의미 있는 대목이야384년. 인도 승려 마라난타가 중국 동진에 갔다가 백제로 들어왔는데, 침류왕이 그를 왕궁으로 불러들였어. 마라난타는 불법을 전파했고, 침류왕은 이듬해에 절을 짓기도 했단다.

오락가락 평양, 정확한 위치는?

근초고왕의 백제군이 북상해 오자 고구려 고국원왕이 평양성에서 맞섰어. 하지만 고구려가 패하고 말았어. 역사 교과서에는 이때의 평양이 오늘날의 평양 주변으로 나와 있지. 그러나 여기에 동의하지 않는 학자들도 있단다. 이들의 주장을 옮겨 볼까?

"당시 고구려의 평양성은 압록강의 남쪽, 그러니까 한반도의 북쪽 국경 주변에 있었다. 고구려 11대 동천왕이 위나라의 침략 직후인 247년, 평양으로 수도를 옮긴 적이 있다. 고구려와 백제의 평양성 전투는 바로 이곳에서 치러졌는데, 이 평양은 오늘날의 압록강 주변에 해당한다."

이 주장이 사실이라면 백제가 한반도의 끝까지 밀고 올라갔다는 얘기가 돼. 백제의 기세가 얼마나 강했는지 알 수 있겠지?

평양에는 벌판이란 뜻이 담겨 있어. 이 때문에 때에 따라 평양의 위치가 달라지는 거란다. 가령 단군이 처음 고조선을 세운 곳도 평양성이야. 이때의 평양은 요동과 한반도 북부 사이의 어느 지점일 것으로 추정되고 있지. 고구려와 백제가 전쟁을 벌였던 평양과 다른, 또 하나의 평양인 셈이야.

고구려의 20대 국왕 장수왕은 427년 수도를 국내성에서 평양성으로 옮겼어. 이때의 평양 또한 오늘날의 평양은 아니야. 근처이긴 하지만 평양보다 약간 북쪽에 있었어. 고구려의 수도 평양성이 오늘날의 평양과 일치하기 시작한 것은 25대 평원왕 때야. 당시 평원왕은 오늘날의 평양으로 수도를 옮겨 장안성이라고 이름을 지었단다. 평양이 꽤나 복잡한 역사를 갖고 있지?

신라, 성장하다

『삼국사기』에 따르면 기원전 57년 박혁거세가 사로국의 왕에 올랐어. 사로국은 신라를 뜻해. 이미 살펴본 내용이지? 이 기록에 따르면 신라의 시조 박혁거세는 삼국 가운데 가장 먼저 나라를 세웠어. 이에 대한 논란도 이미 다뤘지?

신라가 변한의 국가 대부분을 흡수해 어느 정도 나라 형태를 갖춘 것은 3세기 후반이야. 건국하고 나서 무려 300여 년의 시간이 흘러간 다음이지. 그사이에 고구려와 백제는 발전하고 있었어. 그사이에 신라는 뭘 하고 있었던 걸까? 여기서도 의문이 다시 생겨. 정말로 신라가 세 나라 중에서 가장 먼저 세워졌을까? 혹시 건국이 늦었는데도 앞섰다고 조작한 것은 아닐까?

박씨와 석씨, 김씨의 왕위쟁탈전?

신라의 시조 박혁거세는 6개 촌장의 추대를 받아 왕에 올랐어. 이 말은 당시 신라가 군장국가 또는 성읍국가 수준이었다는 뜻이야. 6개 부락이 신라가 건국되기 전부터 경주에 존재했을 것이고, 박씨 세력이 외부에서 들어와 왕의 자리를 차지한 것이라 볼 수 있지.

이 건국 시기가 기원전 57년이란 것은 믿을 수 없는 대목이야. 신라가 경주에 성을 쌓아 금성이라고 부른 것은 기원전 37년이고, 그곳에 궁을 세운 것은 기원전 32년이지. 『삼국사기』의 기록을 사실로 인정한다면, 박혁거세는 수도가 갖춰지지도 않았고 왕궁도 없는 상태에서 왕위에 오른 셈이 돼. 상식적으로 이해가 가지 않지? 이 때문에 적지 않은 학자들이 박혁거세가 통치할 무렵 신라의 영토는 경주 일대에 불과했을 것으로 추정하고 있단다.

박혁거세 시절 왕은 거서간이라 불렀어. 기록에 따르면 낙랑, 마한, 옥저와 교류를 했고, 나중에는 주변의 여러 국가를 흡수해 세력을 키웠어.

박혁거세의 아들이 남해왕2대에 올랐어서기 4년. 박혁거세가 왕의 칭호로 거서간을 썼다면 남해왕은 차차웅이란 칭호를 썼어. 차차웅은 무당이란 뜻이야. 왕이 무당의 역할도 했던 것일까? 만약 그랬다면 당시 신라는 정치와 종교가 분리되지 않은 제정일치 사회가 돼. 국가의 수준이 많이 낮았다는 얘기야.

이는 사실이 아닐 가능성이 커. 이미 삼한 시절부터 소도라는 종교 지역이 따로 있었고, 제정 분리가 이뤄졌잖아? 역사가 후퇴하진 않았겠지. 아마 정치적 군주 외에도 제사장 역할을 중요하게 여겼기 때문에 이런 칭호를 쓰지 않았을까? 어쨌든 이 대목에서도 신라가 고구려보다 발전이 늦었다는 걸 확인할 수 있어.

고구려 유리왕이 세상을 떠나고 6년이 지난 후, 신라에서도 같은 이름을 가진 유리왕3대이 등극했어24년. 유리왕은 왕의 칭호로 이사금을 썼어. 이때부터 4세기 중반의 16대 흘해왕까지 14명의 왕이 이 칭호를 사용했지. 이사금은 잇금, 즉 이의 자국이란 뜻이야. 이 단어가 어떻게 해서 왕의 호칭이 된 걸까?

『삼국사기』에 따르면 남해왕은 아들 유리와 사위 석탈해 가운데 연장자가 왕위를 잇도록 했어. 연장자가 지혜가 많을 거라고 판단했기 때문이지. 당시에는 지혜가 많은 사람일수록 이가 많다는 속설이 있었어. 유리와 석탈해는 떡을 깨물어 잇금 대결을 벌였고, 이 대결에서 유리가 승리했지. 이사금이란 칭호는 바로 이 잇금에서 유래한 거란다.

신라의 관등은 총 17개로 돼 있어. 이 신라의 17관등 제도를 유리왕이 만들었다고 『삼국사기』에는 기록돼 있어. 이 또한 왜곡됐을 가능성이 있어. 당시 신라의 수준이 중앙집권 체제를 확립할 정도로 높지는 않았거든.

학자들은 유리왕 때 첫 논의가 있었을 수 있지만 그 후 단계적으로 관등이 정비됐을 거라고 보고 있어. 최종적으로 17관등 체제를 확정한 인물은 6세기의 법흥왕이야. 어쨌든 고구려에서 대무신왕이 정복 전쟁을 벌이고 있었고, 백제 온조왕이 나라의 기초를 다지고 있었을 때 신라에서도 유리왕이 제도를 다듬고 있었다는 사실은 기억해 두는 게 좋겠지?

추석을 옛말로 가배라 불렀는데, 유리왕 시절에 이 말이 탄생했어. 유리왕은 6부락을 6부로 개편하고 6부의 여자들을 두 편으로 나눠 매년 7월 16일부터 길쌈을 하게 했지. 승부는 한 달 후인 8월 15일에 가렸어. 이 놀이가 바로 가배야. 진 쪽은 이긴 쪽에게 술과 음식을 대

접했어. 또 진 쪽의 여자가 일어나 춤을 추면서 슬픈 노래를 불렀는데, 이 노래가 회소곡이야. 가사는 전하지 않고 있지.

고구려에서 태조왕이 체제를 정비하고 있을 무렵 신라에서는 탈해왕⁴대이 등극했어. 맞아. 유리왕과 왕위를 겨뤘던 바로 그 인물이야. 유리왕은 석탈해가 자신의 두 아들보다 뛰어나다고 생각해 왕위를 넘겨줬지.

여기서 드는 또 하나의 의문. 과연 제 아들을 젖혀 두면서까지 다른 혈육에게 왕위를 선뜻 내줬다는 게 사실일까? 혹시 석탈해가 왕위를 빼앗은 것은 아닐까? 또는 석탈해가 사실상 권력을 장악하고 있기에 왕위를 넘겨줄 수밖에 없었던 것은 아닐까? 혹은 석씨와 박씨가 연맹을 맺었던 것은 아닐까?

어떤 게 역사적 사실인지는 몰라. 추정만 가능할 따름이야. 어쨌든 석탈해가 왕이 되면서 첫 석씨 왕이 탄생했어. 그 전까지의 세 왕은 모두 박씨였어.

이 무렵 또 하나의 성씨가 신라 역사에 등장하게 돼. 바로 경주 김씨야. 탈해왕이 경주의 한 숲에서 아이를 발견했는데, 그 아이의 이름이 김알지야. 김알지 이야기는 설화로만 전해지고 있는데, 그의 7대손이 훗날 13대 미추왕에 등극하지262년.

이 모든 이야기를 종합해 보면 탈해왕이 통치하던 1세기 중후반, 신라는 박씨와 석씨, 김씨가 권력을 놓고 힘겨루기를 했다고 추정할 수 있어. 그만큼 왕권이 강하지 않았다는 뜻이야. 아직까지는 신라가 부족연맹 왕국 수준을 넘어서지 못했다고 볼 수 있겠지?

석탈해와 김알지 설화

2세기가 코앞으로 다가왔어. 고구려와 백제는 중앙집권 국가로 성
장하고 있었지. 그러나 신라는 아직도 설화의 시대를 벗어나지 못
하고 있었어. 물론 그럴 만한 이유가 있어. 다른 나라와 달리 신라는
박, 석, 김의 세 성씨가 통치했으니 세 개의 설화가 필요하지 않겠어?
이미 박혁거세의 탄생 설화가 존재하니 석씨의 시조, 김씨의 시조
이야기도 있어야겠지. 먼저 석탈해 설화부터 살펴볼까?

일본 동북쪽으로 1천리 거리에 다파나라는 왕국이 있었어. 다파
나국의 왕은 여국의 공주를 부인으로 맞았어. 왕비는 7년 만에 큰 알
을 낳았지. 왕이 노기를 띠고 말했어.

"상서롭지 못하게 알을 낳다니…. 여봐라. 당장 저 알을 바다에 버
리도록 하라."

왕비는 차마 그럴 수 없었어. 그러나 어명을 어길 수는 없는 법. 왕
비는 알을 상자 안에 넣고 바다에 흘려보냈어. 그렇게 하면 알 속의
아기가 목숨을 부지할 수 있을 거라고 생각했던 거겠지.

그 상자는 파도를 타고 금관가야에 닿았어. 가야 사람들은 해안에
상륙한 그 상자에 별 관심을 보이지 않았어. 상자는 다시 바다 위를
떠다녔지. 이윽고 상자가 신라의 해안가에 도착했고 한 노파가 상자
를 발견했어.

그 노파는 상자가 예사롭지 않다고 생각했어. 상자를 집으로 가져
갔는데, 얼마 후 알에서 아이가 나왔지. 아이의 이름은 석탈해라 지

었어. 석탈해는 평범한 어부로 자랐어. 그렇지만 낭중지추囊中之錐란 말이 있듯이 비범함은 가릴 수 없는 법이야. 노파는 석탈해에게 학문을 익히도록 했어. 성장한 석탈해는 서기 8년 남해왕의 사위가 됐지. 그는 유리왕과 왕위 자리를 놓고 대결을 벌여 패했지만 유리왕의 뒤를 이어 왕에 오를 수 있었어.

자, 이제 이 설화의 의미를 역사적으로 해석해 볼까?

우선 다파나가 어디에 있던 나라인지부터 확인해야 할 거야. 하지만 다파나의 정확한 위치는 확인되지 않고 있어. 다만 일본 주변에 있는 여러 섬 가운데 하나일 것으로 추정되지. 그렇다면 석씨 세력의 원래 근거지는 바닷가였다는 이야기가 돼. 외부인인 석탈해가 왕의 사위가 됐다가 왕에까지 올랐다는 것은 신라가 외부 세력을 별로 경계하지 않았다는 뜻이 될 거야. 신라가 다문화 국가였다고 추정할 수 있겠지?

석탈해가 왕에 올랐다는 사실은 박씨와 석씨가 연맹을 맺고 석씨가 더 큰 세력이 됐다는 뜻으로 해석할 수 있어. 그러나 이 세력 판도는 곧 바뀌게 돼. 경주 김씨가 등장하기 때문이야. 석탈해 설화는 자연스럽게 김알지 신화로 이어진단다.

석탈해가 왕으로 있던 65년이었어. 금성의 서쪽에 시림이란 곳이 있었는데, 그곳에서 닭의 울음소리가 들려왔지. 탈해왕이 사람을 불렀어.

"무슨 괴이한 일이 저 곳에서 벌어지고 있느냐? 당장 가서 확인해 보아라."

금궤도 · 조선 인조 때 김알지의 탄생 설화를 그린 그림이다. 금궤가 나무 위에 걸려 있고 그 아래서 흰 닭이 울고 있다. 김알지는 경주 김씨의 시조이다.

심부름꾼이 가 보니 금궤가 나뭇가지에 걸려 있었어. 금궤 안에서는 빛이 뿜어져 나오고 있었지. 나무 아래에서는 흰 닭이 울고 있었어. 심부름꾼은 자신이 본 대로 탈해왕에게 보고했어.

"그래? 이상한 일이 아니냐? 내가 친히 가 보겠다."

현장에 도착한 탈해왕이 금궤를 열었어. 그 안에는 용모가 수려한 사내아이가 들어 있었지. 탈해왕은 이후 시림을 계림으로 고쳤고, 이 명칭을 나라의 국명으로 정했어. 금궤에서 나왔기 때문에 아이의 성은 김씨로 정했고, 총명했으니 이름은 알지라고 지었어. 이 아이가 바로 경주 김씨의 시조인 김알지야.

이 김알지 설화는 『삼국사기』와 『삼국유사』 모두에 수록돼 있어.

연도가 몇 년씩 차이가 날 뿐 전체적인 줄거리는 크게 다르지 않아. 이 설화에도 역사가 숨어 있어.

김알지가 발견된 곳이 경주의 숲이지? 이 사실은 경주 김씨가 박씨와 석씨가 신라에 들어오기 이전부터 살고 있었던 토착 세력이었다는 뜻으로 해석할 수 있어. 비록 아직 권력이 약해서 박씨와 석씨 연맹에 끼어들지는 못했지만 신라의 원래 주인은 김씨였다는 암시가 은연중에 들어 있다고 할 수 있지.

김씨, 신라를 장악하다

탈해왕에 이어 왕에 오른 파사왕5대은 유리왕의 아들이야. 아들이 아니라 조카라는 이야기도 있어. 중요한 건 그게 아니야. 왕위가 다시 박씨로 돌아갔다는 게 더 중요해.

파사왕은 신라를 한 단계 도약시킨 군주로 평가받고 있어. 파사왕은 가소성과 마두성을 쌓았는데87년, 이 성이 신라 역사에서 차지하는 의미는 커. 사실 그 전까지만 해도 신라는 고작 경주 주변 지역만 차지한 작은 나라일 뿐이었어. 그런데 이 두 개의 성은 경주 경계선에 지어졌단다. 신라가 처음으로 영토를 확장했다는 증거로 볼 수 있지.

실제로 파사왕은 신라의 영토를 꽤 넓혔어. 지금의 울진에 있는 음즙벌국을 정복하자102년 그 주변에 있던 실직국과 압독국이 스스로 항복했지. 지금의 대구 일대에 있던 다벌국도 합병했어108년.

파사왕은 농사와 누에고치를 장려한 왕으로도 기록돼 있단다. 항상 자연재해에 대비하도록 했고, 군사력을 보강하는 데도 신경을 썼어. 이런 점 때문에 어떤 학자들은 파사왕이 고대국가 신라의 기틀을 다졌다고 평가하고 있어. 이 무렵 고구려에서는 태조왕이 중앙집권 국가의 기틀을 잡고 있었단다. 거기에 비할 바는 못 되지만 신라도 열심히 역사의 수레바퀴를 밟고 있었던 것은 틀림없지?

이 무렵 백제와 신라에는 공동의 적이 있었어. 바로 북쪽에 있는 말갈이야. 말갈은 종종 신라를 공격해 왕들을 곤혹스럽게 만들었어. 방어적이기만 하던 신라가 공격적으로 노선을 튼 것은 아달라왕8대 시절이야. 이때 신라의 영토는 소백산맥 이북까지로 확대됐단다. 아찬 길선이 반란을 일으킨 후 백제로 망명하자 백제와 본격적으로 겨루기도 했어. 아달라왕은 무려 2만 8000명의 병력을 동원해 백제를 공격했단다.

6~8대의 왕 세 명은 모두 경주 박씨였어. 아달라왕은 아들이 없었어. 박씨 후계자가 없으니 다른 가문에서라도 왕을 찾아야지? 그래, 왕의 혈통이 달라질 수도 있어! 실제로 왕에 오른 인물은 석탈해의 손자였어. 그가 바로 벌휴왕9대이야. 이후 첨해왕 12대까지 4명의 왕은 모두 석씨 계통이었어.

백제에서 고이왕이 중앙집권 개혁을 열심히 진행 중인 3세기 중반. 신라에서도 약간의 변화가 생겼어. 미추왕13대이 왕에 올랐는데, 그는 경주 김씨였어. 어? 신라의 정치 지도가 좀 달라진 것 같지 않니?

맞아. 박씨 세력이 권력에서 살짝 멀어진 거야. 그 대신 경주 김씨

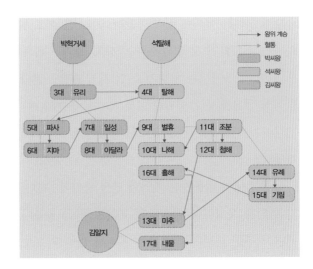

세력이 새로운 권력 집단으로 부상했다고 추정할 수 있어. 어쩌면 석씨는 김씨와 연대해 박씨를 견제했을지도 모르지.

미추왕이 김씨인데도 왕에 오를 수 있었던 건, 바로 직전의 왕첨해왕이 왕위를 이을 아들을 두지 못했기 때문이야. 미추왕은 사위였어. 아들 대신 왕에 오른 셈이지. 탈해왕이 왕에 오른 방식과 비슷하지? 이후 김씨 세력이 급격히 커지게 돼. 물론 그렇다고 해서 미추왕 이후 김씨가 왕위를 독점한 것은 아니야.

미추왕이 세상을 떠나자 왕위는 다시 석씨 계열로 넘어갔어. 14대 부터 16대까지의 왕이 모두 석씨 계열이었어. 이제 석씨가 정권을 독차지하는 것일까? 그렇지는 않아. 백제 근초고왕이 한창 한반도 서남부를 공략하고 있던 4세기 중반에 내물왕17대이 등극했는데, 김씨였거든.

사실 신라는 백제에 비하면 발전 속도가 늦어도 한참 늦었어. 고구려와는 비교할 수도 없었지. 지금까지 살펴본 내용만 봐도 이를 알수 있어. 신라에서는 왕위가 독점 세습되지도 않았잖아? 초기에는 박씨와 석씨가 주로 왕위를 이었고, 미추왕 이후에는 김씨와 석씨가 번갈아가며 왕위를 이었어. 이런 상황인데, 왕권이 강하면 얼마나 강했겠니?

이런 점에서 내물왕은 기억할 만한 왕이야. 내물왕 이후로는 김씨가 왕위를 독점했기 때문이야. 비로소 왕의 혈통이 확정된 셈이지. 게다가 진한 지역의 대부분을 차지할 만큼 영토도 넓어졌어. 어느 정도 기반이 잡힌 셈이야. 바로 이때부터 신라도 중앙집권 국가로 서서히 발전하기 시작한단다.

이제 4세기 후반으로 접어들었어. 근초고왕이 백제 최고의 전성시대를 열었고, 고구려 소수림왕이 백제에 대한 패배를 곱씹으며 내실을 다지고 있을 때였지. 신라? 잰걸음으로 두 나라를 쫓아가고 있었어.

가야의 흥망

흔히 '삼국시대'라는 말을 많이 해. 그러나 어떤 역사학자들은 이 표현에 이의를 제기하고 있어. 고구려, 백제, 신라가 한반도에서 주도권 다툼을 벌였는데, 왜 이런 표현에 반대하느냐고? 4세기 후반 이후에는 삼국시대란 표현이 맞지만 그 전에는 세 나라 외에 가야도 있었다는 거야. 초기 가야는 신라보다 더 강했기 때문에 4세기 이전을 '사국 시대'라고 불러야 한다는 거지.

물론 꼭 이렇게 부르자는 뜻은 아닐 거야. 그만큼 가야 역사에 대해 관심을 가져야 한다는 뜻이 아닐까?

가야의 시조는 김수로야. 유리왕이 신라를 통치하고 있을 때 가야를 세웠어42년. 김수로는 무려 157년을 살았어. 인도 아유타국에서 온 그의 부인 허황옥은 156세까지 살았지. 믿을 수 없는 대목이야. 우선 김수로의 탄생 설화부터 살펴볼까?

변한에 속해 있던 나라 가운데 가야구야국가 있었어. 신라 시조 박혁거세가 세상을 떠나고 50여 년이 흐른 서기 42년이었어. 가야의 마을 족장들도 왕을 내려 달라며 하늘에 제사를 지냈지. 지극한 정성은 하늘도 감동시킨다는 말이 있지? 정말 그랬나 봐. 하늘에서 이런 소리가 들려왔어.

"왕을 원하면 노래를 불러라!"

족장들은 마을 사람을 이끌고 구지봉에 올랐어. 사람들은 군무를 추며 노래를 부르기 시작했어.

"거북아, 거북아, 머리를 내어라. 내놓지 않으면 구워서 먹으리."

이 노래가 바로 구지가야. 한국 문학사상 최초의 서사시로 기록된 구전가요지. 이 노래가 끝나자 하늘에서 금빛 상자가 떨어졌어. 상자를 열어 보니 안에는 6개의 황금빛 알이 들어 있었어. 12일이 지나자 알이 하나씩 깨지기 시작했어. 가장 먼저 알을 깨고 나온 인물이 바로 김수로였어. 곧이어 나머지 5개의 알에서도 아이들이 나왔어.

김수로는 6개 가야에서 가장 큰 가락국, 즉 금관가야^{김해}의 왕이 됐단다. 나머지 5명은 대가야^{고령}, 성산가야^{성주}, 아라가야^{함안}, 고령가야^{함창}, 소가야^{고성}의 왕이 됐어. 이렇게 해서 6가야가 비로소 탄생했어. 김수로왕은 이어 인도 아유타국의 공주 허황옥을 부인으로 삼았어. 김수로왕은 157세, 허황옥은 156세까지 살다가 세상을 떠났어.

이젠 이 설화를 해석해 볼까? 우선 알에서 태어났다는 부분은 부여, 신라와 많이 비슷해. 외부에서 왔다는 뜻으로 해석할 수 있어. 신라가 외부 세력에 의해 건국됐고, 부여에서도 알이 등장하는 것을 감안하면 가야 민족 또한 북쪽에서 내려왔다고 해석할 수 있지.

김수로왕이 157년을 살았다는 것은, 단군이 1500년을 통치했다는 것과 같은 의미라고 볼 수 있을 거야. 김수로는 김해 금관가야의 우두머리를 가리키는 칭호였다는 얘기야. 다시 말하자면 김해의 금관가야가 이 기간 왕을 독점했다는 뜻이지.

가야는 신라에 의해 최종 멸망하는 서기 562년까지 낙동강 일대에 존재했어. 구야, 가락 등 여러 이름으로 불렸는데, 일본에서는 임

김수로왕릉 · 가야의 여러 나라 가운데 초기에 주도권을 차지했던 금관가야의 시조 김수로왕의 능이다. 김수로왕은 김해 김 씨의 시조이다.

나라고 불렀어. 문제는, 가야에 대한 역사 기록이 많지 않다는 거야. 그 때문에 가야의 역사는 뒤죽박죽인 경우가 많지. 여러 역사를 참고해 가장 사실에 가깝게 구성해 볼게.

진한은 사로국을 중심으로 먼저 뭉쳤지? 그 후 변한에서도 비슷한 움직임이 나타났어. 6개의 군장국가들이 뭉쳐 6가야로 발전했을 거야. 그래, 이게 바로 부족연맹 국가인 가야연맹체란다. 그 가야연맹체의 중심은 김수로왕이 통치한 김해의 구야국^{가락국}, 즉 금관가야였어.

가야연맹체는 일본과 중국 요서 지방에 철을 수출하는 등 무역을 활발히 하며 성장했어. 전기 가야와 후기 가야로 역사를 구분할 수 있지.

뒤에서 살펴보겠지만, 400년 광개토대왕은 신라의 요청을 받아 한반도 남부를 공략하게 돼. 바로 그때 가야연맹체가 거의 전멸한단다. 우두머리 격인 금관가야는 사실상 멸망한 거나 다름없었어. 일반적으로 이때까지를 전기 가야로 규정해. 이때 살아남은 가야가 다시 모여 부활을 시도했는데, 이게 후기 가야야. 이 후기 가야는 훗날 신라 법흥왕 시절에 완전히 멸망하지.

가야연맹에 속해 있던 나라들은 서로 국력이 비슷비슷했어. 바로 이 점 때문에 가야연맹이 멸망했다는 분석이 많아. 백제가 성장해 마한을 흡수했고, 신라를 중심으로 진한이 해체됐지? 두 지역 모두 백제나 신라 같은 강국이 있었기에 고대국가로 발전할 수 있었어. 그런데 가야연맹체에는 그런 구심점이 없었어.

가야는 특히 신라와의 충돌이 많았어. 원래 변한과 진한의 풍습과

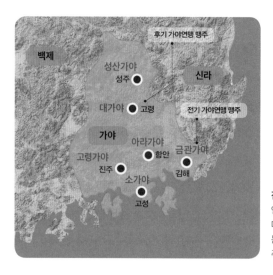

전기 가야연맹의 영역 · 가야 연맹은 전기와 후기로 구분된 다. 전기 가야의 맹주 금관가야 는 532년, 후기 가야연맹의 맹 주 대가야는 562년 멸망했다.

백제
성산가야
성주
신라
대가야 · 고령
전기 가야연맹 맹주
가야
아라가야
고령가야
진주
함안
금관가야
소가야
김해
고성
후기 가야연맹 맹주

문화는 아주 비슷했어. 그렇다 보니 두 지역은 교류도 잦았고, 서로의 영역을 넘나드는 경우도 많았어. 그러나 시간이 흐르면서 가야와 신라는 적대적으로 변했어. 특히 낙동강 유역을 놓고 많이 싸웠지. 농사를 짓는 데 있어서 낙동강만큼 중요한 곳이 없었기 때문이야.

두 나라가 대대적으로 충돌한 적도 있어77년. 가야 군대가 먼저 낙동강 하류 지역을 공격했지. 그러나 신라가 잘 막았어. 오히려 가야 병사 1000여 명이 목숨을 잃었단다. 이 전투를 시작으로 두 나라는 더 자주 전쟁을 치렀어. 한번은 이겼다가 한번은 지는 식의 전쟁이 계속됐지.

가야와 신라의 일전일퇴 공방은 그 후로도 계속됐어. 가야가 묘책을 생각해 냈어. 당시 가야는 왜일본에 철을 공급하고 있었어. 서로 무역을 하는 사이였으니 가야로서는 신라보다 왜와 더 가까웠을 수도 있어. 바로 이 점을 이용해 가야는 왜의 군대를 끌어들여 신라와 맞섰어. 이 사건이 대표적인 일본의 역사 왜곡인 임나일본부설로 악용된단다.

임나일본부설의 진실

일본 사서인 『일본서기』에는 이런 문구가 들어 있어.

"369년 왜의 진구황후가 한반도에 군대를 보냈다. 왜군은 7국과 4읍을 점령했다. 이어 임나가야에 일본부를 설치했다. 임나일본부는 562년 신라에 의해 멸망했다."

이 이론이 바로 임나일본부설이야. 일제강점기에 일본 사학자들이 주장한 이론이지. 신라와 가야의 전쟁이 이 이론의 배경이 됐어. 가야와 신라는 낙동강 하류를 차지하기 위해 전투를 벌인 1세기부터 수백 년간 서로 적대적이었어. 반면 가야와 왜(일본)는 돈독한 관계를 유지하고 있었지.

가야는 왜에 지원을 요청했어. 신라의 후방에서 왜의 군대가 공격해준다면 가야로서는 훨씬 전투하기가 수월하겠지? 가야로부터 철을 수입하고 있던 왜는 기꺼이 지원군을 보냈어. 일본은 바로 이 대목을 과장하고 왜곡하고 있는 거야. 진실은 뭘까?

가야의 요청에 의해 한반도에 왜의 군대가 파견된 것은 맞아. 그러나 이들이 한반도를 점령한 것은 아니었어. 그런데도 일본은 한반도를 정복한 것처럼 선전했어. 임나일본부가 200년 간 한반도 남부를 지배하며 우수한 문화를 전파했다는 건 상식적으로도 맞지 않지.

말도 안 되는 왜곡에 맞서려면 역사의 진실을 잘 알고 있어야 해. 왜의 군대는 한반도에 용병으로 파견 나온 것일 뿐이야. 임나일본부란 것은 애초에 존재하지도 않았단다.

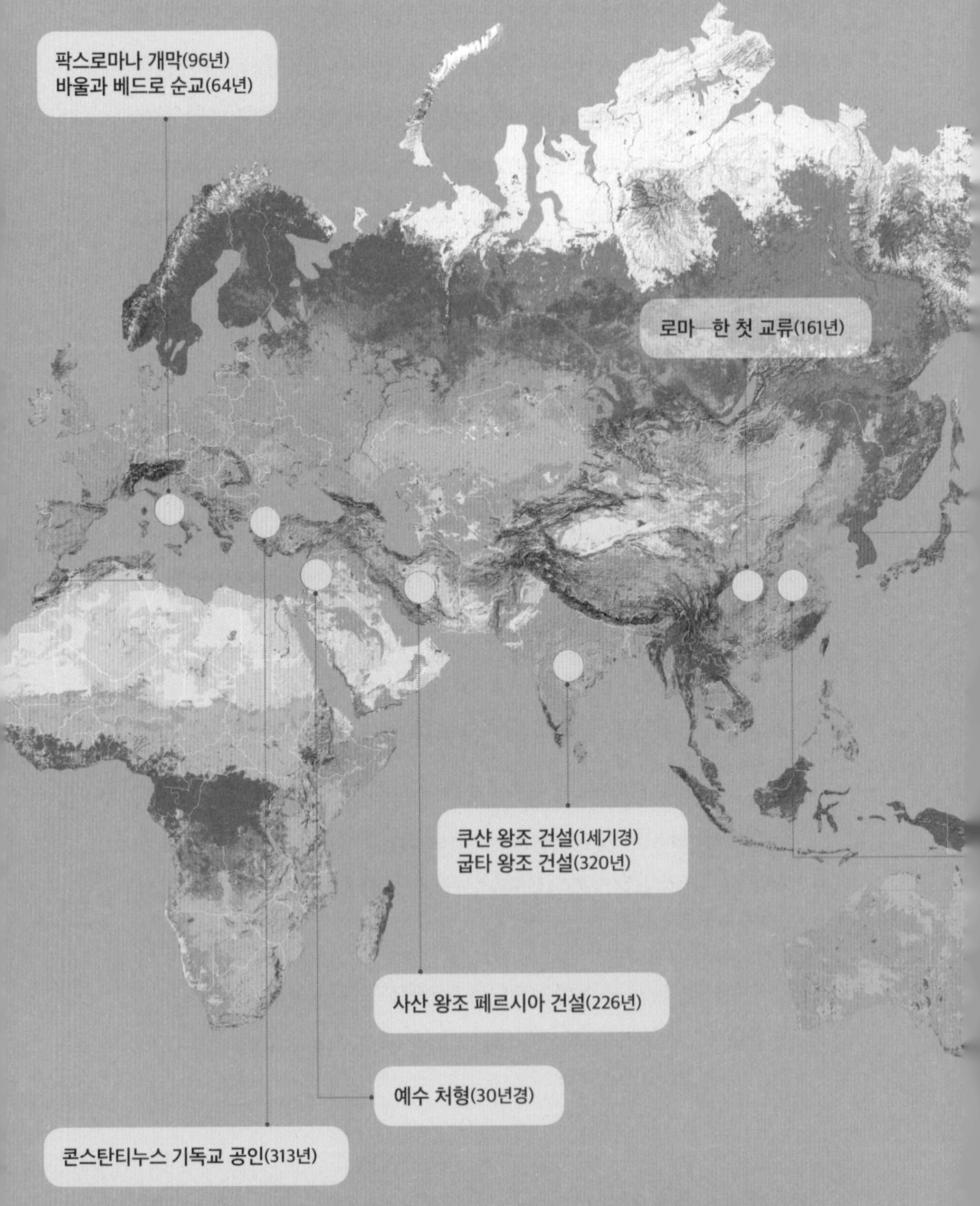

팍스로마나 개막(96년)
바울과 베드로 순교(64년)

로마─한 첫 교류(161년)

쿠샨 왕조 건설(1세기경)
굽타 왕조 건설(320년)

사산 왕조 페르시아 건설(226년)

예수 처형(30년경)

콘스탄티누스 기독교 공인(313년)

금관가야 건국(42년)
백제 고이왕, 16관등제 실시(260년)
고구려 미천왕, 낙랑 축출(313년)
백제 근초고왕, 평양성 점령(371년)
고구려 소수림왕, 율령반포(373년)

중국 삼국시대 개막(220년)
5호16국시대 개막(304년)

나스카 문명(기원전 1세기경)

팍스로마나, 중국은 5호16국시대

고구려 3대 대무신왕은 부여의 대소를 제거했고, 6대 태조왕은 국가 기틀을 정비했어. 그 덕분에 9대 고국천왕은 처음으로 빈민을 위한 진대법이란 제도를 시행할 만큼 여유를 누리게 됐지. 이어 15대 미천왕은 낙랑군을 완전 정복했어. 이 모든 일은 1~4세기 초반에 벌어졌어.

고구려의 발전이 눈부시지? 중국과 접해 있어 선진문화를 빨리 받아들일 수 있었기에 가능한 일이었어. 이 기간 중국은 한-삼국시대-5호16국시대로 이어지고 있었어. 고구려는 중국 변화에 기민하게 대응하며 요동 지방을 향해 진격했단다.

고구려에 이어 백제도 국가의 골격을 다잡았어. 8대 고이왕은 6좌평과 16관등 제도를 실시했어. 탄탄한 기반이 다져지자 13대 근초고왕은 대대적인 정복 전쟁을 벌였지. 근초고왕은 한반도 남서부를 통일한 데 이어 고구려의 평양성까지 진격했어. 근초고왕은 나아가 중국 산둥반도까지 진출했어. 이 무렵이 백제 최고의 전성기였단다260~371년.

이 무렵 로마는 전성기와 쇠퇴기를 동시에 경험하고 있었어. 기원전 4년 로마의 속주였던 이스라엘에서 예수 그리스도가 태어났어. 그를 따르는 민중이 크게 늘자 로마는 예수를 처형하고 그리스도교를 박해하기 시작했지서기 30년경. 스테파노가 처음으로 순교했고35년, 폭군 네로 황제 시절 바울과 베드로가 다시 순교했어64년. 폼페이에서 화산이 폭발해 도시가 사라져 버리기도 했지79년.

정말 어수선하지? 다행히 네르바 황제가 집권하면서 로마는 안정으로 접어들었고, 그 결과 팍스로마나로마의 평화 시대가 찾아왔어96년. 로마는 네르바의 뒤를 이은 트라야누스 황제 때 최대의 영토를 확보했단다114년.

팍스로마나 시대의 마지막 황제 아우렐리우스 시절, 중국의 한나라와 로마가 만나는 데 성공했어166년. 동서양 최대 제국의 교류가 이뤄지는 역사적인 순간인 셈이야. 그 후 로마는 다시 군인들이 저마다 황제를 칭하는 어수선한 시절이 이어졌어. 디오클레티아누스가 황제에 오르면서 군인황제 시절을 끝냈지285년.

콘스탄티누스 대제는 313년 기독교를 공인하는 밀라노 칙령을 발표했어. 이어 물자가 풍부한 비잔티움오늘날의 터키 이스탄불으로 수도를 옮겼지330년. 이때부터 동로마와 서로마의 분열이 예고됐다고 할 수 있어.

중국은 한에 이어 위, 촉, 오의 세 나라가 싸우는 삼국시대, 5호16국시대로 이어졌단다. 다른 아시아 지역은 어땠을까?

1세기경 인도에서는 쿠샨 왕조가 세워졌어. 쿠샨 왕조의 미술 양식을 우리는 간다라 양식이라고 하는데, 인도 미술 양식과 헬레니즘 미술 양식이 합쳐져 탄생한 독창적인 미술 양식이야. 이 왕조를 이끈 대표적인 인물은 카니슈카왕이야. 그는 144년 왕에 즉위한 후 대승불교를 발전시켰는데, 이 불교가 우리나라에 전파된 종파란다.

226년 페르시아에서는 사산 왕조가 들어섰어. 쿠샨 왕조는 바로 이 사산 왕조에 멸망했지. 인도는 사실상 사산 왕조의 속국이 됐고, 그 후 100년의 혼란기를 거친 뒤에야 굽타 왕조가 들어섰단다320년.

간다라 양식의 불상

2

고구려, 대제국 세우다

고구려 전성기
4세기 후반 ~ 6세기 초반

연표	396년	398년	400년	414년	427년	433년
	광개토대왕, 백제 아신왕 제압	광개토대왕, 요동 점령 후 북위와 수교	광개토대왕, 신라 침입한 백제와 왜 제압	장수왕, 광개토왕릉비 건립	장수왕, 평양으로 천도	백제와 신라, 나제동맹 체결
			475년	458년	449년	
			장수왕 침략에 백제 개로왕 피살, 백제 웅진으로 천도	고구려 묵호자, 신라에 불교 전파	장수왕, 중원고구려비 건립	

기마전투도 • 철갑옷을 갖춘 무사들이 쫓고 쫓기며 전투를 벌이는 장면을 그린 고분 벽화이다.

고구려, 동북아를 제패하다

4세기 후반부터 5세기 중반까지는 고구려의 활약에 특히 주목해야 돼. 이 무렵 백제와 신라는 고구려가 죽으라면 죽는 시늉을 해야 했단다.

실제로 백제와 왜 연합군이 쳐들어오자 신라 내물왕은 고구려 광개토대왕의 노예가 되겠다며 살려 달라고 애걸복걸했어. 백제의 아신왕도 고구려 광개토대왕에게 노예가 되겠다고 맹세해 목숨을 건졌지. 백제 개로왕은 장수왕의 침략을 받아 목숨을 잃었어.

그야말로 한반도 전체가 고구려의 세상이었던 거야. 고구려는 나아가 동북아시아 최대 강국으로 부상했어. 그 찬란했던 역사로 들어가 볼까?

백제를 정벌하다

4세기 후반이 되면서 고구려는 북으로는 연^{전연과 후연}, 그리고 남으로는 백제와 대치했어.

원래 고구려의 고국원왕과 맞섰던 나라는 전연이었지? 하지만 전연은 곧 멸망했고, 고국양왕^{18대}이 등극하던 해, 새로이 후연이 들어섰단다^{384년}. 고국양왕은 후연과 요동 지방을 놓고 몇 차례 전투를 벌였지만 땅을 되찾지는 못했어. 백제와의 갈등도 여전히 계속되고 있었지.

이런 상황에서 고국양왕의 아들 담덕이 왕에 올랐어. 그가 바로 광개토대왕^{19대}이야. 광개토대왕은 영락이란 연호를 사용했어. 그 때문에 영락태왕이라고도 불러. 우리 민족의 역사에서 중국으로부터 벗어나 독자적인 연호를 사용한 왕은 광개토대왕이 처음이야. 아 참, 고구려에서는 왕을 태왕이라고 불렀어. 왕보다는 서열이 높지? 쉽게 말하자면 중국의 황제와 비슷한 등급이었어. 고구려의 기상을 읽을 수 있는 대목이야.

독자 연호를 썼다는 사실만 보더라도 광개토대왕이 얼마나 진취적이었는지를 알 수 있지. 독자 연호를 사용함으로써 고구려가 중국과 대등한 제국이라는 자신감을 드러낸 거야. 실제로 광개토대왕은 즉위한 이듬해부터 본격적인 정복 전쟁을 시작했어. 이제 광개토대왕의 활약을 살펴볼까? 우선 한반도 내부부터!

광개토대왕은 어렸을 때부터 전쟁을 경험하며 자랐어. 할아버지

고구려군의 행렬도 · 수레를 탄 주인공을 호위하여 행진하는 고구려 군대의 모습을 그린 고분 벽화이다. 갑옷을 입고 창과 방패를 든 보병, 도끼를 어깨에 진 보병, 기병, 군악대 등을 볼 수 있다.

인 고국원왕이 백제와 싸우다 목숨을 잃었다는 사실도 잘 알고 있었지. 그러니 백제는 고구려의 원수일 뿐 아니라 광개토대왕 집안의 원수이기도 해. 광개토대왕은 선조의 원수를 갚기 위해 백제를 쳤어.

공격을 시작하자마자 바로 석현성을 포함해 10개의 성을 정복했어[392년]. 그다음 목표는 관미성. 이곳은 오늘날 경기 파주 탄현 또는 강화도 인근인데, 관미성을 빼앗기면 서해를 빼앗긴다고 할 만큼 백제로서는 핵심 요충지였어. 하지만 고구려가 너무 강했어. 채 한 달도 안 돼 관미성을 함락해 버린 거야.

물론 백제도 당하고만 있지는 않았어. 바로 반격을 했지. 그러나 지금은 근초고왕 시절이 아니야. 백제의 전력으로는 고구려를 이길 수 없었어. 수곡성^{황해도 신계군} 전투를 시작으로 모든 전투에서 고구려에 크게 패했지.

광개토대왕은 백제가 다시 넘보지 못하도록 남쪽 국경 지대에 7개의 성을 쌓았어. 이어 다시 백제를 공략하기 시작했어. 아리수^{한강} 이북 지역에 있는 58개의 성이 순식간에 고구려에게 정복됐어. 무서운 전투력이지?

이윽고 고구려 군대가 백제 수도 위례성을 포위했어. 백제 아신왕^{17대}은 저항이 무의미하다는 걸 깨닫고 항복을 선언했어^{396년}. 아신왕은 광개토대왕에게 고구려의 노예가 되겠다고 서약할 수밖에 없었지. 광개토대왕은 아신왕을 살려두고, 그의 동생과 귀족 10여 명을 인질로 잡고 고구려로 돌아왔어.

여기에서 의문이 드는 대목이 있어. 왜 광개토대왕은 아신왕을 죽이고 백제를 정복하지 않았을까? 만약 그랬다면 고구려의 판도는 한반도 남서부까지 확대됐을 텐데…. 광개토대왕의 생각을 들어볼까?

백제를 정복하기 위해 전쟁을 일으킨 게 아닙니까?

"나, 영락태왕은 중국 요동 지역과 한반도를 모두 정복하려 했다. 당연히 백제를 정복하기 위해 군대를 일으키지 않았겠는가?"

그렇다면 왜 아신왕을 살려둔 겁니까? 적장을 베어야 승리가 아닙

개마무사와 적장 참수 · 투구와 갑옷으로 중무장한 개마무사가 적장의 목을 베는 모습을 그린 고분 벽화이다. 만주와 한반도 북부에 대제국을 건설한 고구려 군대의 강인함을 엿볼 수 있다.

니까?

"이미 백제는 내게 항복을 선언했다. 아신왕은 노예가 되겠다고 맹세했느니라. 굳이 적장을 베고, 영토를 장악해야 승리하는 것인가? 항복을 받았고, 그 징표로 백제 왕족과 귀족을 고구려로 압송했다. 이게 백제 정복이 아니고 무엇이겠는가?"

정복 작업을 끝내고 귀환했다는 뜻입니까?

"그렇다. 물론 요동 지방을 소홀히 할 수 없기에 백제에 점령군을 둘 여유가 없었던 것도 사실이다. 그러나 이미 백제는 완전히 기가 꺾인 상태였다. 다시 말하지만 나, 영락태왕은 백제를 정복했느니라."

신라까지 내쳐 진군했으면 한반도 전체를 통일했을 텐데….

"신라? 가소롭구나. 신라는 나라라고 부르기도 민망할 만큼 소국이니라. 또한 이미 신라는 고구려에게 조공을 하고 있었다. 그런 나라를 무력으로 꺾을 필요가 있겠느냐? 후세의 역사가들이여! 나, 영락태왕은 한반도 통일을 완수했다는 점을 기억하라."

이게 사실이라면 광개토대왕이 안일했다고 할 수 있어. 광개토대왕의 생각과 달리 백제 아신왕은 복수의 칼날을 갈고 있었거든. 다만 고구려가 워낙 강했기에 당장 칠 수는 없었어. 아신왕은 고민 끝에 신라부터 공략하기로 했어. 왜 엉뚱한 데 화풀이를 하느냐고? 그런 건 아니야. 신라는 고구려와 동맹을 맺은 사이였어. 게다가 백제의 많은 백성들이 고구려와의 전쟁을 피해 신라로 도망갔거든. 그러니 신라가 얄미울 수밖에 없지.

아신왕은 집념의 사나이였어. 반드시 목표를 이루겠다며 제휴할 상대를 찾기 시작했어. 바로 일본! 아신왕은 바다 건너 왜에 태자를 보내 동맹을 맺었어. 일반 대신이 아니라 태자를 보낸다? 백제의 지

광개토대왕릉 · 기단부의 한 변이 약 63미터인 거대한 돌무지무덤이다.
동북쪽으로 500미터 떨어진 곳에 광개토대왕릉비가 있어
광개토대왕릉으로 추정되고 있다.

위가 일본보다 낮다는 뜻으로 잘못 해석될 수 있는 상황이야. 이런 위험을 감수하면서까지 일본에 도움을 요청했다는 것은 그만큼 고구려에 복수하려는 마음이 강했다는 이야기가 돼.

백제, 왜, 가야 연합군이 신라를 공격했어. 신라가 비상사태를 맞았어. 내물왕17대은 다급하게 고구려에 도움을 요청했어. 즉각 고구려 군대가 신라로 달려가 왜의 군대를 물리쳤어. 고구려는 내친 김에 가야로 진격했어. 김해의 금관가야가 휘청거렸지400년.

그 후로도 백제 아신왕은 복수에 대한 꿈을 접지 않았어. 왜와 연합해 대방 지역을 공격하기도 했지. 하지만 이번에도 광개토대왕의 군대가 깔끔하게 물리쳤어.

실패가 거듭됐지만 백제 아신왕의 집념은 더욱 강해졌어. 마지막 승부! 고구려를 직접 치기로 마음먹었어. 하지만 이 뜻은 이루지 못했단다. 아신왕이 세상을 떠났기 때문이야405년.

이로써 고구려의 백제 정벌은 사실상 종료됐어. 이제 시선을 북쪽으로 돌려볼까? 광개토대왕의 정복 전쟁이 그곳에서도 화려하게 펼쳐지고 있었거든.

동북아 대제국이 되다

때는 392년. 광개토대왕이 백제 정벌에 나선 바로 그해야. 또 다른 고구려 군대가 북쪽으로 말을 달리고 있었어. 목적지는 만주. 목표는 거란이었어. 광개토대왕의 진군 명령이 쩌렁쩌렁 울렸어.

"약탈을 일삼는, 저 야만족 거란을 박살내고, 그들에게 잡혀 있는 동포를 구출하도록 하라!"

용맹한 고구려군은 쉽게 거란을 대파했어. 3년 후에는 거란의 일파인 비려, 또 얼마 지나서는 퉁구스 계통의 숙신까지 정벌해 버렸지.

"고구려의 북동쪽을 평정했다. 이제 서쪽, 요동으로 진격하라!"

요동 지방에는 후연이 있었어. 후연은 늘 고구려의 동태를 살피고 있었어. 광개토대왕이 두려웠기 때문이야. 그대로 두면 고구려가 동북아시아의 제국으로 성장할 것이란 사실을 후연은 잘 알고 있었어. 게다가 두 나라가 어차피 요동 지방을 놓고 다툴 게 뻔해. 그렇다면 세력이 더 커지기 전에 제압하자…. 이런 생각을 하던 후연이 선제공격을 해 왔어.

고구려 군대가 신라를 지원하기 위해 남쪽으로 파견됐던 바로 그해였어. 후연은 고구려 병력이 분산돼 있는 틈을 노렸을 거야. 후연이 고구려의 남소성^{랴오닝성 일대}을 쳤어. 기습에 대비하지 못한 고구려의 피해가 컸어. 후연 군대는 순식간에 남소성을 포함해 일대의 700여 리를 정복했지. 당연히 광개토대왕이 크게 노했어.

"우리가 받은 것의 열 배, 백 배로 갚아주마. 당장 반격하라!"

드디어 고구려 군대가 움직이기 시작했어. 목표는 요동! 그래, 요동을 되찾기 위한 본격 정복 전쟁에 나선 거야^{402년}.

후연은 당황했어. 어쩌면 고구려를 선제공격한 사실을 후회했을지도 몰라. 하지만 이미 늦은 후회. 고구려군은 기세등등하게 요동성

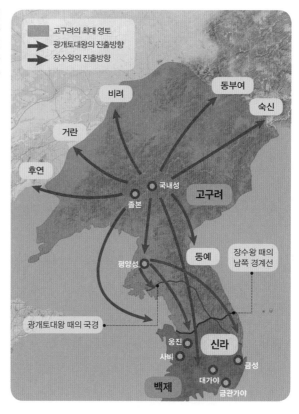

고구려의 기상 · 5세기 들어 광개토대왕과 장수왕은 만주와 요동 지역을 손에 넣은 데 이어 한반도 남부까지 정복했다. 우리 역사상 가장 넓은 영토를 자랑하던 시대였다.

고구려의 최대 영토
광개토대왕의 진출방향
장수왕의 진출방향

비려
동부여
숙신
거란
후연
국내성
졸본
고구려
동예
장수왕 때의 남쪽 경계선
평양성
광개토대왕 때의 국경
웅진
사비
신라
금성
대가야
백제
금관가야

을 정복했어. 고조선 때 잃었던 영토를 되찾았지? 이게 끝이 아니야. 몇 차례 후연이 반격해 왔지만 고구려가 모두 격퇴했어.

고구려는 점점 후연의 숨통을 조여 갔어. 고구려에 연패한 뒤 후연은 급속도로 기울더니 얼마 후 내분으로 멸망하고 말았단다[407년]. 잠자는 호랑이의 코털을 건드린 대가가 정말 크지? 새로 들어선 북연은 고구려와 사이가 나쁘지 않았어. 요동 정벌은 대성공으로 마무리됐지. 얼마 후 광개토대왕은 동부여까지 정복했어. 이로써 광개토대왕의 정복 전쟁은 일단락됐어.

자, 그럼 고구려의 영토를 살펴볼까? 먼저 서쪽으로 가면 요동반도가 보일 거야. 서북쪽으로는 오늘날의 몽골 입구까지 뻗었지. 동북쪽으로는 오늘날의 블라디보스토크 어귀까지 갔고, 북쪽으로는 송화강 주변의 넓은 평야에 이르렀어. 대단하지 않니? 광대한 대제국이 된 거야. 이런 고구려를 누가 건드릴 수 있겠니? 고구려는 명실상부한 동북아시아의 절대 강자로 우뚝 섰어.

고구려 전성시대

413년, 시대의 영웅 광개토대왕이 세상을 떠났어. 그 뒤를 이어 장남 거련이 장수왕20대에 등극했지. 장수왕은 이듬해 아버지의 업적을 기리기 위해 광개토대왕릉비를 만들었단다. 이 비석은 중국 길림성 집안시에서 발견됐어.

장수왕은 광개토대왕에 이어 고구려의 전성기를 달린 왕이야. 다만 광개토대왕과 달리 북쪽보다는 남쪽으로 영토를 넓히는 데 힘을 썼어. 당시 중국은 5호16국 시대에 이어 남북조시대가 계속되고 있었어. 아직도 혼란이 끝나지 않은 상태였다는 얘기야. 만약 그 혼란을 활용해 중국 본토를 공략했다면? 하지만 장수왕은 중국의 나라들과 싸우지 않는 쪽으로 마음을 굳혔어. 오히려 중국 남조와 북조 모두와 화친조약을 맺고 조공을 바쳤어. 이어 수도를 남쪽 평양으로 옮겼지 ^{427년}.

장수왕은 왜 정치 노선을 바꿨을까? 그 이유를 놓고 다양한 주장과 분석이 나오고 있어.

우선 남진 정책을 본격적으로 밀어붙이기 위해 천도했다는 분석이 많아. 척박한 만주 지역보다 곡창지대가 드넓게 펼쳐져 있는 한반도 남부 지방이 얻을 게 많다고 판단한 거지. 후퇴가 아니라 전략이었다는 얘기야. 평양을 중심으로 삼은 뒤 만주, 한반도 북부, 남부를 모두

기성전도 · 18세기에 평양성과 주변을 산수화처럼 그린 지도이다. 광개토대왕의 뒤를 이은 장수왕은 수도를 국내성에서 평양으로 옮긴 뒤 남진 정책을 추진했다.

아우르는 제국을 건설하겠다는 포부가 이 천도에 담겨 있었다고 할 수 있지.

둘째, 장수왕이 왕권을 강화하고 귀족들을 견제하기 위해 정책을

바꿀 수밖에 없었다는 주장도 있어. 그 전까지 고구려의 수도는 국내성이었지? 문제는, 국내성 귀족들의 세력이 예상 외로 강했다는데 있어. 그들을 제압하려면 국내성을 버려야 했겠지?

셋째, 요동 지방을 영원히 지킬 수 없다는 판단이 작용했기 때문이라고 주장하는 학자들도 있어. 요동 쟁탈전을 벌이면서 국력을 축내기보다는 중국에 저자세 외교를 하면서 실리를 챙기자는 생각이었다는 거야. 물론 이를 인정하지 않는 학자들도 많아. 그래도 이런 주장이 있다는 점은 알아 두는 게 좋을 것 같아.

고구려가 수도를 평양성으로 옮기자 어느 나라가 가장 긴장했을까? 당연히 백제였어. 물론 신라도 마음이 편할 리는 없었지. 고구려와 사실상의 동맹을 맺고는 있지만, 그건 광개토대왕 시절 이야기야. 장수왕은 어떻게 나올지 모르잖아? 백제가 무너지면 신라가 안전하다는 보장이 없잖아? 백제와 신라의 마음이 통했어! 신라 눌지왕19대과 백제 비유왕20대은 고구려에 대항해 나제동맹을 맺었지433년.

나제동맹이 맺었지만 고구려 군대가 더 강했어. 장수왕은 나제동맹을 비웃기라도 하듯 백제를 공격해 수도 위례성을 함락시켰어475년. 백제 개로왕21대은 이 전투에서 목숨을 잃었단다.

중원고구려비 · 장수왕이 남한강 유역의 여러 성을 공략해 차지한 후 충주에 세운 기념비로 추정된다. 장수왕은 죽령 일대에서 남양만을 연결하는 선까지 영토를 남쪽으로 확장했다.

고구려 군대는 한강을 차지하고, 다시 아산만으로 진격했어. 고구려의 영토가 한반도 중부까지 확대됐지? 장수왕은 넓어진 영토를 과시하기 위해 충주에 중원고구려비를 세웠어. 과거, 고국원왕이 백제에게 당했던 아픈 과거를 깨끗이 설욕한 셈이야.

신라가 곧장 1만 명의 지원군을 보냈지만 이미 백제 수도가 함락된 후였어. 아무 도움도 줄 수 없었겠지? 지원군을 요청하러 신라로 달려갔던 백제 왕자가 개로왕의 뒤를 이어 문주왕22대에 올랐어. 아주 다급한 상황. 문주왕은 백제의 멸망부터 막아야 했어. 빨리 수도를 웅진충남 공주으로 옮겨 전열을 가다듬었어.

백제를 박살낸 장수왕은 신라 쪽으로 눈을 돌렸어. 순식간에 신라 북부 지역의 성 7개를 점령했지481년. 고구려 군대는 미질부경북 흥해까지 밀고 들어갔어. 다시 죽령 이북의 영토가 모두 고구려의 수중에 떨어졌어. 이대로 가면 신라가 멸망하고 말 것 같아! 다행히 백제가 군대를 보낸 덕분에 이 위기를 넘길 수 있었어.

혹시 이상한 점을 발견하지 못했니? 장수왕의 통치 기간이 도통 끝나지가 않아! 맞아, 이름이 왜 장수왕인지 이제 그 이유를 알겠지? 오래 살았다고 해서 장수왕이란 묘호가 붙은 거란다. 장수왕은 무려 98세까지 살았어. 당시 수명을 감안하면 천수를 누린 셈이지.

장수왕이 왕에 올랐을 때 백제의 왕은 전지왕18대이었어. 하지만 장수왕이 사망할 때의 백제 왕은 동성왕24대이었지. 그사이에 무려 7명의 왕이 바뀐 거야. 신라의 경우는 실성왕18대에서부터 소지왕21대까지 4명의 왕이 바뀌었지.

이 무렵에는 고구려가 '무조건 공격'이었고, 백제와 신라는 '결사 방어'였어. 그나마 백제의 동성왕은 이런 열악한 상황에서 고구려에 맞선 유일한 왕이라고 할 수 있지. 동성왕은 신라의 왕족을 부인으로 맞기도 했어. 이로써 나제동맹은 혼인동맹으로 더욱 굳건해졌지 493년. 이 동맹이 효과가 있었던 것일까? 그 후 고구려의 침략이 두 차례 더 있었지만 나제동맹 군대가 모두 막아냈단다.

장수왕이 세상을 떠나자 손자가 문자왕21대에 올랐어. 문자왕은 운이 좋으면서도, 그 운이 기울기 시작한 왕이라고 평가할 수 있을 거야. 광개토대왕과 장수왕이 강한 고구려를 만들어 놓은 것은 문자왕에게 큰 행운이었어. 그 기세를 이어받아 신라로부터 우산성을, 백제로부터 가불성과 원산성을 빼앗을 수 있었지.

그러나 운이 다하는 조짐도 보이기 시작했어. 나제동맹의 저항이 훨씬 강해졌기 때문이야. 고구려의 영토를 확대하는 게 더 이상은 쉽지 않았어. 일방적으로 몰아붙이던 전세가 이제는 엎치락뒤치락하는 양상으로 바뀐 거야.

또 하나의 불행은, 그 후로 고구려는 과거의 영광을 영원히 되찾지 못했다는 거야. 이미 말했던 대로, 고구려는 남조와 북조 모두에 조공을 하면서 중국과의 전쟁 위험을 줄였어. 물론 백제, 신라와의 전쟁에 충실하려는 계산이었어. 하지만 그 결과 광개토대왕과 같은 위대한 정복자는 더 이상 등장하지 않았어. 패기가 사라진 것일까? 정말 안타까운 대목이야.

한반도 내부로 국한해 본다 하더라도 고구려는 더 이상 백제와 신라를 완전히 압도하는 강대국이 아니었어. 때로는 백제, 신라와의 전쟁에서 밀리기도 했지. 게다가 그 후의 왕들은 타락하고 무능했어. 백성들의 삶은 힘들어졌지. 고구려가 슬슬 말기에 접어들고 있는 거야.

장수왕의 평양 천도가 없었더라면?

장수왕의 평양 천도가 없었더라면?

오늘날까지도 이 사건은 잘했다, 못했다는 논란이 많단다. 우선 긍정적인 평가를 내리는 학자들의 이야기부터 들어볼까?

"평양 천도가 없었다면 고구려는 압록강 이북에 머물렀을 테고, 거란이 그랬던 것처럼 일시적으로 세력이 컸다가 곧 망해버렸을지 모른다. 또한 오늘날 중국은 고구려를 자기 역사라고 확정지었을 것이다. 평양 천도를 단행했기에 고구려는 한반도와 만주를 모두 아우르는 대제국이 될 수 있었고, 오늘날 우리 역사가 될 수 있었다."

그러나 비판적인 학자들도 꽤 많아. 그들의 이야기도 들어볼까?

"평양 천도로 고구려는 만주를 잃고 한반도의 국가가 돼 버렸다. 게다가 백제, 신라와도 자주 충돌하면서 대륙보다는 반도의 경영에 더 신경을 써야 했다. 그 결과 고구려의 대륙적 기상이 사라지고, 우리 민족이 만주 땅을 잃게 되는 결과로 이어졌다."

이처럼 다른 주장에 대해 각자의 생각은 다를 거야. 나는 어느 쪽에 가까운 지 한번 생각해 봐. 어느 쪽이 더 옳은 것 같니?

위기의 백제와 신라

사실 4~5세기는 백제에게 너무 힘겨운 시절이었어. 고구려가 너무 강했기 때문이지. 이 점은 신라도 마찬가지였어. 백제 아신왕이 그랬 듯이 신라 내물왕도 고구려의 노예가 될 것을 맹세해야 했다고 했지?

고구려의 팽창, 이 두 마디로 이 무렵의 한반도를 요약할 수 있을 거야. 고구려의 역사는 짚어 봤으니, 이제 백제와 신라의 위기 상황 을 살펴보도록 할게. 백제와 신라의 입장에서 역사를 다시 볼 수 있 는 기회가 될 거야.

백제에 닥친 위기

근초고왕 시절 백제는 고구려와 대등한 강대국이었어. 평양성을 공 격해 고국원왕을 죽이기까지 했지. 그러나 백제의 그다음 왕들은 근 초고왕의 패기를 따라가지 못했어. 그래도 진사왕16대은 한때 고구려 도곤성을 함락시키는 전적을 거두기도 했어. 물론 광개토대왕이 즉 각 반격하면서 상황은 달라졌지만….

광개토대왕이 4만 병사를 이끌고 백제를 공격했지? 이 전투에서 백제는 한강 이북의 10개 성을 빼앗겼어. 진사왕은 성을 되찾으려고 직접 전투에 나섰다가 도중에 병으로 세상을 떠나고 말았어392년.

후유증은 컸어. 왕의 자리를 놓고 귀족들의 쟁탈전이 벌어졌어. 이 싸움에 승리해 왕에 오른 인물은 아신왕[17대]이야. 하지만 아신왕은 얼마 후 고구려에게 굴욕적인 항복을 해야 했어. 그 후 고구려와 우호적 관계를 유지하고 있는 신라를 공략하기도 했지만 큰 성과를 거두지는 못했지?

백제와 신라는 얼마 후 우호 관계로 돌아섰어. 왜? 장수왕이 남진 정책을 폈잖아! 백제 비유왕[20대]은 신라 눌지왕[18대]과 나제동맹을 체결했어. 또한 중국 남조의 송과도 동맹을 맺었어. 중국 남조의 송, 신라와 연합전선을 구축해 고구려에 맞서려는 전략이었지.

개로왕[21대]은 장수왕의 공격에 목숨을 잃은 비운의 왕이야. 사실 개로왕도 고구려를 공략하고 싶었어. 그러나 전략을 잘못 짰어. 그 대가가 죽음이었지. 무슨 이야기냐고?

당시 고구려는 중국 북조 국가들과 좋은 관계를 유지하고 있었어. 개로왕은 이 점을 중요하게 생각하지 않았나 봐. 개로왕은 북조의 북위에게 고구려 장수왕이 다시 남진 공격을 하려 하니까 도와 달라고 요청했어. 북위는 백제를 도와주기는커녕 이 사실을 장수왕에게 그대로 일러바쳤단다. 장수왕은 개로왕이 괘씸했어. 백제를 혼내줘

장군총 · 잘 다듬은 화강암을 7층으로 쌓은 돌무지무덤이다. 장수왕릉으로 추정되고 있다. 남진 정책을 편 장수왕은 백제를 공격해 위례성을 함락하고 개로왕을 살해했다.

공산성에서 내려다본 금강
고구려의 공격을 받아 왕까지 목숨을 잃자 백제는 급히 금강이 가로막고 있는 공주로 수도를 옮겼다.

야겠다고 생각했겠지?

장수왕은 승려 도림을 백제에 첩자로 보냈어. 도림은 바둑을 아주 잘 뒀다고 전해지고 있어. 당시 개로왕은 바둑에 푹 빠져 있었다는 구나. 바로 이 점에 착안해 장수왕이 도림을 보냈던 거야. 도림은 개로왕의 바둑 상대를 해 주며 신임을 얻었어. 어느 정도 가까운 사이가 되자 도림이 슬슬 개로왕을 부추겼어.

"폐하, 백제가 비록 지리적 위치가 좋긴 하지만 큰 성이 없으니 외적이 침략해오면 방비하기가 쉽지 않습니다. 큰 성을 지으소서."

개로왕이 도림의 꾐에 넘어갔어. 곧 성을 짓는 공사가 대대적으로 시작됐지. 도림은 쾌재를 불렀어. 사실 이 전략은 백제가 토목공사로 국가 재정을 탕진하게 하려는 목적이었거든. 정말로 백제 재정 상태가 급속히 나빠졌어. 도림은 본국으로 귀환해 장수왕에게 스파이 활동 결과를 보고했어. 장수왕은 고개를 끄덕였어.

"그래, 지금이 공격을 할 절호의 기회다!"

장수왕이 백제를 총공격했고, 백제의 도읍 위례성은 곧 함락됐어. 개로왕은 태자를 신라로 보내 도움을 요청하도록 하고, 자신은 몸을 피했어. 그러나 개로왕은 얼마 지나지 않아 고구려 군에게 사로잡혔어. 장수왕은 개로왕이 한심하다며 죽여 버렸단다.

고구려의 남진 · 정책과 백제의 후퇴 장수왕이 수도를 국내성에서 평양성으로 옮긴 후 백제가 가장 큰 곤욕을 치렀다. 수도를 잇달아 웅진과 사비로 옮겨야 했다.

신라로 득달같이 달려간 태자는 병사 1만 명을 지원받았어. 그러나 지원군을 끌고 백제로 도착하기도 전에 위례성이 함락됐고, 왕도 죽었다는 비보를 접했어.

백제가 멸망하지 않으려면 왕통을 하루빨리 이어야 하겠지? 이 태자가 왕에 올랐는데, 그가 문주왕22대이야.

궁지에 몰린 백제. 그 백제의 왕은 아무런 힘이 없었어. 문주왕이 할 수 있는 거라고는 수도를 웅진공주으로 옮기는 것뿐이었어. 이때부터는 귀족들의 횡포도 심해졌어. 덩달아 문주왕의 말년도 비참해졌지. 병관

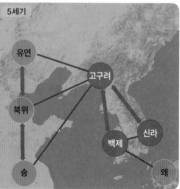

4~5세기의 동북아시아 · 4세기에는 고구려가 신라, 전진과는 우호적이었다. 반면 백제는 왜와 우호적이었다. 5세기 들어 고구려가 강해지면서 백제와 신라는 연합을 맺어 대항했다.

좌평 해구에게 권력을 빼앗긴 데 이어 그가 보낸 자객에게 피살된 거야.

곧 해구가 백제의 권력을 장악했어. 문주왕의 어린 아들이 왕삼근왕, 23대이 됐지만 실제 1인자는 여전히 해구였지. 삼근왕은 해구가 자신의 아버지를 죽인 사실을 알고 있으면서도 그에게 정치를 맡길 수밖에 없었어.

백제는 극도로 혼란해졌어. 반란이 일어났지. 다행히 삼근왕은 이틈을 타 해구를 제거했어. 이제 다시 왕권이 강해질 수 있을까? 이어 등극한 동성왕24대은 추락한 왕권을 회복하려고 무진 애를 썼어. 귀족들의 세력을 꺾기 위해 신진세력을 등용하기도 했지. 그러나 귀족들이 가만히 있지 않았어. 결국 위사좌평 백가가 보낸 자객에게 동성왕은 암살되고 말았어.

동성왕이 백제를 통치하던 시기, 고구려 장수왕이 사망했어. 고구려 세력이 한풀 꺾이기 시작했겠지? 이 틈을 타 동성왕은 고구려와 맞서기 위해 성을 보수하고 신라와 혼인 동맹을 맺었단다. 탐라국^제^주을 복속시키기도 했어. 바로 이때 제주도가 삼국 역사 안으로 들어온 거야. 동성왕은 이처럼 나름대로 정치를 잘해보려 했었어. 비극적인 죽음을 맞지 않았더라면 좋았을 것을….

신라도 위기 맞다

백제가 고구려에 공격당하고 있을 때 신라의 상황은 어땠을까? 처음에는 그리 나쁘지 않았어. 왜? 고구려의 속국이었기 때문에 고구려가 따로 건드리지 않았거든. 내물왕^{17대}부터 살펴볼까?

내물왕에 대해서는 두 가지를 기억해야 해. 첫째, 내물왕 이후부터 통일신라 말기 이전까지 신라의 왕은 김씨가 독차지했어. 이제 비로소 김씨가 왕위를 독점적으로 세습하게 된 거야.

둘째, 내물왕은 그 전까지의 왕들이 쓰던 이사금이란 칭호를 버리고 새로이 마립간이란 칭호를 썼어. 왕의 칭호가 거서간, 이사금에 이어 다시 마립간으로 바뀐 셈이지. 마립간은 이때부터 21대 소지왕까지, 총 5명의 왕을 부르는 칭호로 쓰였단다. 마립간에는 이전의 칭호보다 존칭의 의미가 더 많이 담겨 있어. 그만큼 왕의 권력이 강해졌다는 뜻이야. 실제로 내물왕 때부터 왕은 귀족회의에서 최고 통치자로서 막강한 권리를 행사할 수 있었단다.

내물왕 초기, 백제와 신라 사이는 나쁘지 않았어. 당시 백제의 왕은 그 유명한 근초고왕이었어. 근초고왕은 정복 전쟁을 벌였지만 신라를 주 공략 대상으로 삼지는 않았어. 덕분에 신라는 백제의 침략에 시달리지 않았지.

이런 상황이 5세기 들어 달라졌어. 당시 고구려의 왕은 그 유명한 광개토대왕. 광개토대왕은 백제를 공격해 한강 이북의 10개성을 빼앗은 후에도 연일 백제를 몰아붙였어. 이 때문에 백제 아신왕이 가야를 부추겨 신라를 공격하도록 했지?

400년, 백제의 지원을 등에 업은 가야가 왜와 연합해 신라를 쳤어. 신라 수도 서라벌이 곧 함락될 것 같은 급박한 상황이 됐어. 내물왕은 광개토대왕에게 긴급 지원을 요청했지. 물론 공짜로 도와 달라고는 할 수 없었어. 내물왕은 이찬 대서지의 아들 실성을 고구려에 볼모로 보냈어. 인질은 신라가 고구려를 배신하지 않겠다는 담보인 셈이지.

당시 광개토대왕은 평양에 머물고 있었는데, 즉각 대군을 끌고 남쪽으로 내려와 가야 군대를 몰아냈어. 이 전쟁에서 입은 피해로 가야가 휘청거렸지. 어부지리로 신라는 가야 영토였던 부산과 낙동강

호우명 그릇 · 광개토대왕을 뜻하는 글자가 새겨진 그릇으로, 경주에서 출토되었다. 이 유물을 통해 신라가 고구려의 영향을 깊이 받았음을 짐작할 수 있다.

하구를 차지할 수 있었어. 그러나 이번에도 공짜는 없었어. 도움을 받은 대신 신라는 고구려의 속국으로 전락하고 말았단다. 이때의 충격으로 내물왕은 병에 걸렸고, 결국 세상을 떠났어^{402년}.

내물왕의 아들 눌지는 아직 어렸어. 그 때문에 고구려에 볼모로 갔던 실성이 신라로 돌아와 왕^{실성왕, 18대}에 올랐어. 실성왕은 내물왕 혈통이 마음에 들지 않았어. 자신을 고구려에 인질로 보낸 왕의 혈통이잖아? 그뿐이겠어? 내물왕 계열이 살아 있으면 언젠가는 왕위를 되찾으려 하겠지? 결국 실성왕은 내물왕의 아들들을 모두 제거하기로 결심했어.

실성왕은 먼저 내물왕의 둘째 아들 복호를 고구려에 인질로 보냈어. 이어 큰 아들 눌지마저도 인질로 보내려 했지. 그러나 눌지는 왕의 속셈을 이미 잘 알고 있었어. 눌지가 먼저 고구려에 접근했어. 눌지는 고구려로부터 군대를 지원받아 모국인 신라를 공격했어. 이 전투에서 실성왕을 죽이고, 왕^{눌지왕, 19대}에 올랐단다.

비록 고구려의 도움으로 왕에 올랐지만 눌지왕은 고구려로부터 벗어나기 위해 무진 애를 썼어. 게다가 당시 고구려 장수왕은 본격적인 남진 정책을 펴고 있었지. 신라가 살아남으려면 고구려의 위협에 맞서 싸울 동맹을 찾아야 했어. 우선 고구려에 볼모로 잡혀 있는 동생부터 구출해 낸 뒤 바로 백제와 나제동맹을 맺었어.

바로 이 순간이 신라가 본격적인 삼국시대로 들어오는 시점이라고 할 수 있어. 비로소 고구려, 백제, 신라가 무한경쟁을 하는 시대가 된 거야. 한때 고구려의 속국으로 전락했던 신라는 위기를 기회로

효충사 · 박제상을 모시는 사당이다. 박제상은 눌지왕 때 고구려에 볼모로 잡혀 있던 왕의 아우를 데려오고, 이어서 일본으로 가 역시 볼모로 잡혀 있던 왕의 동생을 탈출시킨 다음 왜왕에게 죽음을 당한 신라의 충신이다.

만들어 도약을 꿈꾸기 시작했어. 반면 그 전까지 신라와 대등하게 성장했던 가야는 이 무렵부터 크게 기울기 시작했어.

자, 눌지왕으로 돌아가서….

눌지왕은 왕위를 큰아들에게 물려주는 왕위 장자상속 제도를 확고히 했어. 그 제도에 따라 그의 큰아들이 왕^{자비왕, 20대}에 올랐단다. 이 무렵 백제는 최악의 시간을 맞고 있었어. 고구려 장수왕의 침략을 받아 개로왕이 목숨을 잃었지? 눌지왕에게 도움을 요청하러 왔던 백제 태자가 뒤를 이어 문주왕에 올랐어.

소지왕^{21대}은 나제동맹을 혼인 동맹으로 발전시킨 왕이야. 이찬 비지의 딸을 백제 동성왕에게 시집보냈어. 이 동맹은 금세 효과를 봤다고 했지? 고구려가 신라를 공격했는데, 백제가 즉각 지원병을 파견했어. 다음 해에는 고구려가 백제를 공격했는데, 이번에는 신라가

서출지 · 신라 때부터 내려오는 저수지. 소지왕이 이 못에서 나온 글을 보고, 왕을 시해하려던 시종과 궁녀를 붙잡았다는 전설이 전해진다. 정자는 조선 때 만들어진 것이다.

즉각 지원병을 파견했지.

소지왕은 신라 경제를 한층 업그레이드한 왕으로도 평가받고 있어. 소지왕은 일감이 없어 놀고 있는 백성들을 한곳에 모아 농사를 짓도록 했어. 일종의 실업자 구제 정책을 처음으로 실시한 셈이야. 동시에 농업생산량도 늘릴 수 있으니 일석이조의 대책이었다고 할수 있지. 바로 그다음 해에는 수도 서라벌에 시장을 열도록 했어. 물건을 거래하려는 사람들이 시장으로 몰려들었어. 서라벌 경제가 급속도로 발전했겠지?

후기 가야시대

초기 가야는 신라와 맞서도 전혀 밀리지 않았어. 그렇기 때문에 어떤 학자들은 4세기까지의 한반도는 삼국시대가 아니라 가야를 포함해 사국시대라고 하는 게 옳다고 주장한다 했지? 그 정도로 강했던 가야는 5세기로 들어서면서 추락하기 시작했어. 바로 400년에 치러진 전투가 그 계기였단다.

백제 아신왕이 가야를 부추겨 신라를 공격하도록 했어. 고구려에 대한 분풀이를 신라에 한 셈이지. 가야와 왜 연합군이 신라를 쳤고, 순식간에 수도인 서라벌까지 함락됐어. 신라 내물왕은 급히 고구려 광개토대왕에게 도움을 요청했어. 앞에서 얘기한 부분이야.

내물왕은 광개토대왕에게 "신라가 고구려의 노예가 돼도 좋으니 제발 구해 달라"라고 했다는구나. 실제로 내물왕이 이처럼 비굴하게 굴었는지에 대해서는 알 길이 없어. 확실한 것은, 정말로 신라가 급박했다는 거야. 신라의 운명이 달려 있는데, 어쩌면 이보다 더 비굴했을 수도 있겠지?

어쨌든 이 지원 요청이 받아들여졌어. 광개토대왕이 5만 명의 기병을 끌고 내려왔지. 가야는 광개토대왕의 군대가 그렇게 강하리라고는 생각하지 못했을 거야. 고구려군은 왜의 군대를 모두 몰아내더니 이윽고 가야까지 사실상 정복해 버렸어. 이렇게 해서 가락국, 즉 금관가야가 중심이 되던 전기 가야연맹시대가 끝났지.

후기 가야연맹은 반파국이란 소국이 주도했어. 반파국은 가락국 사람들을 받아들여 가야 재건에 나섰어. 이들이 만든 게 대가야란다. 대가야는 내부를 정비하고, 호남 지방으로 진출하기 시작했어. 이 무렵에는 고구려 장수왕이 본격적인 남진 정책을 펼칠 때야. 수도를 빼앗긴 백제는 풍전등화의 위기에 처해 있었지. 대가야는 백제가 약해진 틈을 타 고구려, 일본, 중국 북위와 무역을 활발하게 벌였어.

그러나 가까스로 재건한 가야연맹도 6세기 들어 다시 휘청거리게
돼. 그 이야기는 다음 장에서 하도록 할게.

왕이 아닌데, 왕으로 불린다?

고대국가, 특히 신라에서는 근친혼이 성행했어. 그 때문에 가족 관계가 아주 복잡
해지는 경우가 많았단다. 이를테면 조카이면서 부인이 되거나, 숙부이면서 남편이
되는 식이야. 이렇다 보니 왕의 혈통이 바뀌면 촌수를 따지기 복잡한 가족들끼리
권력 투쟁을 벌일 때가 많았단다.

이런 부작용을 막기 위해서였을까? 신라에서는 왕의 형제, 아버지, 삼촌은 물론 장
인에게까지 왕의 호칭을 줬단다. 그 왕이 바로 갈문왕葛文王이야. 장인에게까지 갈
문왕 자리가 돌아간 걸 보면 신라 왕족은 외가와 본가의 구분이 무의미할 정도로
근친혼을 많이 했다는 걸 알 수 있어.

갈문왕이 그저 허수아비이거나 이름만 왕이었던 게 아냐. 초기에는 왕의 권력에
버금가는, 말 그대로 2인자 역할을 했어. 물론 후기로 갈수록 갈문왕은 있으나마
나 한 존재로 바뀌었어. 왜 그랬겠어? 그래, 왕권이 강해졌기 때문이야. 왕이 강하
니 나머지 왕족은 몸을 낮출 수밖에 없겠지?

이처럼 왕이 아닌 사람들에게 특별 호칭을 주는 사례는 다른 나라, 다른 시대에서
도 종종 볼 수 있어.

고구려에서는 왕족이나 고급 귀족에게 고추가란 호칭을 줬어. 한참 후대로 가서,
조선시대에는 추존 왕도 있었어. 새로 왕에 오른 인물이 바로 이전 왕의 아들이 아
닐 때 이런 사례가 나타나게 돼. 가령 조선 9대 국왕 성종의 아버지는 20세에 요절
한 의경세자였어. 성종은 왕에 오르자 왕이 되지 못한 아버지의 한을 풀어주기 위
해 덕종이란 왕의 칭호를 올렸어. 조선시대에는 이런 추존 왕이 5명 있단다.

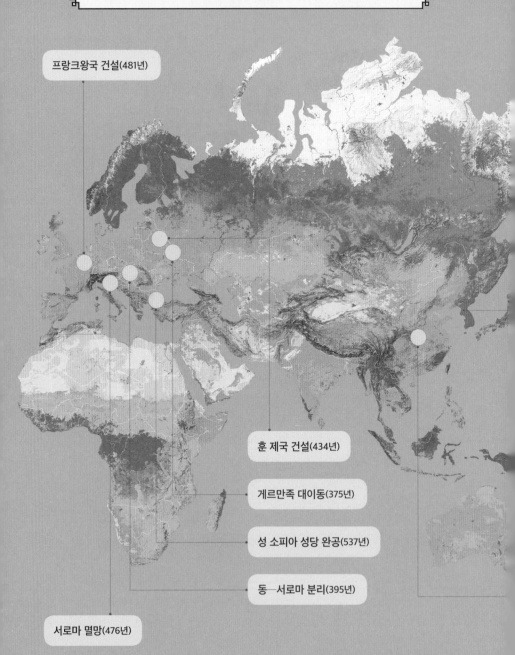

◆ 역 사 리 뷰 ◆

프랑크왕국 건설(481년)

훈 제국 건설(434년)

게르만족 대이동(375년)

성 소피아 성당 완공(537년)

동—서로마 분리(395년)

서로마 멸망(476년)

광개토대왕 백제 제압(396년)
광개토대왕 요동 점령(398년)
장수왕 평양 천도(427년)
나제동맹 결성(433년)
백제 웅진 천도(475년)

남북조시대 개막(439년)

게르만족의 대이동, 중세 유럽의 개막

광개토대왕의 이름은 담덕이었어. 그러니 생전에는 담덕대왕이나 담덕태왕으로 불렸을 확률이 높아. 광개토대왕은 후세 사람들이 묘비에 적은 묘호야. 광개토는 드넓은 땅을 개척했다는 뜻이지. 광개토대왕이 우리 민족의 역사상 가장 넓은 영토를 정복한 정복 군주였기에 이런 이름이 붙은 거야.

그만큼 5세기의 고구려는 동북아시아 최고 강자로 군림하고 있었어. 중국의 그 어떤 나라도 쉽게 고구려를 꺾을 수 없었어. 광개토대왕은 백제를 공격해 아신왕의 항복을 받았고396년, 요동을 점령한 후 북위와 수교했으며398년, 신라를 침입한 왜와 백제 연합군을 격파했지400년.

광개토대왕의 뒤를 이은 장수왕의 활약도 대단했어. 겁을 먹은 백제와 신라는 433년 나제동맹을 체결했지만 역부족이었어. 백제 21대 개로왕은 장수왕의 공격에 목숨을 잃기도 했지475년. 백제는 어쩔 수 없이 수도를 웅진으로 옮겨야 했어.

4세기 후반의 유럽은 한반도만큼이나 격변의 소용돌이에 휩싸여 있었어. 375년부터 시작된 게르만족의 대이동은 정말로 큰 사건이었지. 이 사건으로 로마 제국이 휘청거리기 시작했어. 이 와중에 로마는 기독

최고의 정복 군주 광개토대왕의 능비

교를 국교로 선포했고
392년, 올림피아 제전은
이교도 행사라며 금지
했단다393년. 395년, 로
마는 동로마와 서로마
로 완전히 분리됐어.

성 소피아 성당

중앙아시아와 동유
럽의 접경지대에서는 아틸라가 훈 제국을 건설했어434년. 유럽은 용맹한 아
틸라의 공격이 있을 때마다 공포에 사로잡혔단다. 아틸라가 유럽을 휩쓸고
40여 년이 지난 후, 서로마가 게르만 용병에게 멸망했지476년.

이 무렵 중국에서는 북위가 중원을 통일하고, 유유가 동진을 무너뜨려 송
을 세웠어. 이로써 5호16국시대가 종결되고 남북조시대가 시작됐지439년.

장수왕이 한창 백제와 신라를 공격하고 있을 때였어. 서로마가 멸망한 뒤
힘의 공백 지대였던 유럽 한복판에 프랑크왕국이 세워졌어481년. 이 프랑크
왕국으로부터 유럽 중세시대가 시작됐지.

아직도 유럽의 동쪽에는 로마가 살아 있었어. 바로 동로마야. 그 동로마
가 로마의 역사를 이어가고 있었지. 527년 유스티니아누스가 동로마의 황
제에 즉위했어. 유스티니아누스 황제는 로마의 부활을 선포했단다. 로마법
대전을 편찬했고, 성 소피아 성당도 완공했어537년. 이처럼 많은 업적을 남
긴 유스티니아누스 황제가 세상을 떠난 후 로마의 부활은 물 건너가고 말
았어.

동로마의 성장을 막은 대표적인 나라가 사산 왕조 페르시아야. 사산 왕조
는 동로마와 자주 충돌했어. 540년에는 동로마를 공격해 소아시아 반도를
차지하기도 했지.

3

신라, 삼국 통일하다

신라 전성시대

6세기 초반 ~ 7세기 후반

연표	503년	536년	538년	553년	562년	598년	612년
	지증왕, 신라로 국호 변경, 왕 호칭 도입	법흥왕, 신라 첫 연호 사용	백제 성왕, 사비로 천도	진흥왕, 한강 확보—나제동맹 파기	진흥왕 대가야 정복, 가야 멸망	고구려—수 전쟁 발발	을지문덕, 살수대첩 대승
		676년	668년	660년	645년	642년	614년
		신라, 삼국 통일	고구려 멸망	백제 멸망	고구려—당 전쟁 시작	고구려 연개소문 권력 장악, 백제 의자왕 대야성 전투 신라 격파	고구려—수 전쟁 종결

감은사지 • 삼국 통일 직후 문무왕의 명으로 창건한 사찰이다.

신라 도약하다

4세기 중반까지는 고구려와 백제가 앞서거니 뒤서거니 하면서 중앙 집권 체제를 구축했고, 주도권을 다퉜어. 고구려가 중국과 대결을 하고 있는 사이에 백제가 먼저 치고 나갔지. 고구려의 심장부로 쳐들어가 왕을 죽이기도 했어. 5세기 들어서는 와신상담을 했던 고구려가 한반도의 패자로 등극했어.

이 긴 시간, 신라는 숨을 죽이고 있었어. 아주 더디게 성장하면서…. 그 신라가 6세기 들어 도약의 기지개를 펴기 시작했어. 지증왕22대이 스타트 라인에 섰어. 이어 법흥왕23대이 가속도를 냈고, 진흥왕24대이 결승선을 통과했지. 강력한 신라가 탄생하는 과정을 살펴볼까?

중앙집권 체제 확립하다

500년 소지왕이 세상을 떠났어. 소지왕은 후계자를 남기지 못했기 때문에 지대로로 있던 6촌 동생이 64세의 나이에 왕에 올랐지. 이 왕이 지증왕이야.

이 무렵 고구려는 장수왕에 이은 문자왕의 시대였어. 고구려의 전성기가 이어지고는 있었지만 동시에 쇠퇴기로 접어들고 있었지. 지증왕은 강력한 신라를 건설하기 위한 개혁에 본격 착수했어.

우선 야만적인 풍습부터 칼을 댔어. 순장 제도부터 없앴어502년. 순장이란 왕이나 귀족이 죽으면 식솔들을 함께 매장하는 풍습이야. 아주 야만적이지? 이런 점 때문에 폐지한 거지만 사실 경제적인 손해를 줄이려는 목적도 있었단다. 순장을 하면 노동력이 줄어들 수밖에 없었거든.

지증왕은 농촌 경제를 향상시키는 데도 많은 애를 썼어. 소를 이용해 농사를 짓는 방법, 즉 우경을 도입한 것도 지증왕 때야. 농부가 아무리 힘이 세다 해도 소보다 쟁기를 잘 끌진 못하겠지?

고구려와 백제에는 어느덧 중앙집권 체제가 정착돼 있었어. 그 제도는 어디로부터 온 거지?

소 발자국 흔적 · 삼국시대 논바닥 유적에서 나온 소의 발자국으로 사람 발자국과 함께 있었다. 신라는 지증왕 때 처음 농사에 소를 이용했다.

그래, 중국이야. 이미 중국에는 오래전부터 중앙집권 체제가 구축돼 있었어. 지증왕은 바로 그 중국의 통치제도를 받아들이기 시작했어.

우선 나라 이름을 사로국에서 신라로 바꿨어[503년]. 그 전까지 마립간이라 부르던 칭호도 왕으로 바꿨지. 이어 지방 행정 구역도 중국식으로 정비했어. 전국에 주와 군, 현을 두고, 군사 요충지인 주에는 군사책임자인 군주를 파견했지.

오늘날의 경북 울진에서 강원 삼척에 이르는 지역이 첫 번째 주가됐어. 예전에 이 지역은 실직국이란 소국이었는데, 그 이름을 그대로 따서 실직주라고 불렀어. 실직주의 군주로는 이사부를 파견했지. 이사부는 훗날 우산국[울릉도]을 정복해 신라에 편입시킨 인물이야[512년].

아, 지증왕의 업적 또 한 가지! 지증왕은 경주에 시장을 개설했어. 수도에 설치된 이 시장을 '동시'라 불렀단다.

자, 지증왕이 출발을 순조롭게 했지? 이어 그의 아들 원종이 법흥왕에 올랐어. 법흥왕은 개혁을 완성하고, 중앙집권 체제를 확실하게 구축했지. 개혁의 내용을 들여다 볼까?

법흥왕은 오늘날의 국방부와 비슷한 병부를 설치했어[517년]. 국방부가 존재한다

울진 봉평 신라비 · 법흥왕 때 신라가 울진 지방으로 진출하면서 세운 비석이다. 경주 평야를 중심으로 성장한 사로국이 고대국가로 발전하는 과정을 보여 주는 자료이다.

는 것은 국가의 군대가 생겼다는 뜻이야. 돌려 말하자면, 왕을 뒷받침할 군대가 생겼다는 이야기지. 병부가 없으면 필요할 때마다 성주들에게 부탁해 병사들을 징집해야 해. 성주들이 고분고분 따라준다면 모르겠지만 말을 안 들으면 골치가 아파지겠지?

하지만 이젠 왕이 언제든지 움직일 수 있는 군대를 가지게 됐어. 뭐가 달라졌을까? 그래, 왕의 권력이 한층 강해졌어. 중앙집권 체제에 한 발 다가서게 된 거야.

그다음 순서는? 바로 율령, 즉 법을 만드는 거지. 법흥왕은 율령도 반포했어520년. 이로써 법흥왕은 군대와 법을 모두 장악하게 됐어.

4년 후 법흥왕은 관등과 관직을 대대적으로 정비했어. 『삼국사기』에는 3대 유리왕이 17관등을 만들었다고 기록돼 있어. 앞에서 다뤘는데 기억하니? 그 기록이 역사적으로는 타당하지 않아. 당시 상황에서 중앙집권 체제가 갖춰질 리가 없거든. 왕이 관리의 서열을 정하고 모든 귀족을 밑에 둔다는 게 불가능해. 따라서 법흥왕이 17관등과 골품제도를 확실히 정비했다고 보는 게 옳을 거야.

자, 이제 중앙집권 체제가 거의 완성됐어. 왕에게 권력을 빼앗긴 귀족들이 반발하지 않았을까? 법흥왕도 그 점을 고려했어. 법흥왕은 상대등이란 벼슬을 새로 만들었단다. 상대등은 귀족회의의 우두머리였어. 재상이나 총리에 해당하는 아주 높은 벼슬이지. 덕분에 귀족들의 영향력이 완전히 사라지지는 않았어.

이제 마지막 순서가 남았어. 바로 국민을 하나로 통합하는 거야. 그러기 위해서는 불교가 필요했어. 그런데 고구려, 백제와 달리 신라에서는 불교를 공인하는 게 쉽지 않았단다.

국가를 발전시키는 데 꼭 불교가 필요한 겁니까?

"그렇다. 종교도 다른 제도와 마찬가지로 국가의 '크기'에 맞아야 한다. 부족연맹 왕국 시대의 원시종교를 그대로 둔 채로 어떻게 더 큰 국가를 꿈꾸겠는가? 그런 의미에서 불교는 통치에 꼭 필요한 이념이었느니라."

굳이 불교여야 하는 까닭이 있습니까?

"사실 신라에 불교가 전파된 것은 100년도 훨씬 이전의 일이다. 그때 고구려를 통해 들어온 인도 승려 묵호자아도가 이곳에 불교를 전파했느니라. 하지만 귀족들의 반대가 심해 공인되지 못한 것이다. 그들이 왜 그러겠는가? 불교가 왕권에만 득이 된다고 생각했기 때문이 아니겠는가? 귀족들은 자신이 귀족이 된 게 하늘의 뜻이라고 말해 왔다. 그런데 불교는 귀족의 특권을 인정하지 않았다. 그러니 불교를 인정하겠는가?"

그렇다면 불교를 국교로 삼기가 쉽지 않았을 텐데요.

"충신 이차돈이 없었으면 불가능했을 것이다. 그가 어느 날 나를 찾아와 '제가 순교하

이차돈의 순교 사실을 새긴 돌기둥 · 법흥왕은 이차돈의 순교를 계기로 귀족들의 반대를 물리치고 불교를 공인했다.

겠습니다'라고 말했다. 희생이 필요함을 그도 잘 알고 있었던 거다. 그의 순교로 불교가 신라의 국교가 될 수 있었다. 내가 죽어서라도 그에게 감사해야 하지 않겠는가?"

법흥왕은 건원이란 연호를 쓰기 시작했어536년. 고구려에서는 광개토대왕 때 영락이란 연호를 썼지? 고구려보다는 늦었지만 신라에서도 법흥왕에 이르러 처음으로 연호를 사용하게 된 거야. 법흥왕은 허수아비나 다름없었던 금관가야를 정복하기도 했어. 이처럼 많은 업적을 남겼고, 강력한 신라의 골격을 세운 법흥왕은 말년에 불교에 귀의했단다.

진흥왕의 신라, 최대 강국 되다

4세기 중반은 백제, 4세기 후반과 5세기 초중반은 고구려의 전성시대였어. 6세기로 접어든 후에는 신라가 전성기를 맞게 돼. 이미 살펴본 대로 지증왕과 법흥왕이 제도를 착착 정비했기 때문에 가능한 일이었지. 최고의 절정기를 맞은 왕은 진흥왕이었어.

진흥왕은 연호를 개국으로 고쳤어551년. 나라를 새로 연다는 뜻이야. 진흥왕의 포부가 대단했다는 걸 알 수 있겠지? 진흥왕은 이 연호의 뜻, 그대로 나라를 강력하게 키웠어.

우선 불교와 토속신앙을 결합한 성대한 잔치를 열었는데, 이게 팔

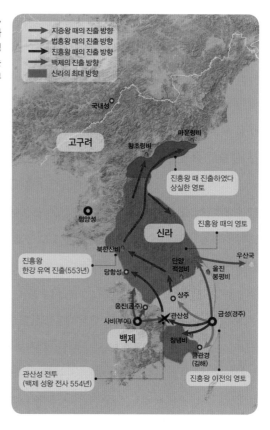

신라의 팽창 · 지증왕, 법흥왕, 진흥왕 3대를 거치면서 신라는 한반도의 최고 강국으로 성장했다. 진흥왕 시절, 신라는 한강 유역을 넘어 한반도 북부까지 차지했다.

지증왕 때의 진출 방향
법흥왕 때의 진출 방향
진흥왕 때의 진출 방향
백제의 진출 방향
신라의 최대 방향

국내성

마운령비

고구려

황초령비

진흥왕 때 진출하였다
상실한 영토

평양성

신라

진흥왕 때의 영토

북한산비

단양
적성비

우산국

진흥왕
한강 유역 진출(553년)

당항성

울진
봉평비

상주

웅진(공주)

사비(부여)

관산성

금성(경주)

백제

창녕비

금관경
(김해)

관산성 전투
(백제 성왕 전사 554년)

진흥왕 이전의 영토

관회야. 진흥왕은 이 행사를 동네잔치 수준을 뛰어넘어 국가가 주관하는 대규모 국제 행사로 끌어올렸어. 일종의 만국박람회와 비슷하다고 보면 돼. 전국으로부터 각지의 특산품이 올라와 한자리에 전시됐어. 초대를 받은 외국 사신들도 속속 몰려들었지. 이 팔관회를 치르면서 불교는 국민의 호국종교로 성장했단다.

이 무렵 백제에서는 성왕26대이 부활을 꿈꾸고 있었어. 두 나라는 나제동맹을 맺은 사이였지? 두 나라에 동시에 강력한 왕이 등장했으니 나제동맹의 위력도 한층 강해졌을 거야. 이제 고구려가 위기를 느껴야 할 때지. 정말로 나제동맹은 고구려에 빼앗긴 영토를 되찾기 위해 다시 전투에 돌입했어.

백제가 고구려의 도살성^{청주 또는 천안 지역}을 공격했어. 그러자 고구려는 백제의 금현성^{충북 진천과 연기 지역}을 쳤어. 두 나라가 엎치락뒤치락하는 틈을 타 진흥왕은 이사부를 보내 두 성을 공략하도록 했어. 이사부는 어렵지 않게 두 성을 점령했지. 이 두 성은 한강 하류에 위치해 있어서 전략적으로 아주 중요한 곳이었어. 그렇지만 진흥왕은 금현성을 백제에 돌려줬어. 왜? 고구려와 맞서려면 아직 나제동맹이 중요하니까!

이어 진흥왕이 백제 성왕과 함께 고구려를 공격했어. 나제동맹군이 본격적으로 움직이기 시작한 거야. 이 전쟁에서 나제동맹이 승리를 거머쥐었어. 백제는 한강 하류의 6개 군을, 신라는 한강 상류의 10개 군을 차지했지.

그러나 진흥왕은 이 정도의 영토만으로는 성에 차지 않았어. 당시 고구려는 북쪽의 돌궐과 한창 전쟁을 벌이고 있었어. 지금이야말로 고구려를 공략하기에 더없이 좋은 기회잖아? 진흥왕은 다시 군대를 북쪽으로 돌렸지.

백제도 이 작전에 동의했어. 그런데 갑자기 돌발 상황이 생겼어. 신라군이 돌변해 백제를 공격한 거야. 진흥왕은 백제로부터 빼앗은 땅에 신주를 설치하고 아찬 김무력을 군주로 임명했어. 순식간에 한강 일대가 신라의 영토로 바뀌었지. 분노한 백제 성왕이 신라를 공격했어. 이 전투가 관산성 전투야554년.

그러나 백제의 힘이 부족했어. 이 전투에서 성왕은 죽음을 맞았고, 이후 백제는 급격히 기울기 시작했어. 당시 진흥왕은 무슨 생각이었을까? 백제와 연합해 고구려를 계속 이기고 있었잖아? 왜 진흥왕은 그런 분위기에 찬물을 끼얹었었을까?

고구려와 백제가 전투를 벌일 때도 백제의 성 두 곳을 빼앗았습니다. 왜 그랬나요?

"그곳은 신라가 한강으로 진출하려면 꼭 차지해야 하는 요충지였다. 물론 백제의 반발쯤은 짐작했느니라. 그래서 백제성은 돌려주지 않았는가? 사실 백제 성왕은 우리에게 성을 내주지 말아야 했다. 나제동맹만 철석같이 믿은 성왕이 한심하지 않은가?"

나제동맹이 한강 일대를 빼앗은 후 다시 북진하려다 돌연 백제를 쳤습니다. 고구려와 밀약이 있었나요?

"그렇다. 고구려가 우리에게 정복지를 모두 신라의 땅으로 인정하겠다는 제안을 해왔느니라. 그렇다면 굳이 더 북진할 필요가 있겠는가? 사사로운 감정은 전쟁 시대를 사는 왕의 자세가 아니다. 나는 작전을 바꾸는 게 현명하다고 판단했느니라. 그래서 목표를 바꿔 백제를 친 거다."

백제를 치는 것 이외에는 다른 방법이 없었을까요?

"신라가 한반도의 대제국이 되려면 중국과 직접 교류를 해야 했다. 그러려면 한강을 통과해야 한다. 그 때문에 한강 하류가 필요했느니라. 그 전략적 요충지를 성왕이 내주겠는가? 힘으로 응징할 수밖에 없지 않겠는가?"

백제를 공격한 것은 배신 행위가 아닙니까?

"지금은 전쟁 상황이다. 무엇보다 신라의 국익이 우선이니라. 배신이라? 그렇게 불러도 나는 떳떳하다. 사사로운 감정에 얽매이면 어찌 대왕이 될 수 있겠느냐. 다시 그때의 상황이 오더라도 나는 백제를 칠 것이니라."

북한산 진흥왕 순수비 · 한강 유역을 차지한 진흥왕이 북한산 비봉에 세운 기념비이다.

신라가 백제와 고구려를 호되게 몰아붙였지? 다음 타깃은 남쪽에 있는 가야였어. 진흥왕은 가야가 괘씸했어. 왜? 관산성 전투에서 백제와 고령의 대가야가 연합군을 결성해 신라에 맞섰기 때문이야.

당시 백제가 패하자 대가야는 사실상 신라의 속국 신세가 됐어. 진흥왕은 그 정도 선에서 가야와의 관계를 마무리하려고 했어. 그런데 대가야가 신라에 반란을 일으킨 거야. 그러니 진흥왕은 더 이상 가야를 내버려 둬서는 안 되겠다고 생각했나 봐. 즉각 신라 군대가 진압에 나섰고, 대가야를 정복했어. 이로써 가야의 역사도 끝나버리고 말았지.

진흥왕의 기세가 하늘을 찌르고 있지? 진흥왕은 정복한 지역에 기념비를 세웠어. 창녕, 북한산, 황초령, 마운령 등 네 곳에 세운 이 기념비가 바로 진흥왕 순수비란다.

진흥왕의 업적 가운데 빠뜨릴 수 없는 게 또 있어. 바로 화랑도를 창설한 거야. 화랑도는 오늘날로 치면 사관학교라고 할 수 있어. 이 화랑도는 훗날 삼국 통일에 크게 기여했단다. 대가야를 정벌할 때에도 최전방에서 가장 큰 공을 세운 인물은 화랑 사다함이었지.

끝으로 진흥왕의 업적 몇 가지만 마저 살펴볼까? 신라 왕실의 위엄을 높이기 위해 거칠부에게 『국사』를 편찬하도록 했어[545년]. 오늘날 존재하지는 않지만 신라 최대의 사찰로 알려져 있는 황룡사를 짓기도 했지[566년].

첫 여왕 선덕, 삼국 통일의 기초 다듬다

진흥왕에 이어 진지왕[25대], 진평왕[26대]이 차례대로 등극했어. 이 무렵 백제는 무왕[30대]이 통치하고 있었어. 무왕은 패기 넘치는 왕이었어. 그는 신라의 배신을 잊지 않고 있었어. 당연히 두 나라는 철천지원수가 됐지. 두 나라 사이에 셀 수 없이 많은 전투가 치러졌어. 게다가 고

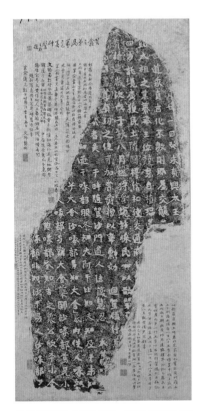

황초령 진흥왕 순수비 탁본 · 진흥왕이 함경남도 함흥 황초령 꼭대기에 세운 기념비이다.

구려까지 신라를 위협하고 있었어.

신라로서는 위기를 맞은 셈이지. 아마 진흥왕의 공백이 꽤 크게 느껴졌을 거야. 그러나 이미 세상에 없는 영웅에 매달릴 수는 없잖아? 신라는 도움을 요청할 대상을 찾기 시작했어. 한반도 안에는 없었어. 그렇다면? 그래, 신라는 중국에 도움을 요청하기로 했어. 당시 중국은 오랜 혼란을 끝내고 전국을 통일한 수나라 시대였지.

진평왕은 승려 원광을 시켜 수에 도움을 요청하는 걸사표를 짓도록 했어. 신라가 얼마나 다급했는지 편지의 제목만 봐도 알 수 있겠지? 원문이 전해지지 않아 정확한 내용을 파악할 수는 없지만 도움을 구걸하는 것 같은 느낌이 들지 않니?

어쨌든 걸사표를 받아든 수의 양제는 흡족한 표정을 지었어. 사실 수 또한 고구려가 눈엣가시였어. 어떻게든 공략해야 할 대상이었지. 그런 마당에 신라로부터 고구려를 공격해 달라는 요청을 받았으니 침략의 명분이 생겼잖아? 이윽고 수의 고구려 침략이 시작됐어. 이 전쟁에 대해서는 뒤에서 따로 살펴볼게. 결과부터 말하자면, 고구려의 대승이었단다.

7세기로 접어든 후 신라와 백제의 전투도 훨씬 격렬해졌어. 백제가 쳐들어와 신라의 가잠성을 함락시키기도 했지. 나중에 신라가 되찾았지만 백제가 또 다른 신라의 성을 공략했어. 속함성, 기잠성, 혈책성이 잇달아 백제의 수중에 들어갔지.

얼마 후 중국에서 수 왕조가 무너지고 당 왕조가 들어섰어[621년]. 신라는 당에도 사신을 보내 외교관계를 맺었지. 진평왕 때만 6회에 걸쳐 당에 공물을 보내고 도와줄 것을 부탁했어. 고구려에 맞서기 위해 수나라에 이어 당나라에까지 줄을 댄 거야. 당시 신라는 "고구려가 조공 길을 막고 있다"고 불만을 토로하며 당에게 고구려를 어떻게 좀 해 달라고 부탁했어. 서로 전쟁을 하는 사이이긴 하지만 그래도 한민족인데…. 조금 안타까운 대목이야.

진평왕의 장녀 덕만이 왕에 올

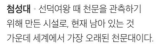
첨성대 · 선덕여왕 때 천문을 관측하기 위해 만든 시설로, 현재 남아 있는 것 가운데 세계에서 가장 오래된 천문대이다.

황룡사 9층 목탑 찰주 본기 · 872년 황룡사 9층 목탑의 건립 내력과 수리 과정을 기록하여 탑의 심초석 안에 넣어두었던 기록이다.

랐어. 바로 우리나라 최초의 여왕인 선덕여왕27대이지632년.

선덕여왕이 여러 후계자들 가운데 뛰어나서 첫 여왕이 된 건 아니야. 만약 진평왕의 아들이 있었다면 그에게 왕위가 돌아갔겠지. 유교 이념이 확고한 조선에서는 어떻게든 왕족 혈통에서 남자 후계자를 찾았을 거야. 그래도 신라 때는 여성 차별이 덜했기 때문에 선덕여왕이 탄생할 수 있었던 셈이지. 어쨌든 선덕여왕은 화백회의를 통해 왕으로 추대됐어.

선덕여왕은 백성을 위한 정치를 했어. 농사를 잘 지으려면 하늘의 기운을 잘 살펴야 해. 이를 위해 선덕여왕은 천문을 관측하는 첨성대를 만들도록 했어. 가난한 백성들을 돕는 데도 힘을 썼어. 전국 곳곳에 관리를 보내 고아나 홀로 사는 노인을 돌보게 했고, 백성의 경제 부담을 줄이기 위해 세금도 줄여 줬어.

선덕여왕은 불교의 중흥에도 큰 공헌을 했어. 분황사와 영묘사를 지었고, 황룡사 9층 목탑을 세웠지. 이 목탑은 높이가 무려 80미터나 됐던 것으로 전해지고 있어. 신라 주변에 있는 9개의 적을 제압한다는 뜻에서 9층으로 쌓았다는구나.

당과 돈독한 관계를 유지한 것도 선덕여왕의 업적으로 볼 수 있어. 귀족 자녀들을 당으로 보내 우수한 문물을 배우도록 했고, 당 황실에는 조공을 바쳤지. 이 과정에서 모욕을 당하기도 했어. 특히 당 태종은 아주 거만했어.

당시 당 태종은 신라에서 온 사신에게 "여인을 임금으로 섬기고 있으니 고구려와 백제가 업신여기는 것이다"며 빈정댔다는구나. 당 태종은 당의 왕족을 신라의 왕으로 삼으라는 말까지 했어.

당 태종은 선덕여왕이 즉위할 때도 조롱한 적이 있어. 그때 당 태종은 모란 그림과 씨앗을 선물로 보냈어. 선덕여왕은 그림을 보더니 "이 꽃은 향기가 없다"고 말했어. 씨앗을 심어 보니 정말로 그랬어. 신하들이 신통하다는 표정으로 여왕을 쳐다봤지. 선덕여왕은 그림에 나비가 없는 것을 보고 모란이 향기가 없다고 예측했다고 했어. 선덕여왕은 "당 태종이 내가 남편이 없다는 점을 조롱한 것이다"고 말했다는구나.

어쨌든 당과의 관계를 돈독히 하려는 선덕여왕의 노력으로 당을 확실한 지원 세력으로 끌어들일 수 있었어. 신라는 삼국 통일에 점점 다가가고 있었어. 이런 점을 모두 감안하면 선덕여왕은 삼국 통일의 기틀을 처음으로 다진 군주라고 할 수 있을 거야.

이 와중에도 수없이 많은 전쟁이 터졌어. 백제가 수시로 쳐들어왔지. 신라 대장군 알천이 여러 번 막아냈지만 힘에 부쳤나 봐. 40여 개의 성을 빼앗겼고, 얼마 후에는 대야성마저 내줘야 했지. 선덕여왕은 급히 고구려에 도움을 요청했어. 그러나 고구려는 도와주기는커녕

사절단 대표인 김춘추를 옥에 가둬 버렸어. 선덕여왕은 급히 김유신을 보내 고구려를 공격하도록 했어. 소문난 명장 김유신이 한강 북쪽까지 진격하자 고구려는 어쩔 수 없이 김춘추를 풀어줬지. 그 후 김유신은 백제를 공격해 성 7개를 빼앗았어.

많은 신라의 왕들이 말년에 반란을 겪었어. 선덕여왕도 마찬가지였어. 최고의 측근이었던 상대등 비담이 반란의 장본인이었단다. 비담은 여자 왕이 나라를 잘 다스리기 어렵다며 반란을 일으켰어. 이 비담의 반란을 제압한 인물도 김유신이었지. 그러나 선덕여왕은 반란의 끝을 보지 못하고 병으로 세상을 떠났어.

이윽고 선덕여왕의 사촌동생 승만이 여왕에 올랐어. 바로 진덕여왕28대이야. 원래 왕위 후계자 1순위는 김춘추였어. 그가 왕위를 양보한 덕분에 승만이 여왕이 될 수 있었던 거야.

김유신은 비담의 난을 완전히 진압한 뒤 반란 주모자 30여 명을 모두 처형했어. 비로소 정치가 안정을 찾는 것일까? 아니야. 또다시 백제와의 전쟁이 시작됐어. 이번에는 고구려까지 가세해 신라를 협공했

선덕여왕릉 · 선덕여왕은 진평왕이 아들 없이 죽은 후 화백회의에 의해 추대된 신라 최초의 여왕이다.

어. 신라가 의존할 곳은 당나라 밖에 없었어. 진덕여왕은 다시 당에 김춘추를 보내 도움을 요청했어. 이렇게 해서 나당연합이 탄생했지[648년].

가야의 멸망

백제로 넘어가기 전에 잠깐 가야의 역사를 살펴볼까? 이 무렵 가야 역사를 요약하자면 "백제와 신라에게 두들겨 맞다가 결국 멸망했다"가 될 거야.

백제 무령왕[25대]은 백제의 부흥을 내걸었어. 무령왕은 호남 일대를 차지하고 있는 대가야를 정복해 영토를 넓히려 했지. 대가야가 그냥 앉아서 당하고 있겠니? 두 나라 사이에는 항상 전쟁의 기운이 감돌았단다.

가야는 오랜 우방인 일본을 끌어들여 맞서려 했어. 그러나 백제가 미리 손을 썼어. 이 무렵 일본은 백제와 돈독한 관계를 유지하고 있었어. 백제와 사신을 교환하는 사이였으니, 일본은 무작정 가야의 편을 들 수가 없었지. 일본 야마토 정권의 최종 선택은 백제였어. 일본은 가야와 관계를 끊고 백제의 편에서 싸우기로 했지.

전쟁은 백제의 대승으로 끝났어. 가야가 필사적으로 맞섰지만 일본의 지원을 얻은 백제를 이길 수는 없었던 거야. 섬진강 일대가 백제의 수중에 들어갔어. 바로 이때부터 대가야는 급속도로 약해지기 시작했어.

대가야는 살아남을 방도를 찾아야 했어. 무엇보다 의지할 국가를 찾아야 해. 가야의 선택은 신라였지. 가야는 신라와 혼인 동맹을 맺었어522년. 그러나 신라 법흥왕은 대가야와 동등한 관계를 유지할 생각이 없었단다. 대가야를 공격해 영토의 일부를 빼앗아 버렸어.

가야는 그야말로 누더기 신세가 돼 버렸어. 영토의 일부는 신라에, 또 다른 일부는 백제에 빼앗긴 데다 온갖 수모를 당하고 있었지. 그러던 중 나제동맹이 깨지고, 관산성 전투가 벌어졌어. 마지막 부활의 몸부림. 가야는 백제와 함께 신라에 맞섰지만, 결과는 신라의 승리였어. 이제 가야의 선택은 하나뿐이었어. 가야의 남부 국가들이 신라에 항복했단다.

이미 기울어진 가야를 되살릴 수는 없겠지? 신라는 가야의 북부 국가를 공략했어. 이 전쟁에서 북가야마저 무너지면서 가야는 완전히 멸망하고 말았단다562년. 가야는 사라졌지만, 가야의 귀족들 상당

현악기를 타는 토우 · 흙으로 현악기 연주 모습을 만든 신라의 인형이다. 가야금은 이름에서도 알 수 있듯이 가야 출신의 우륵이 만든 악기이다.

수가 살아남아 신라의 귀족으로 변신했어. 김수로의 혈통을 잇는 김씨 가문은 신라 진골로 승승장구했지. 김유신이 바로 이 혈통이었단다. 가야금을 만든 우륵 또한 가야 사람이었어.

화랑도는 원래 귀족 사교단체였다?

화랑제도는 선화禪花와 원화源花, 두 제도에서 출발했어. 선화는 귀족 남자 사교모임의 우두머리를 가리키는 말이고, 원화는 비슷한 사교모임의 여성 우두머리를 가리키는 말이지. 보통 왕의 후궁이나 공주가 원화를 맡았어. 선화와 원화 밑에는 각각 낭도들이 있었어. 지체 높은 가문의 자제들이 모두 모여 있으니 요직에 오르려면 이 사교모임에 가입하는 게 필수였겠지?

선화제도는 큰 탈 없이 잘 이어진 반면 원화제도는 곧 삐걱거리기 시작했어. 원화의 자리를 놓고 준정과 남모, 두 여성이 권력 다툼을 벌였기 때문이야. 급기야 준정이 음모를 꾸며 남모를 죽여 버리는 사건이 발생했어. 이 사건이 발각되자 준정은 처형됐고, 원화제도도 폐지됐지. 원화에 소속된 낭도들은 선화 소속으로 바뀌었어.

이후 선화에 소속된 이 낭도들을 풍월도, 풍월도의 우두머리는 풍월주라 부르기 시작했어. 초대 풍월주는 위화랑이란 왕족이었어. 진흥왕은 위화랑을 아주 좋아했나 봐. 화랑이란 이름이 바로 위화랑에서 비롯된 거란다.

화랑도의 구성을 마저 살펴볼까? 크게 왕족이나 고급 귀족의 자제들로 구성된 화랑, 그 밖의 귀족 자제들로 구성된 낭두, 서민이나 품계가 낮은 귀족 자제들로 구성된 낭도로 돼 있었어. 풍월도는 화랑도 전체의 우두머리를 가리키는 호칭이었지. 풍월도 임기를 마친 화랑은 국선이라고 불렀단다.

백제의 반짝 중흥, 그리고 멸망

다른 시기도 그렇지만 이 무렵에는 삼국의 역사가 더욱 더 그물처럼 복잡하게 얽혀 있어. 세 나라 가운데 가장 불행한 나라는 아마도 백제였을 거야. 신라와 나제동맹을 맺었다가 배신당하면서 순식간에 추락하고 말았잖아? 백제에게 관산성 전투의 충격은 아주 컸어.

몰락하는 백제를 다시 일으켜 세우려던 왕도 있었어. 그러나 아무래도 너무 늦은 것일까? 결국 백제는 역사 속으로 사라지고 말았어. 이번에는 삼국의 역사를 백제의 입장에서 살펴볼까?

백제, 되살아나나

501년, 무령왕이 등극했어. 무령왕은 백제의 부활을 꿈꿨어. 내부 단속부터 시작해야겠지? 무령왕은 왕에 오르자마자 모든 반란을 진압하고 귀족들을 억눌렀어. 개혁이 어느 정도 성공하는 것 같았어. 왕권도 다시 강해지는 것 같았지. 무령왕은 우선 고구려와의 전쟁을 재개했어.

달솔 우영에게 고구려의 수곡성을 치도록 했어. 달솔은 2품에 해당하는 높은 벼슬이야. 그다음으로는 은솔, 덕솔, 간솔, 나솔의 벼슬이 이어져. 전체에서 가장 높은 벼슬은 1품인 6좌평이라고 했지?

어쨌든 달솔 우영의 작전은 성공했어. 고구려도 가만히 있지 않았지. 이듬해 고구려가 보복전에 나선 거야. 고구려는 말갈과 함께 고목성경기 연천을 공격해 왔어. 백제가 이를 막고, 다시 고구려의 수곡성을 공격했어. 그러자 또다시 말갈이 고목성을 공격해 왔단다. 엎치락뒤치락, 여기저기에서 전투가 벌어졌어. 무령왕은 방어를 효율적으로 하기 위해서 성을 쌓도록 했지. 덕분에 고구려와 말갈 연합군의 한성경기 광주 침략을 물리칠 수 있었어.

전쟁의 시대였어. 얼마 후 고구려가 다시 백제로 쳐들어왔어. 고구려 군대는 원산성과 가불성을 통해 밀고 들어왔어. 성이 함락되자 무령왕이 직접 나섰어. 왕을 본 병사들의 사기가 충천한 덕분이었을까? 백제군이 전세를 역전시켜 고구려 군대를 완전하게 격파했지. 무령왕은 한성 일대에 성을 쌓도록 했어.

무령왕은 백제가 더 이상 고구려에 맥없이 당하는 나라가 아니란 사실을 확실히 증명해보였어. 나아가 둥지에 몸을 숨기는 약자가 아니란 사실을 깨닫게 하려는 듯 영토를 넓히기 시작했어. 목표는 가야! 오늘날의 전북 임실과 남원을 향해 백제 군대가 진군했어. 백제는 곧 섬진강 일대를 장악했어. 그 이후의 가야 역사는 이미 말했지?

무령왕은 재위 20년 만에 62세로 세상을 떠났어. 시신은 무령왕릉에 묻혔는데, 1971년 이 왕릉이 마침내 세상에 드러났단다. 총 108종류, 2906점의 유물이 무령왕릉 안에서 발견됐어. 이 자료들은 당시의 역사를 가늠하는 데 아주 요긴하게 쓰이고 있어.

그의 뒤를 이은 성왕26대은 백제의 마지막 전성기를 구가한 왕이야. 성왕 또한 전쟁을 피할 수는 없었어. 왕에 오른 직후였지. 고구려

무령왕릉 · 중국 남조의 영향을 받은 벽돌무덤이다.

군대가 패수浿水 지역으로 쳐들어왔어.

이 패수가 어디에 있는 강인지를 놓고 논란이 있어. 예성강일 것이라는 의견이 가장 많아. 대동강이라고 주장하는 학자도 있어. 심지어 중국 황허의 한 줄기라고 주장하는 학자들도 있단다. 만약 이게 사실이라면 당시 백제의 영토는 중국 동부 해안까지 뻗어 있다는 말이 돼. 글쎄, 어느 쪽이 진실일까? 어쨌든 이 싸움은 백제의 승리로 끝났어.

성왕은 웅진에서 사비부여로 도읍을 옮겼어538년. 나라 이름도 백제에서 남부여라고 바꿨어. 백제의 뿌리가 어디였지? 그래, 부여야. 광활한 만주 지방을 누비던 부여의 기상을 이어받아 백제를 부활시키겠다는 뜻이 담겨 있는 거지.

이 무렵 백제는 중국 남조 양나라와 국교를 맺고 있었어. 바로 그 양으로부터 우수한 문화를 수입했어. 백제 문화가 다시 활짝 꽃피었지. 백제는 일본에도 문화를 수출했어. 성왕의 명령을 받은 노리사치계가 일본으로 건너가 불상과 불경을 전했단다[552년]. 오경박사와 역박사, 의박사도 일본으로 건너가 학문을 전파했지.

백제는 제2의 전성기를 맞았어. 영토도 조금씩 넓어졌어. 신라와 맺은 나제동맹이 효과를 봤거든. 고구려로부터 도살성과 금현성을 빼앗기도 했어. 도중에 신라가 불쑥 끼어들어 두 성을 차지해 버릴 때는 성왕의 심기도 불편했어. 하지만 나제동맹을 깨지 않으려고 참았어. 다행히 나제동맹은 단단해 보였어. 나제동맹 군대의 활약도 대단해서 순식간에 고구려를 북쪽으로 밀어붙였단다. 마침내 얼마 지나지 않아 백제가 한강 유역을 점령했어. 잃었던 한강을 되찾은 거야!

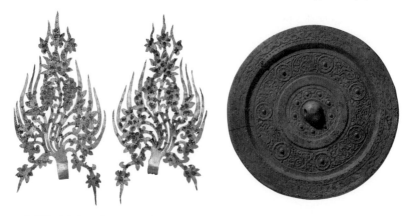

무령왕릉에서 나온 유물 · 금으로 만든 관의 장식과 청동으로 만든 거울이다. 무령왕릉은 도굴되지 않아 무령왕과 왕비의 무덤임을 알 수 있는 지석, 장신구 등 많은 껴묻거리가 출토되었다.

안타깝게도 백제의 부흥은 여기까지였어. 신라 진흥왕은 결혼까지 하면서 맺은 나제동맹을 순식간에 깨버렸어. 백제로부터 한강 유역의 땅을 빼앗은 거야! 분노한 성왕은 일본에 지원을 요청한 뒤 가야군과 연합해 신라를 공격했어. 바로 관산성 전투야.

이 전투의 결말에 대해서는 알고 있지? 그래, 백제는 패했고, 성왕은 전사했어. 이로써 백제의 부활은 물거품이 되고 말았어. 백제는 그 후 내리막길을 걷게 돼. 물론 신라와는 철천지원수가 됐지.

백제, 멸망하다

위덕왕27대은 아버지 성왕의 복수를 갚기 위해 여러 번 신라와 전투를 벌였어. 그러나 큰 성과를 보지는 못했어.

이 무렵 백제 역사에서 기억해야 할 게 있어. 위덕왕의 아들인 아좌태자가 일본으로 건너가 쇼토쿠 태자의 스승이 됐다는 거야. 쇼토쿠 태자는 일본을 중앙집권 국가로 발전시키는 데 결정적인 역할을 한 인물이란다.

위덕왕을 포함해 이후 백제의 왕들은 무기력했어. 혜왕28대은 서해안의 무역기지를 고구려와 신라에게 모두 빼앗겼어. 게다가 일본마저 국가 정비가 어느 정도 끝나자 백제의 영향력에서 벗어나 버렸어. 법왕29대 때도 상황은 크게 다르지 않았어.

무왕30대은 고구려를 견제하기 위해 처음에는 수, 나중에는 당에 조공을 바쳤어. 신라와 마음 놓고 싸우려면 고구려의 위협을 먼저 해결해야 했거든. 무왕은 당에 고구려를 정벌해 달라고 부탁했어.

당 태종의 답변은 어땠을까? 고구려 정벌이야 굳이 백제가 부탁하지 않아도 계획하고 있던 일이었으니 큰 상관이 없었을 거야. 다만 당 태종은 백제가 신라와 다투는 것은 원하지 않았어. 왜 그랬겠니? 두 나라가 사이좋게 지내야 고구려를 견제할 수 있으니까!

무왕은 당 태종의 권유에 따라 다시 신라와 사이좋게 지냈어. 동지에서 적으로, 다시 적에서 동지로…. 백제와 신라의 관계가 참으로 묘하지? 백제가 다시 신라와 가까워졌기 때문일까? 오늘날까지 전해지고 있는 서동요 설화에서 두 나라는 결혼으로 맺어진단다.

서동요는 최초의 4구체 향가야. '서동의 노래'란 뜻인데, 무왕의 어렸을 적 이름이 바로 서동이었어. 설화를 살펴볼까?

무왕이 어렸을 적 신라는 진평왕이 통치하고 있었어. 진평왕에게는 선화공주라는 아름다운 딸이 있었어. 그 소문은 멀리 백제에까지 전해져 왔어.

무왕, 즉 서동은 선화공주를 사모하게 됐어. 어떻게 하면 선화공주를 얻을 수 있을까? 이런 고민을 하던 서동은 머리를 깎고 스님 차림으로 신라로 건너갔어. 그리고 동네 아이들을 꼬드겨 노래를 부르게 했지. 이 향가는 곧 신라 전역으로 퍼졌어. 서동이 의도했던 대로 되어가고 있지? 이 노래가 바로 서동요야.

"선화공주님은 남들 모르게 시집을 갔어요. 서방님을 밤에 몰래 안고 갑니다."

서동요가 신라 궁궐에까지 흘러 들어갔어. 진평왕은 어떻게 처신하고 다니는 거냐며 선화공주를 심하게 나무랐어. 그래도 화가 풀리지 않았는지 결국에는 선화공주를 내쫓아 버렸지. 선화공주는 억울하게 귀양길에 올라야 했어. 바로 그 길목에 서동이 기다리고 있었어. 서동은 선화공주를 데리고 백제로 돌아갔고, 그 후 왕이 됐지.

이 서동요 설화는 『삼국유사』에 기록돼 있어. 과연 사실일까? 많은 학자들은 사실일 확률이 낮다고 평가한단다. 당시 백제와 신라는 사이가 좋지 않았는데, 두 나라의 왕자와 공주가 결혼할 수 있었을까?

마침 무왕의 왕비는 따로 있었다는 역사적 기록이 발견되기도 했어. 2009년 익산 미륵사지 석탑에서 문서가 발견됐는데, 거기에는 "무왕의 왕비는 미륵사를 짓도록 지시한 사택왕후다"는 내용이 들어 있다는구나. 이 기록이 사실이라면 서동요는 민중 사이에 전해 내려온 설화일 뿐 역사적 사실은 아니라고 할 수 있겠지?

역사적 사실에 바탕을 둔 무왕은 어땠을까? 무왕은 꺼져가는 백제를 되살리려는 노력도 했지만 동시에 국력을 더욱 빨리 탕진해 버리기도 했어. 수와 당을 이용해 고구려를 견제하는 데 성공한 사실을 보면 외교력이 뛰어났다고 할 수 있을 거야. 다만 신라와의 전쟁을 준비하는 데 국가 재정을 많이 썼고, 궁궐과 절을 짓는 데 더 많은 돈을 쓴 것은 흠이라고 볼 수 있지. 게다가 무왕은 후반부로 갈수록 극도로 사치스러워졌어. 백제의 국력은 더 이상 떨어질 곳이 없을 만큼 추락하고 있었단다.

이런 상황에서 의자왕31대이 등극했어. 그래, 백제의 마지막 왕이야.

의자왕은 백제를 되살리고 싶었어. 왕에 즉위하자마자 대대적인 개혁에 착수했어. 우선 정치에 간섭하는 왕족과 귀족을 제거했어. 40여 명의 왕족과 귀족을 섬으로 쫓아냈고, 연로한 귀족은 은퇴시켰어.

내부 단속을 끝내자 대외 정책에도 손을 댔어. 의자왕은 중국의 당과 우호적인 관계를 유지했던 외교 정책을 과감하게 폐기했어. 그 대신 고구려와 손을 잡았어. 한민족의 연대를 추진한 거야. 사실 다른 선택이 없기는 했어. 이미 신라가 당과 손을 잡고 백제와 고구려를 압박하고 있었거든. 그렇다면 백제의 입장에서는 연개소문을 중심으로 당과 대등하게 싸우던 고구려와 손을 잡는 게 오히려 낫다고 생각할 법 하지.

백제와 고구려가 여제동맹을 맺고642년, 신라를 압박하기 시작했어. 먼저 고구려가 빼앗긴 죽령 이북의

익산 미륵사지 석탑 · 무왕과 선화공주의 서동요 설화로 유명한 미륵사지에 있는 석탑이다. 이 탑을 해체해 조사하면서 사리 봉안 과정을 기록한 판이 발굴되어 639년(무왕 40)에 선화공주가 아니라 백제인 왕후의 발원으로 건립된 사실이 확인되었다.

익산 왕궁리 5층 석탑 · 익산 왕궁리 유적은 무왕 때 건설한 궁궐이 뒤에 절로 바뀐 곳이다. 이 탑은 왕궁을 철거하고 사찰이 들어서면서 세운 것으로 추정된다.

땅을 내놓으라며 신라를 공격했어. 의자왕도 직접 군대를 이끌고 신라를 공격해 40여 개의 성을 함락시켰어. 이어 백제 장군 윤충이 신라 대야성^{경남 합천}까지 빼앗았지.

여제동맹이 예상보다 강하자 당황한 신라는 당에 긴급하게 도움을 요청했어. 여제동맹군은 이를 차단하기 위해 신라 당항성^{경기 화성}을 공격했지. 이곳이 신라가 당으로 오가는 통로였거든.

의자왕의 신라 공격은 그 후로도 계속됐어. 당시 당은 고구려와 전쟁을 벌이고 있었어. 당은 신라에 지원군을 파견하라고 요구했지. 신라는 이미 당과 떼어 놓을 수 없는 사이가 돼 있었어. 그러니 군대를 보낼 수밖에 없었지. 백제 의자왕은 이 틈을 타 신라를 쳐 7개의 성을 빼앗았단다. 655년에는 고구려와 함께 신라를 다시 공격해 30여 개의 성을 격파했어.

백제의 사기가 크게 올랐을 것 같지? 물론 처음엔 그랬어. 그러나 곧 백제의 사기는 다시 곤두박질했단다. 의자왕이 타락하기 시작했거든.

의자왕은 어렸을 때 성격이 아주 온순했다고 해. 또한 아주 극진한 효자였다는구나. 의자왕은 아들의 이름을 효라고 지을 정도로 부모에 대한 예를 중요하게 여겼어. 그래서 의자왕을 '해동증자'라고 부르기도 했단다. 증자는 공자의 제자 이름이야.

백제 금동 대향로 · 부여 능산리 고분군 근처에 있는 절터에서 발굴되었다. 물을 저장하던 공방의 구덩이에서 나와 백제가 나당연합군의 공격을 받는 위급한 상황 속에서 급히 감춘 것으로 추측하고 있다.

그랬던 의자왕이 말년에 변했어. 연일 잔치를 열고 음주가무를 즐긴 거야. 의자왕이 왜 돌변했을까? 어쩌면 백제에 미래가 없다는 사실을 깨달은 게 아니었을까? 이 무렵 백제는 많은 전쟁을 치르느라 국가 재정이 거의 바닥이 나 있는 상태였단다. 게다가 귀족들은 자기 이득만 챙기는 데 혈안이 돼 있었어. 아무도 국가를 걱정하지 않았고, 궁궐에서는 권력 다툼이 끊일 날이 없었지.

660년 6월, 소정방이 이끄는 당의 13만 대군이 백제를 쳤어. 군대가 백강(금강)을 건너 백제 수도 사비성으로 진격했어. 이와 동시에 김유신이 이끄는 신라군은 탄현을 넘어 사비성으로 진군했지. 백제가 풍전등화의 위기에 놓였어. 의자왕의 탄식이 사비성에 울려 퍼졌어.

백제의 멸망 · 660년 백제 계백 장군이 결사대와 함께 황산벌에서 신라군과 맞서 싸웠지만 역부족이었다. 백제는 나당연합군에게 멸망하고 말았다.

계백의 황산 전투(전쟁기념관 소장)

"정녕 백제가 이대로 주저앉는 것인가? 흐느낀다고 해서 이 난국이 해결되는 것은 아니잖은가? 그대들이 이 나라의 대신이 맞단 말인가?"

그러는 동안 나당연합군은 점점 사비성으로 가까워지고 있었어. 바로 그때 백제 장군 계백이 나섰어. 계백은 5000명의 결사대를 이끌고 황산벌로 나갔어. 신라군과 결전을 치르기 위해서였지.

"살아남아 저들의 노예가 될 텐가, 아니면 장렬하게 싸우다 전사하겠는가?"

이 말을 남기고 계백은 적진으로 뛰어들었어. 그러나 역부족이었어. 계백과 5000명의 결사대는 황산벌 전투에서 전멸하고 말았지. 같은 시간, 금강에서 당나라의 군대와 싸우던 백제군도 전멸했어.

이윽고 나당연합군이 수도인 사비성을 포위했어. 의자왕은 부랴부랴 웅진으로 달아났어. 나당연합군은 손쉽게 사비성을 함락시켰지. 결국 의자왕도 항복할 수밖에 없었어. 이로써 백제는 멸망했고,

의자왕은 신하들과 함께 당나라로 끌려갔단다. 의자왕은 다시 한반도로 돌아오지 못하고 그곳에서 생을 마쳤어.

삼천궁녀의 진실?

660년 나당연합군이 몰려오자 백제 의자왕의 궁녀 삼천 명이 부여 부소산 바위에서 절벽 밑 백마강을 향해 몸을 날렸다는 이야기가 있어. 궁녀를 꽃에 비유해 이 바위를 낙화암이라고 부르지. 적에게 몸을 더럽히지 않으려고 궁녀들이 자진해 목숨을 끊었다는 이야기인데, 과연 사실일까?

궁녀 이야기가 가장 먼저 등장하는 책은 『삼국유사』야. 그러나 삼천이라는 숫자는 나와 있지 않아. 또한 의자왕은 당으로 끌려가 그곳에서 목숨을 잃었어. 게다가 역사학자들이 당시 백제 궁궐터를 분석한 후에 삼천 명의 궁녀가 살기에는 너무 비좁다는 결론을 내렸어. 물론 삼천 명이 한꺼번에 강물로 뛰어들 수 있을 만큼 바위가 넓지도 않아.

그렇다면 애초에 삼천궁녀는 존재하지도 않았다는 결론이 나와. 삼천궁녀 이야기가 처음 등장하는 것은 조선 초의 문신 김흔이 쓴 시 「낙화암」에서였어. 쉽게 말하자면 역사적 사실이라기보다는 문학적 상상력이란 뜻이야.

그런데 어떻게 해서 의자왕 하면 삼천궁녀가 떠오르게 된 걸까? 혹시 백제의 도덕성을 깎아내리려고 의도적으로 조작한 것은 아니었을까? "궁녀를 삼천씩이나 데리고 주지육림에 빠져 있으니 백제가 망할 수밖에 없다!" 이런 주장을 하려고 했던 것은 아닐까?

터무니없는 해석이라고? 아니야. 이 해석이 사실일 수도 있어. 고려에서 떵떵거리는 귀족 가운데 신라 계통이 꽤 많았거든. 그들은 백제 계통을 그리 좋아하지 않았단다.

고구려, 대륙에 스러지다

6세기로 접어든 이후 고구려에서는 문자왕[21대], 안장왕[22대], 안원왕[23대], 양원왕[24대], 평원왕[25대]이 뒤를 이었어. 양원왕과 평원왕이 고구려를 통치할 당시 신라의 왕은 진흥왕이었어. 양원왕 때는 진흥왕이 백제 성왕과 손을 잡고 쳐들어오는 바람에 한강 유역을 빼앗기도 했지. 이런 상황인데도 고구려는 강력하게 대응할 수 없었어. 중국의 위협이 커졌기 때문이야.

6세기 후반으로 접어들 무렵 동아시아 정세는 매우 복잡해졌어. 위·진·남북조시대를 끝내며 중국을 통일한 수나라가 주변 국가와 충돌하기 시작했기 때문이야. 수는 세력을 넓히기 위해 돌궐과 고구려를 위협했어. 특히 요동 지역을 노렸지. 이에 고구려가 돌궐과 손을 잡고 수에 맞섰어. 신라와 틀어진 백제, 일본이 고구려의 편에 섰어. 반면 신라는 백제, 고구려와 싸우기 위해 수와 친하게 지냈지. 동아시아가 내 편, 네 편으로 나뉘어 큰 전쟁을 준비하고 있었던 거야.

고구려, 수와 격돌하다

평원왕은 국경 수비를 강화하고, 언제 터질지 모르는 전쟁에 대비하기 시작했어. 전쟁은 영양왕[26대] 때 터지고 말았지. 이 전쟁이 고구려와 수의 전쟁, 줄여서 고—수 전쟁이야_{598~614년}.

사실 먼저 군대를 일으킨 쪽은 고구려였어. 영양왕이 기선 제압을 위해 말갈 1만 군사를 동원해 요서 지역을 공격했는데, 수가 이때 큰 타격을 입었지. 화가 난 수 문제가 바로 그 해, 고구려를 침략했어. 고—수 전쟁이 비로소 시작된 거야. 이 전쟁의 하이라이트는 살수대첩이야. 고구려가 수 군대를 대파했지. 결론부터 말하자면 16여 년 간 몇 차례에 걸쳐 치러진 이 전쟁에서 고구려가 최종 승리했어. 이 전쟁을 재구성해 볼까?

수가 등장한 뒤 중국은 급변하고 있었어. 수를 세운 문제는 금세라도 남조와 북조로 갈라진 중국을 통일할 기세였어. 평원왕은 수가 중국을 통일한 다음에는 고구려를 집어삼키려 할 거라며 국경 수비를 크게 늘렸지.

그랬던 평원왕이 세상을 떠나고, 그의 아들이 영양왕_{26대}에 올랐어. 영양왕도 중국의 움직임을 예의주시하고 있었지. 정말로 아버지 평원왕의 예측이 들어맞았어. 수 문제가 마침내 중국을 통일하는 데 성공한 거야.

얼마 후 수 문제가 고구려에 사신을 보내왔어. 사신은 거만한 태도로 황제의 국서를 전달했지.

"고구려는 수에 대해 신하의 예를 갖춰라!"

영양왕과 신하들은 크게 분노했어. 장군 강이식이 분노에 찬 목소리로 말했어.

"폐하, 이런 오만방자한 글에는 대꾸할 가치도 없습니다. 칼로써

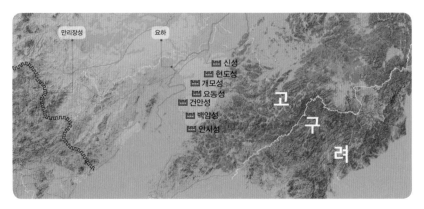

요동의 고구려 성들 · 당시 고구려는 요동 지방을 장악하고 있었다. 고구려는 요동에 수많은 성을 쌓아 수와 당의 침략에 대비했다.

심판을 해야 합니다."

영양왕도 같은 뜻이었어. 고구려는 기회를 노려 선제공격을 하기로 했어. 장군 강이식이 군사 요충지인 요서 지방의 임유관^{산하이관}을 쳤어^{598년}. 아쉽게 함락시키지는 못했지만 수가 받은 타격은 적지 않았지.

화가 난 수 문제는 즉각 30만 대군을 이끌고 고구려를 침략했어. 수는 군대를 둘로 나눠 바다와 육지 동시 공격을 감행했어. 임유관을 중심으로 여러 전투가 벌어졌기 때문에 임유관 대첩이라고도 불러.

이 전투가 시작되고 얼마 지나지 않아 수는 군대를 철수시켰어. 폭풍우가 불어 닥치고 전염병마저 돌았으며 군량미까지 떨어졌기 때문이야. 수의 군대는 강이식 장군을 비롯해 고구려 군대의 수비에 막혀 거의 아무런 성과도 거두지 못했어. 그러니 병사들의 사기가 곤두박질칠 수밖에 없었지.

진주 강씨 족보 등 일부 기록에서는 이때 강이식 장군이 수의 30만 대군을 격파했다고 전하고 있어. 전의를 상실한 수의 병사들이 퇴각하고 있을 때 고구려 병사들이 들이닥쳐 전멸시켰다는 거야. 30만 대군을 자랑하던 수의 체면이 말이 아니게 됐지? 이 기록에 따르면 살아서 고국으로 돌아간 병사는 그리 많지 않아.

중국 역사서에는 이 전쟁이 1차전으로 기록돼 있지 않아. 고구려와의 싸움에서 패한 게 아니라 전쟁을 준비하는 과정에서 '장마' 때문에 철수했으니 1차전이 아니란 주장이지. 사실 우리 학자들도 이 기록이 사실인지는 확신하지 못하고 있단다. 그래도 이 전투가 분명히 존재했다고 주장하는 학자들의 이야기를 들어볼까?

"세계의 중심이라던 한족 왕조가 제대로 싸움 한 번 해 보지 못하고 30만 대군을 잃었으니 자존심이 얼마나 상했겠는가? 그러니 역사를 왜곡해서라도 '이건 전쟁이 아니었어!'라고 외치고 싶지 않겠는가?"

여러분의 생각은 어때? 일단 여기에서는 이 전쟁을 1차전에 넣지 않고, 전초전으로 부르도록 할게. 그럼 본격적인 1차전으로 들어가 볼까?

고구려, 완승하다

604년 수의 황제가 바뀌었어. 문제의 아들 양광이 반란을 일으켜 아버지를 죽이고 황제에 올랐지. 그가 바로 양제야. 양제가 고구려를 정복하기 위해 다시 준비 작업에 착수했어. 백성들이 강제로 동원됐고, 심지어 집 안의 식기까지 모두 징발됐지. 이 때문에 도처에서 반란이 일어나기도 했어. 그러나 양제는 고구려 정벌에만 혈안이 돼 있었어.

수의 113만 대군이 고구려로 진격했어612년. 본격적인 전쟁이 터진 거야. 수의 육군은 곧 요하를 건너 요동성을 공격했어. 이번에도 고구려 철벽 수비에 막혔지. 고구려는 청야수성 작전을 폈어. 들판은 비우고 성안으로 들어가 지킨다는 작전이지. 이렇게 하면 수 병사들은 식량을 얻기도 힘들고, 성을 공략하기도 쉽지 않아. 시간이 지날수록 힘들어지기만 하지. 실제로 고구려는 6개월간 요동성을 지켜냈어. 청야수성 작전이 성공한 거지.

수는 조바심이 났어. 원래는 육군이 요동성을 함락시킨 후 평양으로 진격하고, 수군이 서해안으로 상륙해 합세하려 했는데 육군이 요동성조차 뚫지 못하고 있는 거야. 답답해진 양제는 따로 별동대를 꾸려 평양으로 진격하도록 했어.

답답한 것은 수의 수군도 마찬가지였어. 약속한 날짜에 육군이 평양에 도착하지 않았잖아? 고민 끝에 10만 수군이 단독으로 평양 공격을 감행했어. 그러나 고구려의 벽에 막혔어. 그래, 고구려가 승리한 거야.

그 무렵 우중문이 이끄는 수의 30만 별동대가 압록강 일대에 도착했어. 그들을 보며 미소를 짓는 고구려 장수가 있었어. 바로 을지문덕이야.

"수의 병사들이 한 톨의 곡식, 한 방울의 물도 얻지 못하도록 모든 식량과 물을 없애도록 하라. 또한 백성들은 주변 성안으로 대피시켜라. 싸움을 걸어

살수대첩(전쟁기념관 소장)

라. 단, 이기려고 하지 마라. 져 주면서 뒤로 빠져라."

또다시 청야수성 작전을 펴고 있지? 수의 병사들은 기운이 빠졌어. 그래도 목적지인 평양을 향해 진군해야 했으니 극도로 피곤했을 거야. 수의 병사들은 매일 승리를 하는데도 왠지 힘이 빠지는 느낌이 들었지. 을지문덕의 계략도 모르고 우중문은 승리하고 있다고 착각했어. 그들이 곧 평양성의 코앞에 이르렀어. 을지문덕이 크게 웃으며 우중문에게 시 한 편을 보냈어.

"귀신같은 계책은 천문을 통달했고, 기묘한 셈은 지리를 꿰뚫었네. 전투에 이긴 공이 이미 충분히 높으니, 만족하고 그만하는 게 어떻겠나?"

'여수장우중문시'야. 수나라 장수 우중문에게 주는 시란 뜻이지. 한자 다섯 글자씩 네 마디로 이뤄진 한시인데, 우리 문학사에서 가장 오래된 오언고시야. 시 내용을 보면 우중문을 조롱하고 있다는 걸 알겠지? 을지문덕은 이 편지와 함께 항복의 뜻을 밝혔어. 사실 우

중문도 이 전쟁을 끝내고 싶었단다. 청야수성 작전에 단단히 넋이
나간 거야.

우중문은 군대를 돌리기로 했어. 을지문덕이 다시 미소를 지었지.
이 모든 게 그의 작전이었거든.

황급히 철수하는 수의 군대가 살수^{청천강}를 반쯤 건넜을 때였어. 을
지문덕이 총공격 명령을 내렸어. 대승! 살아 돌아간 수 병사는 30만
명 중 2700여 명에 불과했지. 이 전투가 유명한 살수대첩이야. 귀주
대첩, 한산도대첩과 함께 우리나라 3대 대첩으로 불리지.

수의 양제는 이를 갈았어. 분했겠지. 결국 전쟁이 끝나고 4개월 만
인 613년, 다시 고구려를 침략했어. 요동성 일대에서 전투가 벌어졌
지. 그러나 더 이상 전투는 벌어지지 않았어. 수나라 내부에서 반란
이 일어나 급히 퇴각해야 했거든. 수의 수천 병사는 제대로 공격해

고구려-수 전쟁 · 영양왕의
선제 공격으로 고구려와 수
의 16년에 걸친 전쟁이 시작
됐다. 을지문덕이 대승을 거
둔 1차전을 살수대첩이라고
한다.

보지도 못하고 전멸했어. 2차전은 이렇게 순식간에 끝났어. 양제는 그 다음 해에도 고구려를 침략했어. 이번에도 고구려의 승리였어. 3차전까지 고구려가 모두 이긴 거야.

하지만 고구려도 연이어 전쟁을 치르다 보니 많이 지쳤어. 결국 고구려는 수에 사신을 보내

호류사의 금당 벽화 · 고구려의 승려 담징이 일본에 건너가 그린 벽화이다.

화친을 제의했어. 수 또한 전쟁을 끝내고 싶었지만 자존심 때문에 먼저 말을 꺼내지 못하고 있었어. 그러니 고구려가 항복하는 태도를 보이자 양제는 당장 화친 제의를 받아들였어. 매번 패배했는데, 형식적이나마 항복을 얻어냈으니 전쟁을 끝낼 만한 명분이 생긴 거지. 이로써 고―수 전쟁이 마침내 끝이 났어.

전쟁을 치르다 보니 고구려와 수의 국력이 모두 약해질 수밖에 없었어. 두 나라 모두 내분도 종전보다 심해졌어. 두 나라를 비교하면 고구려보다는 수의 사정이 더 안 좋았어. 결국 수는 영양왕의 재위 말년인 618년 멸망했단다.

전쟁이 터지기 전의 역사를 마저 살펴볼까? 영양왕은 고구려 역사

서를 새로 만들도록 했어[600년]. 태학박사 이문진은 그 전에 있던 100권 짜리 『유기』를 5권으로 압축했는데, 이 책이 『신집』이야. 얼마 후에는 승려 담징과 법정을 일본에 보냈어. 담징은 일본인들에게 종이와 먹, 맷돌을 만드는 법을 가르치고 불법을 강의했어. 담징은 일본 호류사에 불화[탱화]도 그렸는데, 이게 유명한 금당 벽화란다.

연개소문, 권력을 잡다

618년 고구려 영류왕[27대]이 등극했어. 바로 그해 중국에 당 왕조가 들어섰지. 영류왕은 전쟁을 피하기 위해 당에 조공을 했어. 당도 나라를 세우고 얼마 지나지 않았기 때문에 내부적으로 정리할 게 많았어. 아직은 고구려에 싸움을 걸 여유가 없었던 거야. 그 때문에 이후 10여 년간 전쟁이 터지지 않았어. 불안한 평화는 당 태종이 황제에 오르면서 깨졌지.

당 태종은 정복 야욕을 그대로 드러내며 고구려를 염탐하기 시작했어. 631년에는 당나라 사신이 고구려에 왔다가 고구려가 수나라와의 전쟁에서 승리한 걸 기념하려고 만든 경관까지 부숴버렸다는구나. 영류왕은 곧 당의 침략이 있을 거라고 확신했어. 급히 요동 지방에 천리장성을 쌓기 시작했지. 훗날 고려도 천리장성을 쌓는데 이름만 같아. 헷갈리지 마.

영류왕은 천리장성 건설 책임자로 연개소문을 임명했어. 연개소문이 고구려 역사에 등장하는 순간이야.

연개소문은 조상 대대로 막리지를 지낸 가문에서 태어났어. 막리지는 고구려에서 가장 높은 관직이었지. 관직을 가문에서 승계하는 관행에 따라 연개소문도 아버지가 죽자 막리지 자리를 이어받으려고 했지만 귀족들이 강하게 반대했어. 연개소문의 세력이 커지는 게 두려웠기 때문이야. 연개소문은 몸을 낮췄어. 일일이 귀족들을 찾아가 설득을 반복한 끝에 가까스로 막리지에 오를 수 있었지.

이 천리장성은 실제로는 탄탄하지 않았던 것으로 전해지고 있어. 높이도 2~3미터밖에 되지 않았다는구나. 이 성을 만드는 데만 무려 16년이 걸렸는데, 당나라는 성이 완공되기 2년 전 고구려를 침략했지. 이 성이 적을 막는 데는 별 도움이 되지 않은 것 같지?

어쨌든 그사이에 연개소문의 세력은 점점 커졌어. 귀족들의 위기감도 커졌겠지? 이 점은 영류왕도 마찬가지였어. 결국 영류왕과 귀족들이 힘을 합치기로 했어. 연개소문을 제거하기로 한 거야. 연개소문이 바보가 아닌 이상 이런 사실을 모를 리가 없겠지? 분노한 연개소문은 선수를 치기로 했어.

연개소문은 평양성 밖에서 열리는 병사들의 열병식에 귀족들을 초대했어. 귀족들은 가고 싶지 않았을 거야. 그렇지만 초대를 거부했다가는 무슨 봉변을 당할지 모르잖아? 연개소문이 무서웠으니 울며겨자 먹기로 귀족들은 행사장에 갈 수밖에 없었어. 연개소문은 한곳에 모인 귀족들을 모조리 죽여 버렸단다. 이윽고 군대를 이끌고 궁으로 향했어. 더 이상 두려울 게 없었어. 연개소문은 영류왕을 죽이고, 시신을 토막 냈어. 잔인하지?

연개소문은 이어 영류왕의 조카를 보장왕28대에 임명했어642년. 이 보장왕이 고구려의 마지막 국왕이야.

보장왕은 아무런 권력이 없었어. 모든 권력은 연개소문이 장악했지. 당시 최고의 관직은 대대로였는데, 오늘날의 국무총리로 보면 돼. 대대로는 귀족회의에서 뽑았고, 왕이 간섭할 수 없었어. 오늘날로 치면 국회 의장을 대통령이 임명할 수 없는 것과 비슷하다고 볼 수 있지. 대대로를 뽑는 것은 귀족들의 고유 권한이었던 거야. 보통 임기가 3년이었지만 임기가 끝나면 재임할 수도 있었지.

그런데 고구려 말기에는 이와 비슷한 또 하나의 직책이 있었어. 바로 막리지야. 연개소문 집안이 대대로 막리지를 지냈다고 했지? 막리지 또한 최고 관직이었던 것으로 알려지고 있어. 어떤 학자들은 대대로와 막리지를 이름만 다른 같은 벼슬이라고 해석하기도 해. 어쨌든 연개소문은 바로 이 막리지와 대대로 위에 대막리지, 태대대로라는 새로운 벼슬을 만들고, 스스로 그 자리에 올랐어.

연개소문은 반대파를 모두 제거하고 독재 정권을 구축했어. 그러나 딱 한 군데는 제압하지 못했지. 바로 안시성이야. 그곳의 성주 양만춘과 몇 차례 전투를 벌였지만 끝내 연개소문은 공략에 실패했어. 결국 둘은 타협을 선택했어. 연개소문은 양만춘의 지위를 인정해 주고, 그 대신 양만춘은 연개소문의 반정을 묵인한 거야.

고구려, 당과 충돌하다

먼저 수와 당 왕조가 어떻게 교체됐는지 살펴보고 넘어갈까? 이 무렵 중국은 격변기였어. 덩달아 한반도도 격변의 소용돌이에 휩싸일 수밖에 없었어. 그러니 중국 역사를 알아 두는 게 한국사 이해에 큰 도움이 될 거야. 당 왕조의 건설과 고구려—당 전쟁을 재구성해 볼까?

617년, 수 왕조의 도읍 장안 황궁에서 반란이 일어났어. 반란군은 황궁을 접수하고 양제의 손자를 황제에 앉혔지. 반란군 우두머리 이연이 백성에게 선포했어.

"양제가 고구려와의 전쟁에서 모두 패했는데도 정신을 못 차리고, 오히려 사치만 일삼으니 만백성이 고통에 빠졌노라. 이에 폭군 양제를 폐하고 황태손을 황제에 추대하노라."

얼마 지나지 않아 다른 곳에서 양제가 암살됐어. 이연은 기다렸다는 듯이 수 황제를 폐하고 당을 세웠지. 이 인물이 바로 당 고조야. 고구려는 당이 수보다 강력한 왕조라는 걸 직감했어. 영양왕은 수와의 전쟁 때 잡은 한인 포로를 모두 석방하고 조공을 했지. 머리를 숙여 전쟁을 피해보자는 전략인 거야.

626년 당 고조의 둘째 아들 세민이 태종에 올랐어. 당 태종은 곧바로 주변 민족을 복속시키기 시작했어. 동돌궐이 복속했고, 이어 거란도 고개를 숙였어. 당 태종은 고구려에 대해서도 적대감을 감추지 않았어.

"고구려왕은 들어라. 고구려가 수와의 전쟁에서 승리한 것을 기념

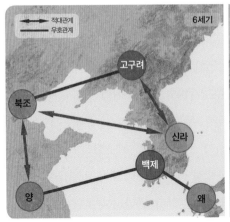
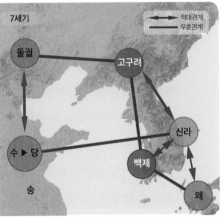

6~7세기의 동북아시아 변화 · 6세기 고구려는 북조, 백제는 남조와 교류했으며 신라는 중국과 교류가 없었다. 그러나 7세기로 들어선 후 신라가 수와 당나라와 교류해 힘을 키웠으며 이에 맞서기 위해 고구려가 백제와 돌궐과 연합했다.

하기 위해 경관_{적의 시체를 쌓아 만든 전승기념물}을 지은 것은 중국에 대한 불충이다. 즉각 경관을 헐 것을 명하노라."

당은 경관을 헐어버렸어. 영류왕은 만약을 위해 연개소문에게 천리장성을 쌓으라고 명했지. 연개소문은 영류왕이 너무 나약하다고 생각했어. 스스로 힘을 기르면 능히 당을 이길 수 있는데, 고개부터 숙이는 게 마음에 들지 않았지.

고구려 조정도 대체로 당을 섬기는 쪽으로 의견이 모아지고 있었어. 영류왕은 세자를 당의 교육기관인 국자감에 입학시키기도 했지. 세자를 보낸다는 것은, 당에게 저항하지 않겠다는 뜻을 에둘러 전달하는 거였어. 그러나 당 태종은 콧방귀를 뀌었어. 당 태종은 고구려에 사신을 보내 상황을 염탐하도록 했어.

결국 연개소문이 군사정변을 일으켰어. 연개소문은 영류왕을 죽이고, 보장왕을 새로 앉혔지. 모든 권력을 장악한 연개소문은 이렇게 선포했어.

"나, 대막리지 연개소문은 지금부터 당에 대한 저자세 외교를 전면 폐기한다. 앞으로 고구려는 당과 투쟁할 것이며 어떤 타협도 하지 않을 것이다."

연개소문은 신라와도 타협하지 않았어. 김춘추가 화친을 요청해 왔을 때도 단호하게 거절했지. 신라의 도움을 요청받은 당 태종이 중재에 나섰을 때도 연개소문은 강경 입장을 고수했어. 연개소문은 당에서 온 사신에게 이렇게 말했단다.

"신라는 고구려의 우군이 아니다. 고구려가 수와 싸우고 있는 틈을 타 신라는 고구려 땅 500여 리를 빼앗았다. 그런 비겁한 나라와 화친하란 말인가?"

당 태종이 크게 화가 났어. 당 태종은 다시 사신을 보냈어. 그러나 연개소문은 사신을 토굴에 가둬 버렸단다. 결국 당 태종은 고구려 정벌을 결심했어. 당 태종은 정벌이 정당하다며 그 이유를 밝혔어. 첫째, 요동이 원래 한족의 땅이라는 거였고 둘째, 수 왕조가 실패한 치욕을 갚겠다는 거였으며 셋째, 신하인 연개소문이 국왕을 시해한 패륜에 대한 죄를 묻겠다는 거였지.

결국 당이 고구려를 침략했어. 고구려와 당의 전쟁, 줄여서 고—당 전쟁이 시작된 거야^{664~668년}. 당 태종이 직접 15만 대군을 이끌고 참전했어.

당 태종의 목표는 요동이었단다. 당의 총사령관 이세적이 요동의 관문이라 할 수 있는 현도성을 치기 위해 선발대를 이끌고 진군했어. 고구려는 막지 못했어. 현도성이 곧 함락됐지.

당의 병사들은 무자비했어. 잇달아 고구려의 성들을 함락시킨 당의 군대는 약탈과 살인을 마구 자행했지. 그렇게 당의 군대는 요동으로 다가가고 있었어. 마침내 요동성에 이르렀어. 총공격령이 떨어졌지.

요동성 안에 있는 고구려 백성이 군인, 민간인 할 것 없이 모두 합심해서 당과 맞섰지만 역부족이었어. 바람이 강하게 불던 어느 날, 당 태종이 불 공격을 개시하라는 명령을 내렸지. 당의 병사들이 높이 솟은 남루에 불을 질렀어. 불은 순식간에 성안으로 번져 나갔어. 당의 병사들이 성을 기어올랐어. 결국 치열했던 전투는 12일 만에 끝나고 말았단다. 요동성이 함락된 거야. 고구려 병사 1만 명, 민간인 4만 명이 생포됐어. 곡식 50만 석도 당의 수중에 들어갔지.

당은 이어 요동성의 동쪽에 있는 백암성도 함락시켰어. 당의 병사들은 사기가 한껏 올라 있었지. 그러나 아직 함락시키지 못한 성도 많았어. 가령 신성은 당 군대가 몇 번 공격했지만 함락시키지 못했어. 건안성, 오골성, 안시성도 정복해야 할 대상이었지.

당 태종은 안시성부터 치기로 했어. 안시성 성주 양만춘이 워낙 강해서, 그를 먼저 잡지 않으면 당의 군량미 공급 부대가 공격당할 수 있다고 판단했던 거야.

안시성 전투는 치열했어. 매일 6, 7회씩 전투가 벌어졌어. 당 병사

안시성 싸움(전쟁기념관 소장)

들이 성을 넘으려고 흙산을 높이 쌓으면 양만춘은 그보다 더 높게 성의 담을 올렸고, 그러면 당 태종은 다시 병사들에게 흙산을 더 높게 쌓으라고 했지. 60일간 그렇게 흙을 쌓으니 성안이 훤히 들여다보였어. 당이 유리한 위치에 서게 된 거야. 그런데 하늘이 고구려를 도왔어. 폭우로 흙산이 무너진 거야. 그 틈을 타 안시성 병사들이 한꺼번에 몰려나와 흙산을 빼앗았단다.

그 후 기온이 뚝 떨어졌어. 요동 지방의 가을은 무척 추워. 당 태종은 군량미를 점검하라고 지시했어. 군량미가 곧 바닥날 것 같다는 보고가 돌아왔어. 이미 굶주림과 추위로 많은 병사들이 죽기 시작했지. 결국 당 태종은 철수를 결심했어.

퇴각하는 길은 고통스러웠어. 요하 하류 지역에는 고구려의 건안성이 있으니 그곳으로 갈 수도 없어. 요하 중류 지역으로 가자니 요동에 버티고 있는 고구려 군대가 두려웠지. 결국 당 태종은 멀리 진흙길로 돌아서 퇴각을 했는데, 이 과정에서 수많은 병사들이 목숨을 잃었어. 끌고 가던 소와 말이 10마리 중 7, 8마리 꼴로 죽었다니 얼마나 철수가 힘겨웠는지 짐작할 수 있겠지?

이 전쟁의 결과를 논해 볼까? 우선 고구려는 현도성과 백암성을 비롯해 약 10개의 성을 빼앗겼어. 15만 명 이상이 당의 포로가 돼 끌려갔지. 반면 당의 희생자는 1000~2000명에 불과했어. 그렇다면 고구려의 패배가 명백하지? 그러나 이 기록을 곧이곧대로 믿기는 어려워. 왜냐하면 이 기록은 『자치통감』, 『신당서』 등 중국 역사서에 실려 있는 거거든.

과연 사실일까? 사실이라면, 왜 당은 자기들이 정복한 요동성을 놔두고 멀리 진흙 지대로 돌아서 퇴각했을까? 또한 당 태종이 죽기 전에 "다시 고구려를 정벌할 생각을 말라"는 유언을 남겼다는 야사도 있어. 당 태종은 4년 후인 649년 세상을 떠났단다. 이 야사가 사실인지는 모르겠지만, 얼마나 고구려를 상대하기가 어려웠으면 이런 이야기가 나왔겠니?

이 모든 점을 감안하면 중국 역사서가 당시 역사를 왜곡했을 가능성이 크다는 결론이 나와. 실제 우리나라 역사학계에서는 당이 이 전쟁에서 패했다고 규정하고 있단다. 그래, 고구려와 당과의 1차전은 고구려의 승리로 끝난 거야.

고구려, 멸망하다

당 태종에 이어 아홉째 아들이 3대 황제 고종에 올랐어. 고종은 아버지 태종의 후궁을 부인으로 삼았지. 이 여인이 바로 측천무후야. 고종은 허수아비였고, 실제 권력은 측천무후가 장악했어.

측천무후는 고구려는 물론 한반도 전체를 정복하겠다는 야망을 품고 있었어. 나름대로 명분도 만들었어. 신라가 지원을 요청했으니 들어준다는 거야. 나당연합군이 이렇게 해서 만들어졌지.

설인귀를 사령관으로 내세운 당의 대군이 고구려를 침략했어. 고구려가 철벽 수비로 당의 침략을 막아냈어. 4년 후, 설인귀가 다시 고구려를 침략했어. 이번에도 고구려가 막아 냈어!

"나 연개소문이 살아 있는 한, 한 쪽의 땅도 당에게 내어주지 않을 것이다. 얼마든지 덤벼라."

연개소문의 기개는 실로 대단했어. 당이 수시로 고구려를 침략했지만, 단 한 번도 고구려 군대는 패하지 않았어. 당의 군대는 당황했어. 당시 고구려와 백제는 여제동맹을 맺고 있었고, 당과 신라는 나당연합을 맺고 있었지? 나당연합은 우선 백제부터 치기로 했어.

나당연합군의 공격에 백제가 무너졌어660년. 이제 고구려는 홀로 당나라와 신라에 맞서야 했지. 바로 이듬해, 나당연합군이 고구려 평양으로 진격했어. 당 고종과 측천무후는 4만 대군을 추가로 파견해 고구려 변방을 공격하도록 했지. 그러나 연개소문은 이 모든 침략을 막아 냈어.

마침 백제 재건운동을 펼치는 유민들까지 신라군의 후방을 공격했어. 신라는 그들을 진압하기 위해 어쩔 수 없이 군대를 남쪽으로 돌려야 했어. 이 틈을 타서 고구려가 당의 군대를 물리쳤지. 몇 달 후 당의 대군이 다시 고구려를 침략했어. 이번엔 바다와 육지, 양쪽에서 협공을 개시했지. 그러나 또다시 고구려에 패했어.

당 고종과 측천무후가 화가 났을 법 하지? 정말 그랬어. 모든 전력을 투입해서라도 고구려를 꺾겠다고 맹세했다는구나. 다시 당의 대군이 고구려로 진격했어. 당은 대군을 6개 부대로 나눠 사방으로 침략하도록 했지. 그러나 이번에도 대부분 고구려 군대에 대패했어. 소정방을 비롯해 각 부대의 사령관들은 간신히 목숨을 구했을 정도야. 아마 그들은 이렇게 말했을 거야. "연개소문이 있는 한 고구려를 정복하는 것은 불가능하다."

모든 전투에서 고구려가 승리했지? 당 왕조도 당분간은 고구려 정복의 꿈을 접어야 했단다.

그러던 중 연개소문이 세상을 떠났어. 비록 독재자라는 평가를 받고는 있지만 그는 탁월한 지도자였어. 그런 지도자가 사라지자 고구려의 내분이 심해졌어. 당이 이 기회를 놓칠 리 없겠지? 당이 다시 대대적으로 공격해 왔어.

고구려 보장왕은 연개소문의 장남 연남생을 대막리지에 임명해 맞서도록 했어. 그러나 연남생이 순시를 나간 사이에 동생인 연남건이 반란을 일으켜 권력을 장악했어. 형제 싸움에 고구려의 운명이 바람 앞의 촛불 신세가 됐지? 그런데도 연남생은 책임감이 없었어.

동생의 반란을 진압하지 않고, 바로 당에 투항한 거야.

대막리지에 오른 동생 연남건이 체제를 정비했지만, 이미 늦었어. 권력 다툼에 질린 백성들도 등을 돌렸지. 설상가상으로 연남생이 당 나라에 찰싹 달라붙었어. 당 고종과 측천무후는 연남생을 앞세워 고 구려를 침략하도록 했어. 연남생은 당의 장수 이적, 설필하력 등과 함께 대군을 이끌고 고구려 국경을 넘었지. 연남생만큼 고구려의 약 점을 잘 알고 있는 장수는 없겠지?

대막리지 연남건은 패배를 직감했지만 끝까지 싸웠어. 예상대로 전투는 패배했어. 연남건은 자결하려 했지만 이마저 쉽지 않았어. 연 남건은 당으로 끌려갔단다.

당은 부여 일대의 성 40여 곳을 순식간에 정복했어. 요동 지역의 성 60여 곳도 넘어갔지. 패색이 짙어지자 연개소문의 동생 연정토는 20개의 성을 들고 신라로 망명해 버렸어. 이런 마당에 고구려가 살 아남을 수는 없겠지? 결국 평양성이 함락되고 말았어668년. 3차 전쟁 이 끝나면서 고구려도 역사 속으로 사라진 거야.

이 대목에서 짚고 넘어가야 할 게 있어. 중국이 고—수 전쟁과 고 —당 전쟁을 한족의 중앙정권과 지방정권의 싸움이라고 주장한다 는 거야. 고구려가 수와 당의 지방정부였다면? 그래, 고구려의 역사 가 중국의 역사가 될 수 있어. 중국은 바로 이 점을 노려 역사를 왜곡 하고 있는 거란다.

하지만 이 두 전쟁은 중국과 고구려를 중심으로 해서 당시 주변의 여러 민족들, 그러니까 말갈이나 돌궐, 일본 등이 모두 참여한 국제 전쟁이었어. 게다가 고구려는 중국과의 전쟁에 대비해 국경 지대에 성을 쌓았지. 어느 지방정권이 중앙정부와의 사이에 국경선을 만들겠니? 중국의 주장이 얼마나 터무니없는지 알겠지?

신라, 통일 대업 이루다

고구려와 백제의 멸망을 살펴봤어. 이번엔 신라의 입장에서 이 역사를 다시 볼까?

연개소문을 찾아가 화친을 제안했고, 당나라에 도움을 요청했던 인물. 김춘추가 왕에 올랐어. 그가 무열왕^{29대}이야^{654년}. 태종무열왕이라고도 부르지. 무열왕은 성골만 왕이 될 수 있었던 신라에서 진골 출신으로 처음 왕이 된 인물이란다.

무열왕이 당에 군대를 요청했어. 나당연합 정신에 따라 당은 대군

김유신묘 · 규모나 양식에서 신라의 왕릉과 마찬가지인 김유신의 묘이다. 김유신은 금관가야 출신의 후손으로 태종무열왕을 도와 삼국 통일을 이룩한 장군이다.

을 신라에 파견했지. 무열왕은 왕자 법민, 장군 김유신에게 군사 5만 명을 주고 백제를 공격하도록 했어. 백제는 이 공격을 견디지 못하고 무너졌지.

다음 목표는 고구려였어. 그러나 무열왕은 뜻을 이루지 못하고 세상을 떠났어. 그의 뒤를 이어 아들 법민이 문무왕30대에 올랐어. 문무왕은 아버지의 업적을 이어 삼국을 마침내 통일하는 데 성공했단다.

661년, 나당연합군이 고구려를 공격했어. 이 전쟁이 바로 2차 고─당 전쟁이야. 이 무렵 고구려에는 연개소문이 시퍼렇게 살아 저항하고 있었어. 게다가 복신과 도침이 백제 부흥을 외치며 군대를 일으켜 신라의 배후를 쳤지. 이 때문에 신라는 고구려를 무너뜨릴 수 없었어.

668년, 나당연합군이 다시 고구려를 공격했어. 연개소문이 사라진 고구려는 이빨이 완전히 빠진 호랑이나 마찬가지였어. 나당연합군은 곧 평양성을 함락시켰어. 그래, 고구려까지 무너뜨린 거야.

이제 신라가 삼국을 통일한 것일까? 그런데 문제가 생겼어. 당나라가 숨겨왔던 한반도 정복 야욕을 드러낸 거야! 그동안은 고구려가 워낙 강했으니 당나라가 어떻게 해 볼 도리가 없었지? 그 고구려가 사라졌으니 야심을 숨길 필요가 있겠어?

당의 야심은 백제가 무너진 후부터 서서히 드러나고 있었단다. 당은 우선 백제의 땅에 5도독부를 설치했어. 도독부는 중국이 정복지에 두는 통치 기관이야. 수도인 웅진을 포함해 5곳에 도독부를 뒀다는 것은 당이 백제를 자기 땅으로 생각한다는 뜻이야. 그러나 신라는 반발할 수 없었어. 고구려와 싸움을 앞두고 있잖아?

당은 그런 신라를 비웃었어. 얼마 후에는 신라에 계림도독부를 설치했지. 또 문무왕을 계림대도독에 임명했어. 당은 백제뿐 아니라 신라도 정복지의 일부로 여기고 있었던 거야. 고구려가 무너진 후에는 그곳에 9도독부를 설치했어. 고구려는 영토가 넓었기 때문에 9도독부를 총괄하는 군사기구인 안동도호부를 평양에 따로 두기까지 했지. 당의 장수 설인귀는 그곳의 수장인 도호부사가 됐어.

고구려도 무너졌으니 더 이상 당의 횡포를 봐줄 필요가 없어졌어.

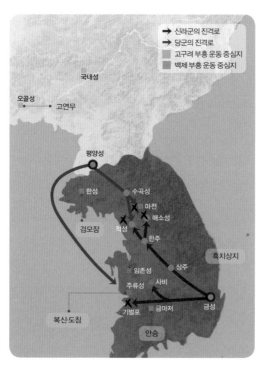

나당전쟁과 고구려·백제의 부흥 운동 · 고구려와 백제의 유민들은 나라를 되찾기 위해 당의 군대와 맞서 싸웠다. 신라도 적극 지원해 마침내 당을 몰아낼 수 있었다.

드디어 신라가 저항을 본격화했지. 나당연합은 깨졌고, 신라와 당의 전쟁이 시작된 거야. 신라는 고구려 유민을 지원해 당의 군대와 싸우도록 했어. 당시 고구려 재건 운동을 벌이고 있던 세력 가운데는 검모잠이 가장 두드러졌어. 검모잠은 고구려 왕족이자 연개소문의 조카인 안승을 왕으로 추대하고, 한성^{재령}을 근거지로 삼아 봉기했지. 신라는 그들이 당과 싸우도록 물심양면으로 지원해 줬어.

그러나 이 고구려 재건 운동은 수포로 돌아가고 말았어. 내분이 원인이었지. 안승은 검모잠을 죽이고 신라에 투항해 버렸어. 문무왕은 적극 환영하면서 금마저^{익산}를 내주고, 고구려왕에 임명했단다. 이 나라를 보덕국이라 불렀는데, 안승은 나중에 보덕왕의 칭호를 신라 조정으로부터 받았어.

문무왕은 안승에게 자신의 조카를 부인으로 삼도록 했어. 문무왕의 뒤를 이은 신문왕^{31대}은 안승에게 김씨 성을 하사하고 귀족으로 격상시켜 줬어. 고구려 재건 세력의 중심인물이 신라 귀족으로 탈바꿈한 거야. 이런 상황인데 고구려 재건운동이 계속될 수 있을까? 신라가 노린 게 바로 이것인지도 몰라. 고구려 유민들은 뿔뿔이 흩어졌고, 신라는 그들을 남쪽으로 옮겨 살도록 했단다.

고구려 재건 운동은 끝났지만, 고구려 유민들이 당나라 세력을 몰아내는 데 큰 공헌을 한 것은 사실이야. 물론 신라 정규군이 당의 군대와 여러 차례 전투를 벌여 전과를 올리기도 했어. 결론을 말하자면, "우리 민족이 일치단결해 당을 몰아냈다!"가 될 거야.

신라 군대는 백제의 옛 수도 사비성을 점령한 당의 군대를 격파

문무대왕릉 · 죽어서 동해를 지키는 용이 되겠다는 문무왕의 유언에 따라 감은사 앞바다에 만든 수중릉 이다.

했어671년. 이어 매초성 전투에서 또다시 당의 20만 대군을 물리쳤지 675년. 그러자 당도 총력전으로 나왔어. 안동도호부 도호부사였던 설 인귀가 서해를 통해 쳐들어왔어. 이 전투에서도 신라가 대승을 거뒀 지. 당은 한반도를 장악하는 게 불가능하다고 판단했어. 바로 이해, 당은 결국 평양의 안동도호부를 요동 지방으로 철수시켰어. 당이 한 반도에서 물러난 거야676년.

자, 신라가 마침내 완벽한 삼국 통일의 대업을 달성했어. 물론 아 쉬운 점도 있어. 이때 신라가 확보한 영토는 대동강과 원산만 이남 이야. 만주까지 뻗었던 고구려 영토 가운데 상당 부분을 중국에 빼 앗긴 셈이지.

당의 군대를 몰아낸 바로 그해, 문무왕은 경북 영주 부석사를 세우도록 했어. 그 후 5년이 흘러 문무왕이 세상을 떠났어. 문무왕은 죽기 전에 자신을 동해바다에 묻어 달라는 유언을 남겼지. 이 유언에 따라 문무왕은 화장된 뒤 경주 양북면 앞바다 대왕암에 안장됐단다.

신라는 진정 통일의 대업을 이뤘나?

의외로 많은 학자들이 "신라는 통일의 대업을 이룬 게 아니다!"라고 주장하고 있어. 왜 이런 주장이 나오는 것일까?

첫째, 고구려의 영토 대부분을 잃었기 때문이야. 당은 옛 고구려 영토에 도호부를 설치했어. 그래, 고구려 땅이 당으로 넘어간 거야. 신라는 통일의 대가로 당에 복속했어. 신라는 당에 국서를 보내 지원군을 요청했다고 했지? 신라는 그 국서에서 고구려와 백제를 한낱 도적 무리처럼 묘사하기도 했단다. 이런 점들 때문에 당은 자신이 한반도를 정복한 것으로 생각했던 거야.

둘째, 태종무열왕 이후 신라의 왕들은 당에 대해 확실한 사대주의로 돌아섰어. 나중에는 관직명과 지명도 중국식으로 바꿨고, 관료들이 입는 옷까지 중국식으로 바꿨지. 그래, 모든 것을 중국화한 거야. 이에 대한 비판이 적지 않아.

셋째, 고구려의 옛 땅에 발해가 들어섰어. 신라가 통일의 대업을 이뤘다고 한다면 발해의 존재를 어떻게 바라봐야 할까? 엄밀하게 말하면 우리 민족의 영토에 두 나라가 존재하는 거잖아? 이 때문에 통일신라가 아니라 남북국시대로 봐야 한다는 주장이 나온 거란다.

◆ 역 사 리 뷰 ◆

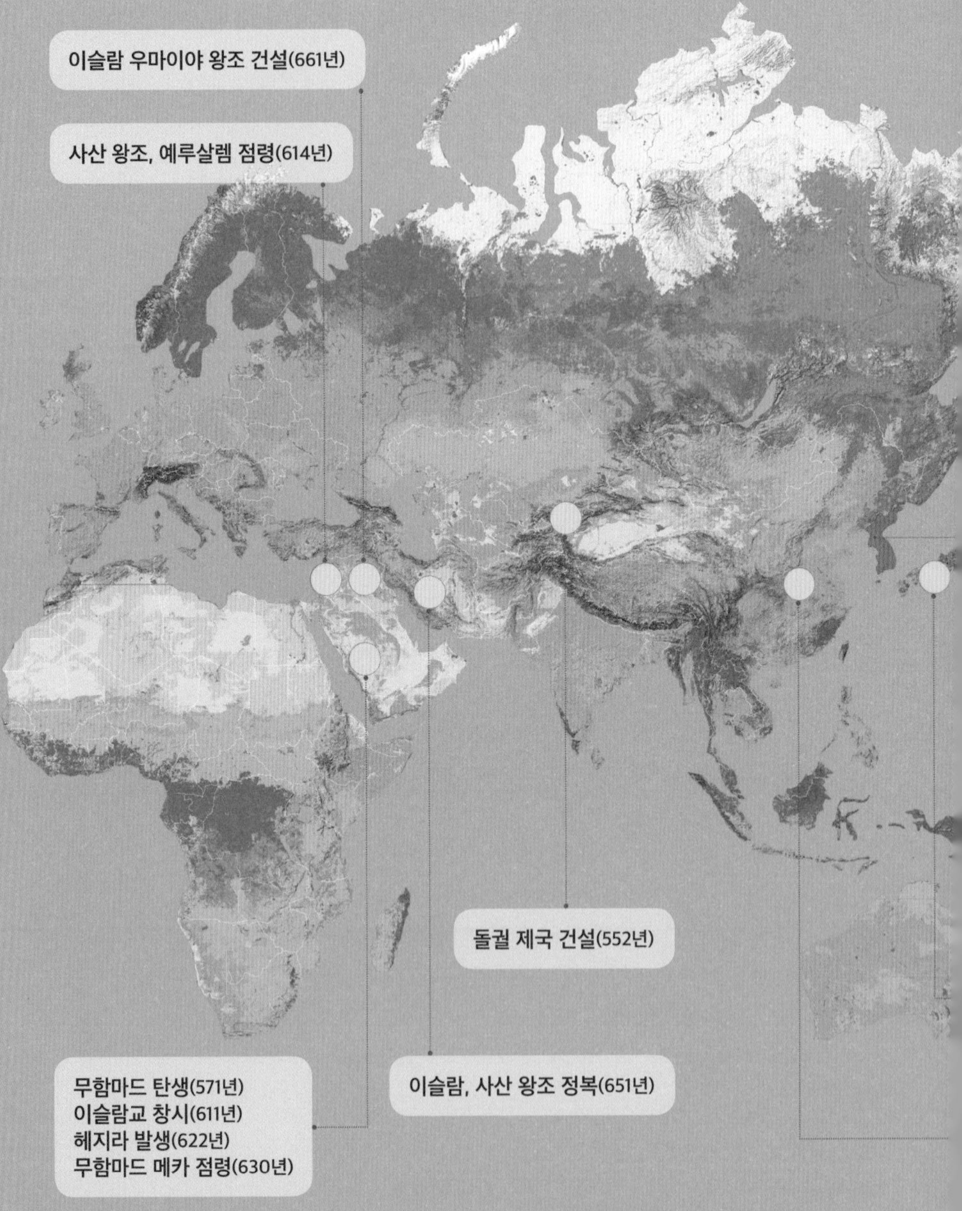

이슬람 우마이야 왕조 건설(661년)

사산 왕조, 예루살렘 점령(614년)

돌궐 제국 건설(552년)

무함마드 탄생(571년)
이슬람교 창시(611년)
헤지라 발생(622년)
무함마드 메카 점령(630년)

이슬람, 사산 왕조 정복(651년)

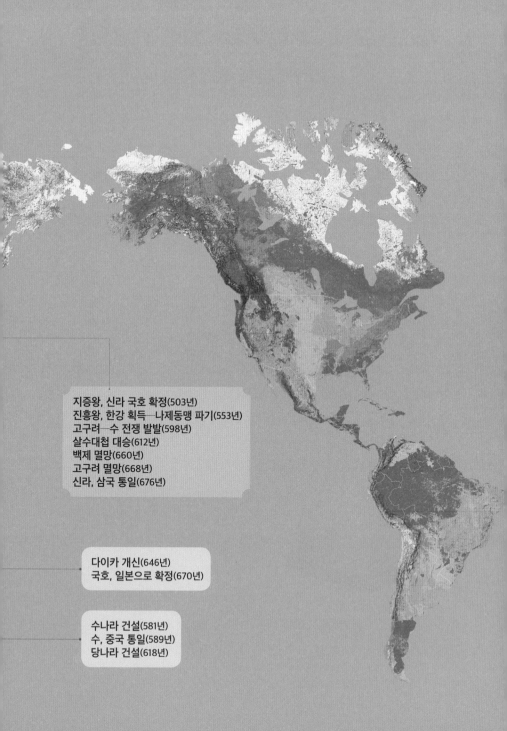

지증왕, 신라 국호 확정(503년)
진흥왕, 한강 획득─나제동맹 파기(553년)
고구려─수 전쟁 발발(598년)
살수대첩 대승(612년)
백제 멸망(660년)
고구려 멸망(668년)
신라, 삼국 통일(676년)

다이카 개신(646년)
국호, 일본으로 확정(670년)

수나라 건설(581년)
수, 중국 통일(589년)
당나라 건설(618년)

무함마드, 이슬람 창시

6세기부터 신라의 시대가 펼쳐졌어. 22대 지증왕은 국호를 신라로 확정하고 왕이란 칭호를 도입했지. 그 뒤를 이은 법흥왕은 처음으로 연호를 사용했어.

나제동맹도 활기를 띠었어. 백제 26대 성왕과 신라 24대 진흥왕은 고구려로부터 한강 하류를 획득했어551년. 그러나 진흥왕의 배신으로 나제동맹은 파기되고, 성왕은 관산성 전투에서 사망했지. 진흥왕은 대가야를 정복해 가야를 멸망시키기도 했어.

이 무렵 고구려는 중국과 대결하느라 정신이 없었어. 598년 고—수 전쟁이 발발했지. 총 3차에 걸친 수의 침략을 고구려는 잘 막아냈어. 612년의 1차 침략 때는 을지문덕이 살수대첩에서 대승을 거두기도 했어.

6세기 중후반, 아시아의 다른 지역에서도 많은 일이 일어났어. 유목민족 에프탈이 인도를 침략해, 550년 무렵 굽타왕조를 사실상 무너뜨렸어. 또 다른 유목민족 돌궐은 중앙아시아에서 돌궐 제국을 건설했지552년. 중국에서는 북주의 장군 출신인 양견이 581년 수나라를 세웠어. 수나라는 얼마 후 중국을 통일했단다589년. 수의 황제 문제가 된 양견이 고구려를 공격하며 시작된 게 고—수 전쟁이라고 했지?

코란

그의 아들 양제는 남과 북을 잇는 대운하를 건설했어611년. 하지만 수나라는 오래가지 못했단다. 이연이 반란을 일으켜 수를 무너뜨리고 당을 건국했지618년.

이 기간 서아시아에서는 무함마드가 탄생했어571년. 무함마드는 611년 이슬람교를 창시했어. 하지만 메카 귀족들의 탄압이 심해 메디나로 달아날 수밖에 없었지. 이 사건을 헤지라라고 하는데622년, 이슬람력은 이 사건이 일어난 해를 기원으로 삼고 있단다. 무함마드는 630년 메카를 점령해 서아시아를 이슬람의 땅으로 만들었어. 이 무렵 사산 왕조 페르시아가 예루살렘을 점령함으로써 유대교와 기독교 성지가 이방인에게 넘어갔지.

당 태종

중국의 왕조가 수에서 당으로 바뀌자 고구려는 만일에 대비해 천리장성을 세웠어. 공사 책임자 연개소문은 권력을 잡은 뒤 백제와 힘을 합쳐 중국 및 신라와 싸우기 시작했지. 그러나 고구려와 백제는 모두 힘을 잃어 갔어. 고구려는 645년부터 다시 당과 전쟁을 벌여야 했고, 백제의 마지막 의자왕은 개혁의 힘을 잃어버리고 타락해 갔어. 그 결과 660년 백제가 멸망하고, 8년 후인 668년 고구려도 멸망했지. 신라는 한반도에 남아 있는 당의 군대를 모두 몰아내고 676년 마침내 한반도를 통일했어.

이 무렵 동북아시아 최강국은 당이었어. 일본은 이 당을 벤치마킹하기 시작했어. 중앙집권제를 도입한 다이카 개신에 성공했고646년, 국호도 왜에서 일본으로 바꿨지670년.

이슬람의 성장도 크게 두드러졌어. 칼리프 통치기, 동로마의 다마스쿠스를 점령했고634년, 이집트 알렉산드리아도 정복했으며642년, 사산 왕조 페르시아까지 멸망시켰단다651년. 660년에는 시리아 총독 무아위야의 반란으로 첫 이슬람 왕조인 우마이야옴미아드 왕조가 들어섰어.

4

통일신라와
발해의 흥망

남북국시대
7세기 후반 ~ 10세기 후반

연표	698년	751년	839년	888년	894년	900년
	대조영, 발해 건국	신라, 불국사와 석굴암 축조	장보고, 청해진 대사로 임명	신라 진성여왕, 『삼대목』 편찬	신라 최치원, 시무10조 개혁안 올림	견훤, 후백제 건국
			936년	926년	918년	901년
			고려, 후삼국 통일	발해, 거란 침략 받아 멸망	왕건, 고려 건국	궁예, 후고구려 건국

석굴암 • 인공으로 돌을 다듬어 건축한 석굴 사원으로, 통일신라 문화의 정수이다.

신라의 번영과 혼란

이제 통일신라가 활짝 열렸어. 하지만 옛 고구려 땅에 발해가 건국됐기 때문에 오롯이 통일신라시대라고 부를 수는 없어. 두 나라가 모두 우리 민족의 역사인 점을 감안해 이 시기를 남북국시대라고 부른단다.

보통 고대시대를 크게 세 시기로 나눠. 삼국시대_{신라 상대}와 신라 중대, 신라 하대가 그거야. 삼국 통일 직전에 무열왕이 등극하면서부터 신라 중대가 시작됐어. 신라 중대부터 한동안 김춘추 혈통에서 왕이 배출됐지. 그러다 8세기 후반 선덕왕[37대]이 등장하면서 다시 내물왕계로 혈통이 바뀌게 돼. 이때부터 신라 하대로 분류하지.

신라 중대는 번영의 시기였어. 한반도를 통일했으니 자부심도 상당히 컸어. 하지만 하대로 접어들면서 신라는 혼란의 소용돌이에 빠지고 만단다. 우선 남쪽의 나라, 즉 통일 후의 신라에 대해 먼저 살펴보도록 할게.

통일신라, 처음엔 번영했다

고구려 영토의 일부와 백제 영토를 흡수함에 따라 신라 영토는 3배로 늘어났어. 그렇기 때문에 신라가 가장 먼저 해야 할 작업은 체제를 정비하는 거였어. 중앙 조직과 지방행정 조직을 모두 손봐야겠지?

신문왕31대은 전국을 9주 5소경으로 재편했어. 신라가 고구려, 백제 유민을 적극 포용했다는 사실을 이 대목에서도 알 수 있단다. 과거의 신라 영토만 특별 대우하지 않은 거야. 신문왕은 신라와 가야 지역에 3개 주를 설치했는데, 고구려와 백제 영토에도 똑같이 3개씩 주를 설치했어.

통일신라의 수도는 종전처럼 경주 그대로였어. 이곳 외에 특히 중요한 지역에 설치한 게 5소경이야. 5소경은 금관경김해, 남원경남원, 서원경청주, 중원경충주, 북원경원주인데, 오늘날로 치면 광역시라고 볼 수 있어. 신문왕은 각 소경에 사람들을 이주시켜 도시를 건설하고 사신이란 장관을 파견해 다스리도록 했단다.

신문왕은 최고 교육기관인 국학도 세웠어. 오늘날의 서울대와 같은 국립대학이야. 당과의 교류를 늘려 선진 문물을 많이 받아들이는 데도 신경을 썼어. 이 무렵 대학자 설총이 활약할 수 있었던 것도 신문왕이 학문과 문화에 많은 투자를 했기 때문에 가능했지.

신문왕은 체제를 정비하면서 왕권을 대폭 강화시켰어. 이를 위해 토지 제도를 개혁하기도 했단다.

그 전까지만 해도 귀족들은 녹읍이란 토지를 받았어. 상대등은 귀

족의 우두머리로서, 좀
강하다 싶으면 왕권을
위협하기도 했지. 신문
왕은 녹읍을 없애버렸
어. 그 대신 관리들에게
관료전이란 토지를 줬
지. 상대등은 약화시키
고, 그 대신 행정부에
해당하는 집사부 시중
의 권한을 강화시켰어.
시중은 왕의 오른팔 역
할을 했단다. 그러니 왕
권이 강화됐겠지?

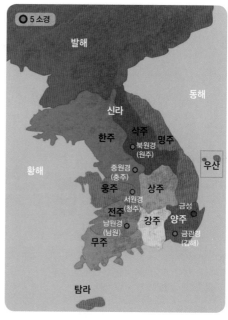

통일신라의 행정 구역 · 신라가 삼국을 통일한 후 신문왕은 전
국을 9주5소경으로 나눴다. 신라와 가야 지역에 3개 주, 고구
려 지역에 3개 주, 백제 지역에 3개 주를 각각 설치했다.

이 개혁은 그다음 왕
들로도 이어졌어. 신문왕의 장남으로 왕이 된 효소왕32대은 의학 교
육을 담당하는 의학박사를 뒀어. 그다음 성덕왕33대도 선왕들의 개
혁을 이어받아 왕권 강화에 힘썼지. 성덕왕은 무려 43회에 걸쳐 중
국에 사신을 보냈어. 당과의 관계를 더욱 돈독하게 다지기 위해서였
어. 심지어 당과의 외교를 전담하는 통문박사라는 기관도 만들었다
는구나.

성덕왕은 토지 제도도 손을 봤어. 새로이 정전제를 실시한 거야722년.
각각의 정마다 토지를 줘 농사를 짓도록 하고, 그 수확물의 일부분을

성덕대왕신종 · 성덕왕의 공덕을 기리기 위해 경덕왕 때 만들기 시작해 혜공왕 때 완성한 동종이다. 봉덕사종, 에밀레종이라고도 한다.

세금으로 거두는 제도지. 정이란 개별 백성의 가구를 말하는 거야. 토지가 생긴 정은 열심히 농사를 지었어. 수확물이 늘어났을 테고, 나라에 바치는 세금도 많아졌을 거야. 덕분에 신라의 재정이 튼튼해졌겠지?

효성왕34대에 이어 그의 동생인 경덕왕35대이 등극했어. 경덕왕은 강력한 왕이 되기를 원했어. 그의 모델은 물론 당 왕조였지. 결국 경덕왕은 모든 것을 중국식으로 바꾸는 한화 정책을 추진했어.

우선 중국식 관료제가 신라에 그대로 도입됐어. 신하들의 복식도 중국의 것을 그대로 따라했어. 당시 국왕 직속으로 돼 있는 최고 행정기관 집사부의 수장을 중시라고 불렀는데, 경덕왕은 그 이름을 중국식인 시중으로 고쳤단다. 심지어 신라의 지명까지도 모두 중국식으로 바꿨어.

경덕왕은 유교 교육을 더욱 강화했어. 국학 내부에 박사와 조교를 둬 유교 연구에 박차를 가하도록 했지. 왜 그랬을까? 왕권을 강화하기 위한 통치이념으로 유교를 활용하기 위해서였단다.

경덕왕은 수시로 고위 관료를 물갈이하기도 했어. 당시 신라에서

석가탑(왼쪽)과 다보탑(오른쪽) · 경덕왕 10년 불국사가 중건될 때 함께 제작된 것으로 추정된다.

가장 높은 벼슬은 상대등이었어. 왕이 바뀔 때가 아니면 상대등을 잘 교체하지 않는 게 관행이었지. 그만큼 상대등의 힘이 강했던 거야. 그런 상대등을 경덕왕은 세 차례나 갈아 치웠어. 집사부의 수장인 시중도 6, 7회나 교체했어. 경덕왕의 왕권 강화 정책에 가장 불만이 컸던 사람들은 귀족이었어.

역사학자들은 보통 무열왕 시대부터 경덕왕의 다음 왕인 혜공왕 시대까지를 신라 중대로 규정해. 이때의 왕이 모두 무열왕 계열이었고, 왕권도 어느 정도 강했기 때문이야. 혜공왕 다음부터는 반란과 분열의 시대가 이어지지. 훗날 신라가 멸망한 가장 큰 원인이 바로

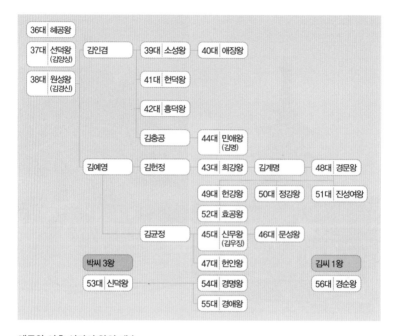

혜공왕 이후 신라의 왕위 계승

분열이었단다. 그 시작이 8세기 후반이었던 거야.

귀족들의 왕위 쟁탈전

경덕왕은 귀족들을 억누르려 했어. 그러나 귀족들도 왕이 혼자 권력을 독차지하는 것을 허락하지 않았어. 과거보다 왕권이 강해진 것은 분명한 사실이야. 다만 귀족들을 완전히 제압할 만큼 강하지는 않았어. 그 어느 쪽도 권력을 내놓으려 하지 않으니 갈등이 생길 수밖에 없겠지?

갈등은 점점 악화됐어. 신라 조
정은 왕을 옹호하는 왕당파와 귀
족을 옹호하는 귀족파로 나뉘었어.
이런 상황에서 경덕왕의 맏아들이
왕위를 이어받아 혜공왕36대이 되
었지. 혜공왕의 나이는 불과 여덟
살. 어린아이가 왕이 됐으니 귀족
들에게는 왕을 뛰어넘을 수 있는
기회가 찾아온 셈이야. 귀족들의
반격이 본격적으로 시작됐어.

이 무렵 신라에는 흉년과 천재
지변이 자꾸 반복되고 있었어. 게

논어 명문 목간 · 『논어』의 한 구절을 적어 놓
은 통일신라시대의 목간이다. 목간은 종이가
발명되기 전이나 종이가 부족하던 때에 글을
적던 나뭇조각이다. 당시에 유교 경전을 학
습한 것을 보여주는 자료이다.

다가 혜공왕도 성장하면서 점차 타락해 갔어. 귀족들은 왕의 무능과
부패가 신라를 혼란에 빠뜨리고 있다고 주장했지. 결국 대대적인 반
란이 일어나고 말았어! 이찬 김지정이 들고 일어선 거야780년.

상대등 김양상이 나서서 김지정의 난을 진압했어. 여기까지는 좋
아. 문제는 그다음에 생겼어. 김양상이 혜공왕과 왕비를 죽인 후 왕
에 오른 거야. 이 왕이 바로 선덕왕37대이란다.

선덕왕은 내물왕의 10대 후손이었어. 직전의 혜공왕까지는 무열
왕 계열이었지. 이 사건이 신라 중대와 하대를 나누는 기준이 되는
게 이 때문이야. 왕의 혈통이 바뀐 거지. 게다가 이게 권력 투쟁의 신

호탄이 되기도 했어. 왕의 직계가 아니어도 왕이 될 수 있다는 게 증명됐잖아?

귀족들은 여러 파벌로 나뉘어 권력 투쟁을 벌이기 시작했어. 당연히 목표는 왕이 되는 거였지. 이런 상황에서 왕권이 강해질 수 있을까? 아니야. 왕은 언제 피살될지 몰라 두려움에 떨어야 했어. 그렇다면 왕은 더 이상 귀족들과 충돌하려 들지 않을 거야. 그래야 목숨을 구할 수 있잖아? 이렇게 되면 왕권은 추락할 수밖에 없어. 귀족들의 농간은 더 심해지겠지. 백성은 당연히 더 힘들어질 테고. 맞아. 신라 역사상 가장 혼란스러웠던 시절로 접어든 거야.

김지정의 난이 일어났을 당시 선덕왕과 함께 반란을 진압했던 김경신이 원성왕38대에 올랐어. 원성왕은 독서삼품과를 처음 실시했어788년. 독서삼품과는 일종의 학위 시험이야. 유교 경전을 얼마나 잘 이해하고 있느냐를 테스트했지. 국학 재학생들이 시험에 응시할 수 있었어. 시험 성적에 따라 상, 중, 하 세 등급으로 나눴는데, 관리로 뽑을 때 등급에 따라 가산점을 줬다는구나.

이 제도는 골품제라는 출신 성분보다 학문적 능력을 더 중요하게 여겼다는 점에서 의미 있는 업적으로 평가받고 있어. 신분이 낮더라도 국학에서 제대로 공부하면 관리가 될 수 있었지. 그러나 후기로 가면서 독서삼품과 제도는 흐지부지되고 말았어. 진골 귀족들이 크게 늘었기 때문이야. 권력 다툼이 심하던 시대였어. 당연히 귀족들은 자기 파벌에 속한 관료를 더 배출하려 했어. 그들이 독서삼품과를 반길 리가 없겠지?

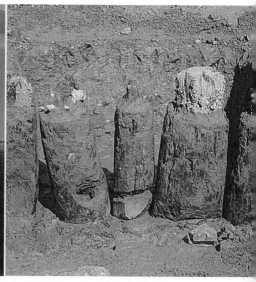

청해진과 목책 흔적 · 청해진의 본부가 있었던 곳으로 추정되는 전라남도 완도군에 있는 장도의 원경과 그곳에서 발굴된 목책의 흔적이다. 목책은 굵은 통나무를 죽 이어 박아 만든 울타리로 방어 시설이다.

당나라 유학파들이 늘어난 것도 독서삼품과가 유명무실해진 이유 가운데 하나야. 골품제에 따르면 6두품은 상위 1~5등급에 오를 수 없었어. 가장 높이 올라가 봐야 오늘날의 차관까지밖에 갈 수 없었 지. 이 때문에 6두품 이하의 학자들은 당으로 건너가 출세하려 했어. 이런 유학파들이 나중에 신라로 많이 돌아왔어. 귀족들에 이어 유학 파가 관직을 차지하니, 순수 국내파인 국학 졸업생들의 갈 곳이 줄 어든 거야.

799년 소성왕39대이 등극했어. 여기서부터는 그야말로 반란의 연속 이야. 소성왕은 1년 7개월 만에 세상을 떠났어. 큰아들이 애장왕40대에 올랐지. 하지만 9년 만에 반란을 일으킨 삼촌에게 피살됐어. 그 삼촌이 헌덕왕41대에 올랐어. 헌덕왕 시절, 여러 차례 반란이 일어났지. 다행히 헌덕왕은 모든 반란을 진압했고, 17년간 왕위를 지키다 세상을 떠났어.

헌덕왕의 뒤를 이어 그의 동생 흥덕왕42대이 즉위했어. 흥덕왕이 후계자를 남기지 못하자 다시 왕위 쟁탈전이 벌어졌고, 여기에서 승리한 희강왕43대이 즉위했지. 희강왕 시절 다시 반란이 일어났는데, 반란군의 우두머리 김명은 희강왕의 측근이었어. 왕이 되기 위해 배신을 밥 먹듯 하던 시절이었어. 희강왕은 스스로 목숨을 끊었어. 김명은 희강왕의 측근을 모조리 죽이고 민애왕44대에 올랐어. 인과응보였을까? 민애왕도 반란군에게 피살됐단다.

이 반란군의 우두머리는 김우징이었어. 그의 아버지는 흥덕왕이 죽었을 때 왕위 쟁탈전을 벌이다 죽음을 당한 김균정이었지. 당시 김우징은 목숨을 구하기 위해 청해진으로 숨었어. 희강왕과 민애왕 시절, 김우징은 몸을 숨기고 은밀히 재기의 기회를 노리고 있었던 거야. 그런 김우징을 장보고가 지원했어. 김우징은 장보고의 군대를 이끌고 도성으로 쳐들어가 민애왕을 죽이고 신무왕45대에 올랐지. 신무왕은 채 1년을 넘기지 못하고 병으로 세상을 떠났어.

799년부터 839년까지 약 40년간 7명의 왕이 바뀌었단다. 정말 혼란스럽지? 그러나 이 혼란은 시작에 불과했어. 이후로 간간이 장수한 왕이 있었지만 대체로 왕의 수명은 아주 짧았어. 물론 반란이 그치지 않았기 때문이야.

신무왕의 아들이 문성왕46대에 올랐어. 그 혼란스러운 시대에 그나마 20년 가까이 장수한 왕이지. 그렇다고 해서 혼란이 없었다는 이야기는 아니야. 특히 눈에 띄는 게 장보고의 반란이지. 장보고에 대해 흔히 청해진을 세운 장수로만 알고 있는데, 꼭 그렇지만은 않아. 그의 심경을 들어볼까?

장보고 초상(표준 영정) · 보잘것없는 신분 출신으로 당에 건너가 군인으로 활약했고, 귀국 후 청해진 대사가 되어 당—신라—일본을 잇는 황해와 남해의 해상권을 장악했다.

'장보고'하면 청해진이 가장 먼저 떠오릅니다. 청해진이 무엇입니까?

"나는 신라 출신이지만 당나라에서 벼슬을 한 무인이다. 해적들이 서해에서 기승을 부려 내 조국 신라와 동포에게 막대한 피해를 주고 있었다. 그걸 어찌 보고만 있겠는가? 신라로 돌아와 완도에 군사기지를 세웠다. 그게 바로 청해진이니라."

장군의 활약상을 말씀해주시죠.

"청해진은 단순한 군사기지가 아니다. 그곳은 해상무역 기지이기도 했다. 나는 청해진을 발판으로 삼아 동아시아 해상무역을 완전히 장악했다. 내 바다를 지나려는 배는 모두 나의 허가를 받아야 했느니라. 더 성장했다면 신라가 해상강국이 될 수 있었을 것이다."

왕권 다툼에 왜 개입한 겁니까?

"신무왕과 문성왕이 왕위에 오르는 데 결정적인 도움을 준 일등공신이 바로 나다. 왕은 그에 대한 대가로 나를 청해진 대사에 임명했다. 무능한 왕들에게 게 화가 났다. 솔직히 내 권력이 강해지다보니 욕심이 생기기도 했다. 문성왕에게 내 딸을 왕비로 삼으라고 했는데, 귀족들의 반대로 실패했다. 귀족들은 내가 두려웠던 게야. 그래서 반란을 결심했다."

최치원 초상 · 6두품 출신으로 당에 유학해 명문장으로 이름을 떨쳤다. 귀국한 후 시무10조를 진성여왕에게 올리며 개혁을 추진했으나 기득권을 가진 귀족들의 반대로 좌절했다.

반란이 성공했습니까?

"그랬다면 신라의 역사가 달라졌을 것이다. 846년 도성으로 진격할 채비를 시작했다. 그러자 귀족들이 자객을 보내 나를 암살했다. 그때 나는 등잔 밑이 어둡다는 속담을 가슴에 새겼어야 했다. 그 자객은 평소에 내 오른팔과도 같은 부하였던 것이다. 한 시대를 풍미했는데, 이렇게 속절없이 생을 마감하다니 한스러울 따름이다."

신라, 멸망의 길로…

문성왕에 이어 헌안왕[47대], 경문왕[48대], 헌강왕[49대], 정강왕[50대]이 차례대로 왕에 올랐어. 그 전과 다를 바 없는 혼란이 이어졌지. 이어 정강왕의 여동생이 진성여왕[51대]에 올랐어.

　진성여왕도 처음에는 정치를 잘해보려고 애를 썼어. 김위홍과 대구화상에게 『삼대목』이란 향가집을 만들도록 했지[888년]. 지금은 전하지 않지만 『삼대목』은 향가를 집대성한 기록물로 여겨지고 있단다.

　진성여왕은 지식인들의 개혁 요구도 받아들였어. 당 유학파였던

견훤 산성 · 장군을 자처한 견훤의 아버지 아자개가 차지하고 있던 경상북도 상주에 있는 산성으로, 견훤이 쌓았다고 전한다. 견훤은 신라의 장수로 서남해안 지방에 근무하면서 힘을 키워 후백제를 건국했다.

최치원은 시무10조라는 개혁안을 여왕에게 제출했어894년. 진성여왕
도 개혁이 절실하다는 사실을 충분히 깨닫고 있었지. 최치원을 6두
품이 오를 수 있는 최고의 지위인 아찬에 임명해 개혁을 맡겼어.

그러나 이 개혁은 성공하지 못했어. 기득권을 잃을 것을 두려워한
귀족들이 방해했기 때문이야. 최치원은 신라에 희망이 없다는 사실
을 깨달았어. 관직을 반납하고 시골로 내려가 다시는 조정에 나오지
않았지. 신라는 개혁의 마지막 기회를 잃어버린 거야.

이런 상황이었으니 진성여왕도 희망을 잃었어. 진성여왕도 여느
왕과 마찬가지로 타락하기 시작했지. 어린 남자아이들을 궁궐로 끌
어들여 음란한 짓을 하기도 했어. 백성의 고통은 안중에도 없었어.
전국에서 농민반란이 잇달아 터지기 시작했지.

사실 농민반란은 그 전부터 간혹 발생했었어. 그러나 이 무렵부터
는 하루가 멀다 하고 반란이 일어났어. 반란도 전보다 훨씬 강하고
거칠었지. 이렇게 된 데는 이유가 있단다.

신라 조정은 이미 부패한 귀족들이 권력을 놓고 다투는 투기장으
로 변해 있었어. 지방에서는 호족들이 세력을 키우고 있었지. 사정이
이러니 왕실은 중앙 정부 역할을 전혀 하지 못했어. 세금도 걷히지
않아 국가 재정도 점점 바닥을 드러냈어. 곳간이 비니 진성여왕은
농민들에게 세금을 더 내라고 강요했지. 바로 이 때문에 농민반란이
많이 일어난 거야. 대표적인 게 사벌주상주에서 일어난 원종·애노의
난이지889년.

이 원종·애노의 난은 최초의 대규모 농민반란이라고 할 수 있어.

농민군의 기세가 워낙 강해 신라 정부군은 제대로 진압하지도 못했어. 신라가 반란 하나도 제대로 진압하지 못하는 나라가 돼 버린 거야. 게다가 지방 호족들은 자기가 마치 독립 국가의 왕인 것처럼 행세하기 시작했어. 아자개, 기훤, 양길 등이 이런 사람들이었지. 이 가운데 가장 세력이 컸던 호족은 아자개였는데 그의 아들이 바로 견훤이었단다.

견훤은 신라 조정으로부터 지방 장수로 임명된 군인이었어. 그러나 장수로 남아 있기에는 권력에 대한 욕망이 너무 강했어. 그는 아버지와 함께 세력을 키우다 곧 독립을 모색하기 시작했어. 얼마 후 무진주^{광주}를 점령해 독립했고, 완산주^{전주}를 공략한 뒤 후백제의 건국을 선포했지.

견훤이 독자 세력을 키우기 얼마 전, 양길이란 사람도 북원^{원주}에서 세력을 한참 키우고 있었어. 그러나 견훤에 견줄 정도로 양길의 세력이 강하지는 않았어. 견훤이 양길에게 벼슬을 내리겠다는 편지를 보낸 걸 보면 아직 두 사람 간의 세력 격차가 컸던 것으로 보여.

견훤이 무진주에서 봉기하던 바로 그해, 궁예란 영웅이 양길의 밑으로 들어갔어. 바로 이때부터 양길의 세력이 급격하게 팽창했지. 머지않아 양길은 강원도, 경기, 황해 일대를 지배하게 됐어. 궁예와 견훤에 대해서는 후삼국시대를 다룰 때 자세히 살펴볼게.

이제 신라는 경주 일대만 근근이 다스리는 나라로 쪼그라들었어. 그런 상황에서 진성여왕의 아들이 효공왕^{52대, 재위 897~912년}에 올랐어. 새로운 왕이 나왔다 해서 뾰족한 수가 있을까? 게다가 효공왕 또한 타락하고 무능했어. 이 무렵부터 견훤과 궁예가 본격적으로 활동하기 시작했지. 그래, 어느새 한반도는 여러 영웅들이 천하를 다투던 시대, 즉 후삼국시대로 이어지고 있는 거야.

말갈 이해하기

말갈은 한반도 역사와 밀접한 관련이 있는 민족이야. 말갈은 흑수말갈, 백산말갈 등 총 7개의 부족으로 나뉘어 있었어. 백제가 처음 한반도 남부에서 세력을 키우고 있을 때 강원도와 함경도 지역에도 말갈이 살았는데, 이들은 백산말갈이었단다.

백제는 백산말갈과 자주 전쟁을 치렀어. 그러나 고구려가 광개토대왕 이후 한반도에 관심을 갖기 시작하면서 백산말갈은 서서히 자취를 감췄지. 그들은 모두 고구려에 흡수됐거나 두만강을 넘어 동북쪽에 있는 흑수말갈에 포함됐어.

고구려가 멸망하자 백산말갈은 다시 한반도 북부에 흩어졌어. 그러다 발해가 건국되면서 다시 발해의 국민이 됐지. 이와 달리 흑수말갈은 발해의 지배를 거부했어. 이때부터 흑수말갈은 여진이란 새로운 부족으로 불리기 시작했단다.

여진은 훗날 금을 건국해. 금은 고려와 군신 관계를 맺어 우위에 섰어. 더 훗날, 여진은 만주족으로 이름을 바꾸고 후금을 건국해. 후금은 곧 청으로 나라 이름을 바꿨고, 조선은 청과의 병자호란에서 패해 치욕적인 항복을 할 수밖에 없었지. 말갈과 우리 민족의 인연이 정말 오래된 것 같지?

후삼국, 통일을 다투다

통일신라시대라는 용어가 발해를 배제하는 느낌을 담고 있지? 후삼국시대란 용어도 어떤 측면에서 보면 적절한 표현은 아니라는 생각이 들어. 이 무렵 신라는 사실상 국가의 역할을 거의 하지 못하고 있었어. 후백제에게 터지고, 후고구려에게 터지고…. 따라서 후백제와 후고구려의 통일 전쟁이라고 보는 게 맞을 거야.

후삼국시대는 우리 역사에서 유일하게 영웅들이 천하를 다투던 시기야. 중국의 춘추전국 시대, 위·촉·오 삼국시대, 일본의 전국시대에 그랬듯이 한반도에서도 후삼국시대에 영웅들이 격돌한 셈이지. 이 가운데 세 명의 영웅을 뽑으라면 당연히 왕건과 궁예, 견훤일 거야. 그 세 명의 이야기부터 풀어 볼까?

세 영웅의 이야기

우선 타고난 무인 견훤부터 시작해 볼게.

견훤은 오늘날의 경북 문경에서 태어났어. 장성한 후 용맹함을 인정받아 신라 조정으로부터 남서해안 지방에서 근무할 장수로 임명됐지. 견훤은 군사적 능력 하나만큼은 정말 탁월했던 것으로 알려져 있어. 신라 조정도 그런 능력을 높이 사서 견훤을 장수로 임명했을

거야. 그러나 견훤의 권력 욕망은 훨씬 강했어. 일개 변방의 장수로
만족할 위인이 아니었다는 이야기야.

마침 곳곳에서 반란이 일어나고 있었어. 그런 반란을 보면서 견훤
의 마음속에 있던 영웅 본능이 꿈틀거리기 시작했지. 결국 견훤은
군대를 이끌고 남서부 일대를 공략하기 시작했고, 무진주^{광주}를 점령
함으로써 새 나라 건국의 기초를 다졌어^{892년}. 이윽고 완산주^{전주}에 입
성한 견훤은 백제 후손들을 모아 후백제의 건국을 선포했단다^{900년}.

견훤이 무진주에서 봉기하던 바로 그해, 궁예는 양길의 부하가 됐
어. 궁예는 신라 진골 귀족의 후예로 알려져 있어. 47대 헌안왕, 아니
면 48대 경문왕의 아들
이라는 얘기도 있단다.
참고로 알아둬. 어쨌든
궁예는 신라 왕족들의
권력 다툼에 희생돼 절
에 맡겨진 것으로 추측
되고 있어.

궁예는 타고난 전략
가였나 봐. 산적 무리
에 불과하던 양길 세력
이 궁예를 영입하고 난
후 확 달라졌거든. 순
식간에 양길 세력은 강

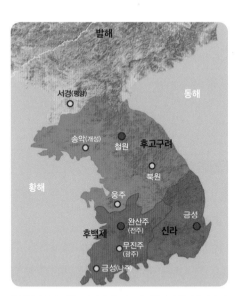

후삼국시대의 정립 · 신라가 후기로 접어들면서 혼탁해지자 견
훤은 후백제, 궁예는 후고구려를 건국했다. 이로써 북쪽의 발해
와 별도로 한반도 중남부에서는 다시 삼국시대가 이어졌다.

원도에 이어 경기, 황해 지역까지 확대됐어.

궁예는 곧 독립을 선포했어. 많은 민중이 그를 지지했지. 그러나 궁예는 권력을 잡은 뒤 변하기 시작했어. 궁예가 버림받은 신라 왕족 출신이라고 했지? 어쩌면 이 때문이었을 거야. 궁예는 신라를 지독하게 미워했단다. 투항한 신라인까지 모조리 죽여 버렸다는구나. 민중들은 그런 궁예를 불신하기 시작했어.

마지막으로 등장한 영웅은 왕건이야. 왕건은 송악 호족 왕릉의 장남으로 태어났지. 그가 태어나기 얼마 전이었어. 고승인 도선대사가 왕릉에게 새 집터를 정해주고 "이곳에 집을 지으면 큰 인물이 태어날 것이다"라고 예언했다는구나. 왕릉은 도선대사의 말을 그대로 따랐고, 얼마 후 왕건이 태어났어. 그가 태어날 때 하루 종일 마당과 집안에 신비한 빛이 머물렀다고 전해지고 있어. 역사적 사실이었을까? 아마도 왕건이 훗날 왕이 된 후 신비롭게 포장한 것이 아닌가 싶어.

어쨌든 왕건은 총명하게 자랐어. 열일곱 살이 되던 해, 도선대사가 다시 송악으로 와서 왕건의 스승이 되어 천문학과 군사학을 가르쳤어. 이 무렵 최고의 성장세를 보인 인물은 궁예야. 궁예가 급속도로 성장하자 왕릉은 그를 찾아가 송악을 바쳤지. 이때 왕릉과 그의 아들 왕건이 모두 궁예의 휘하로 들어갔어.

군사적으로만 보면 이 무렵 최강자는 견훤의 후백제였을 거야. 그러나 왕건이 궁예의 휘하로 들어가면서 판도가 달라졌어. 왕건은 후백제와의 전투에서 여러 차례 승리하며 두각을 나타냈단다. 그런 왕건을 궁예는 더욱 신임했어.

도선대사 진영 · 도선은 통일신라 말의 선종 승려로 당시 풍수지리가 자리 잡는 데 크게 기여했다. 그는 고려 왕실의 등장, 고려 건국 등과 관련해 많은 설화를 남겼다.

913년 왕건은 마침내 신하가 오를 수 있는 최고 위치인 시중이 됐어. 그래, 궁예에 이어 후고구려의 2인자가 된 거야. 왕건은 다른 대신들에게도 지지와 존경을 받았어. 궁예도 웬만한 정치는 왕건에게 맡길 정도였지.

그 후의 역사는 복잡해. 궁예가 폭군으로 돌변했기 때문이야. 궁예는 자신을 신의 경지로 올려놓기 위해 혈안이 돼 있었어. 궁예는 스스로를 미륵불이라고 불렀고, 자신의 두 아들은 보살이라 부르도록 했지. 미륵은 석가모니가 다 구제하지 못한 중생을 구할 미래의 부처를 가리키는 말이야. 미륵을 섬기는 민간종교를 미륵신앙이라고 하는데, 궁예가 스스로를 미륵이라고 선포한 셈이지.

궁예는 강압적인 분위기를 연출하면서 자기를 무조건 따르라고 강요했어. 그를 따르던 많은 사람이 실망을 넘어 분노하기 시작했지. 그런데도 궁예의 폭정은 수그러들지 않았어. 자신에 반대하는 이는 모두 죽여 버렸지. 심지어 부인과 두 아들까지 잔인하게 살해했어.

결국 반란이 일어났어. 신숭겸, 홍유, 복지겸, 배현경 등 장수들이 궁예를 몰아냈고, 그들의 추대를 받은 왕건이 궁예의 궁전이 있는 철원에서 왕에 올랐지. 왕건은 고구려를 계승하겠다는 뜻으로 나라 이름을 고려918~1392년로 지었고, 하늘의 명을 받았다는 뜻으로 연호를 천수라고 지었단다918년.

궁예는 실패한 혁명가라고 말할 수 있을 거야. 많은 학자들은 궁예의 말년 모습이 과장됐다고 보고 있어. 그 학자들의 이야기를 들어 볼까?

"궁예는 호족들을 누르고 강력한 중앙집권 체제를 구축하려 했다. 기득권을 잃게 되는 호족들은 강하게 반발했다. 궁예와 호족들의 갈등은 점점 커졌고, 급기야 군사 반란으로 이어졌다. 고려의 건국 세력은 군사 반란을 정당화하기 위해 궁예를 폭군 중의 폭군으로 둔갑시켰다."

이 평가가 완전히 틀리지는 않을 거야. 군사반란을 일으킨 왕건 입장에서 보자면 궁예를 어떻게든 깎아내려야 할 필요가 있었던 게 사실이잖아?

어쨌든 궁예가 사라졌으니 왕건이 바통을 이어받아 견훤과 대결하기 시작했어. 결론부터 말하자면 견훤이 왕건에게 항복한단다. 견훤도 결국에는 천하를 차지하지 못한 거지. 최후에 웃은 인물은 왕건이었어. 그래, 바로 왕건이 후삼국을 통일했단다.

후삼국시대의 개막

세 영웅의 이야기를 하면서 후삼국시대를 개괄적으로 살펴봤어. 이제 세부적으로 들어가 볼까?

신라 조정이 정부 역할을 거의 제대로 하지 못하자 양길이 북원^원^주에서 봉기했어. 양길 세력은 처음에는 대단하지 않았어. 견훤이 군사를 일으킨 후 양길에게 항복을 권유하는 편지를 보낼 정도였지.

양길은 왕의 그릇이 아니었나 봐. 크게 민심을 얻지도 못했어. 반면 양길의 밑에 있던 궁예는 더 큰 세상을 원하고 있었고, 마음속에 더 큰 꿈을 품고 있었어. 결국 궁예는 양길로부터 독립하기로 했어. 황해도 평산 호족인 박지윤이 궁예를 지지했어. 송악 일대에서 해상무역으로 큰돈을 번 왕씨 호족도 궁예의 편에 섰지. 지방 호족들이 잇달아 궁예를 지지하자 양길의 밑에 있던 많은 장수들이 궁예를 따르기로 했어.

견훤이 완산주에 입성한 후 백제 후손들을 모아 후백제의 건국을 선포했어. 그러자 궁예도 속도를 냈어. 후백제가 건국되고 1년 후에 궁예도 나라를 세우고, 후고구려를 선포한 거야^{901년}. 이로써 신라, 후백제, 후고구려가 대결하는 후삼국시대가 본격적으로 시작됐어.

후백제와 후고구려는 신라의 땅을 야금야금 빼앗았어. 궁예는 황해도와 경기 일대를 차지했고, 견훤은 한반도 남서부 지역을 점령했지. 그 후로도 두 영웅은 신라를 계속 압박했어. 신라는 많은 영토와 성들을 빼앗겼지만 신라의 왕과 귀족들은 정신을 차리지 못했어. 여전히 주지육림에 빠져 살았으니 신라가 잘 돌아갈 턱이 없겠지? 사실 이미 몰락하고 있으니 뾰족한 대책도 없었을 거야.

반면 후백제와 후고구려는 정치조직을 착착 정비해 나갔어. 후백제는 외교전에 나서 중국의 오, 월과 국교를 맺었어. 후고구려는 나라 이름을 마진으로 바꿨다가 다시 태봉으로 바꾸면서 중앙집권 체제의 구축을 시도하고 있었지.『삼국사기』에 따르면 이 과정에서 궁예가 폭군으로 돌변했어.

태봉이 탄생한 이듬해, 신라에서는 효공왕에 이어 신덕왕53대이 등극했어. 그런데 이상한 대목이 있어. 신덕왕의 이름이 박경휘였다는 거야. 김씨가 아니라 박씨였던 거지. 그래, 왕의 혈통이 김씨에서 박씨로 바뀐 거야! 반란이 있었던 걸까? 확실하지는 않지만 당시 신라가 극도로 혼란스러웠던 점을 감안하면 충분히 그럴 수도 있어. 다만 반란 기록이 담겨진 역사서가 없으니 그랬을 거라는 추정만 가능할 뿐이야.

어쨌든 신덕왕이나 그 뒤를 이은 경명왕54대이나 모두 무기력한 왕이었어. 경명왕 때 후백제의 공격을 받았는데 멸망하기 직전에 가까스로 살아날 수 있었단다. 이 전투에서 신라는

왕건상 · 개성에 있는 태조 왕건의 능인 현릉에서 출토된 청동으로 만든 상이다. 개성의 호족인 왕건 집안은 궁예를 도왔고 왕건은 장군으로 큰 공을 세웠다. 뒤에 궁예가 폭정을 펼치자 마침내 왕건이 추대 형식으로 왕위에 올랐다.

제2장 세 나라, 천하를 다투다

고려군의 도움을 받고서야 후백제군을 물리칠 수 있었어.

어? 고려라는 새로운 나라가 등장했지? 그래, 무렵 태봉에 큰 변화가 생겼어. 궁예가 몰락하고 왕건이 정권을 잡은 거야. 반란에 성공한 왕건은 나라 이름을 고려로 바꿨단다. 이 나라 이름에는 고구려를 계승하겠다는 뜻이 담겨 있어. 왕건은 이어 스스로 왕에 올랐는데, 바로 고려 초대 국왕 태조란다.

새 나라의 기틀을 잡는 건 결코 쉬운 일이 아니야. 우선 태조는 궁예의 지지자들과 싸워야 했어. 왕건을 인정하지 않으려는 반란이 곳곳에서 일어나기도 했어. 특히 태봉의 도읍인 철원에는 태조의 혁명을 오히려 반란으로 규정하기도 했단다.

새 술은 새 포대에 담자! 고려를 건국한 이듬해, 태조는 수도를 자신의 고향이자 정치적 근거지인 송악으로 옮겼어. 그러면서도 반대편에 서 있는 호족들에 대해서는 때로는 무력으로 응징하고, 때로는 설득하면서 조금씩 안정을 찾아가고 있었지. 이때 태조가 '무기'로 삼은 게 결혼이었어. 호족들을 제 편으로 만들기 위해 호족들의 딸을 모두 부인으로 맞아들였지. 딸이 없다면 자신의 성인 왕씨를 하사했어. 이렇게 해서 많은 호족들이 고려의 귀족으로 편입됐단다.

원래 궁예는 신라인을 절대 용서하지 않았지? 신라인 포로는 모두 죽여 버렸어. 반면 고려 태조는 다른 호족들과 원만하게 지내려 했어. 물론 신라의 호족들에 대해서도 관대했어. 게다가 태조는 발해가 거란에 멸망한 후에는 발해의 유민들도 모두 받아들였지. 반면 견훤의 후백제는 연일 신라를 공략하고 있었어. 이런 상황에서 신라 호족들이 어느 편에 서겠니? 당연히 신라 호족들은 고려 태조를 높이 평가했어. 맞아. 신라 호족들의 마음이 점차 고려로 기울고 있었어.

고려의 통일

고려와 후백제의 대결이 치열하게 전개되고 있었어. 그런 와중에 신라에서는 경명왕의 동생이 경애왕55대에 즉위했지924년. 신덕왕, 경명왕, 경애왕은 모두 박씨였어. 김씨 왕통이 이 무렵 일시적으로 박씨 왕통으로 바뀐 거야.

포석정 · 정원 시설의 일부로 돌로 구불구불한 도랑을 타원형으로 만들고 그 도랑을 따라 물이 흐르게 만들었다. 견훤은 이곳에서 잔치를 벌이던 경애왕을 사로잡아 자살하게 하고 경순왕을 세운 뒤 돌아갔다.

이 무렵 후백제는 연일 신라를 때리고 있었어. 그 과정에서 후삼국의 통일을 좌우할 중요한 전투가 펼쳐졌단다.

927년 8월이었어. 견훤의 군대가 신라의 근암성^{경북 문경}과 고울부^{영천}를 정복했어. 후백제군의 기세가 하늘을 찌르고 있었지. 이 무렵 후백제의 세력은 최강을 자랑하고 있었단다.

"이 견훤을 역적으로 규정한 신라 왕족 놈들을 싹쓸이해 버리겠다. 행군을 계속 한다. 목표는 금성^{경주}!"

이 소식이 신라에 전해졌어. 경애왕은 고려에 즉각 도움을 요청했어. 태조가 화들짝 놀랐어.

"뭐라? 신라가 위험하다? 안 된다. 신라가 넘어가면 후백제 세력이 너무 커진다. 당장 지원군 1만을 보내도록 하라."

고려군이 급히 말을 달렸지만 후백제군이 더 빨랐어. 9월 초, 후백제 군대가 신라 수도인 금성에 도착했어. 마침 경애왕은 포석정에서 잔치를 하고 있었다는구나. 후백제군은 닥치는 대로 사람들을 죽이고 재물을 약탈했어. 경애왕은 포박된 채로 견훤에게 끌려왔어.

"한심한 신라의 왕이여. 넌 살아 있을 가치가 없다. 스스로 목숨을 끊도록 하라."

경애왕의 심정이 어땠을까? 그는 하늘을 보며 한탄하다가 스스로 목숨을 끊었단다. 견훤은 김부라는 인물을 왕으로 세웠어. 견훤에 의해 신라 왕통이 다시 김씨로 돌아온 거야. 하지만 김씨 왕통은 더 이어지지 않았어. 이 왕이 신라의 마지막 왕인 경순왕^{56대}이었거든.

견훤은 만족스러운 듯 껄껄 웃었어. 이윽고 약탈한 보물을 수레 가득 신고 후백제로 귀환을 서둘렀어.

"뭐라? 견훤이 신라왕을 죽여? 이런 극악무도한 인물을 봤나? 내 친히 출정해 엄벌하리라."

화가 난 고려 태조는 5000여 명의 기병을 이끌고 대구의 공산으로 급히 달려갔어. 그곳에서 퇴각하는 후백제군을 격파하려는 의도였지. 그러나 견훤은 태조의 속셈을 꿰뚫고 있었어. 오히려 후백제군이 태조와 고려군을 기습 공격했단다. 고려군은 포위됐고, 후퇴할 길도 막혀버렸어. 태조가 곧 사로잡힐 위기에 놓였지. 이때 고려 개국공신이자 태조의 심복인 신숭겸이 나섰어.

"제게 폐하의 갑옷을 주십시오. 그러면 적들은 제가 폐하인 줄 알 것이옵니다. 제가 적들의 시선을 끄는 사이에 폐하는 탈출해 후일을 도모하십시오."

태조는 묵묵히 눈물을 흘렸어. 그러나 달리 방법이 있었던 것도 아니야. 태조는 신숭겸과 옷을 바꿔 입고 간신히 탈출할 수 있었어. 물론 많은 희생이 있었지. 신숭겸과 김락을 비롯해 고려의 많은 명장이 이 전투에서 죽었어. 나중에 보니 살아남은 병사는 고작 70명 정도밖에 안 됐다는구나. 고려가 대패한 거지. 이 전투가 그 유명한 공산 전투야.

공산 전투에서 패한 고려의 사기가 바닥으로 떨어졌어. 반면 후백제의 사기는 하늘 높이 치솟았지. 이 기회를 놓칠세라 후백제는 고려를 더욱 강하게 압박했어. 그 후 견훤은 경북 의성을 공략했고, 승리했어. 또 하나의 성이 후백제의 수중에 떨어졌지.

삼태사의 허리띠 · 안동 태사묘에 있는 3명의 공신 유물 중 하나이다. 태사묘는 고려와 후백제의 고창 전투에서 왕건을 도와 승리하게 한 고창의 호족 김선평·권행·장정필 등의 위패를 모신 곳이다.

후백제군은 다시 고창^{안동}으로 향했어. 그곳은 군사요충지였어. 고창을 점령하면 통일 전쟁의 승기를 잡을 수 있다는 얘기야. 태조도 그 점을 잘 알고 있었어. 그 때문에 넋 놓고 있다가 고창을 빼앗길 수

금산사 · 백제 때 세운 절로 후백제 때는 견훤의 보호를 받았다. 왕위 계승 분쟁에서 승리한 신검은 아버지 견훤을 이곳에 가두었으나 견훤은 탈출하여 고려에 투항했다.

는 없었지. 태조는 직접 군대를 이끌고 고창으로 달려갔어.

두 나라의 군대가 다시 격돌했어. 이 고창 전투에서 후백제는 8000명 이상의 병사를 잃었어. 이번에는 견훤이 간신히 목숨만 구하고 달아났어. 3년 만에 전세가 역전된 거야. 고려는 고창을 얻음으로써 통일에 유리한 고지를 확보했어. 반대로 후백제는 이 전투의 패배 이후 기울기 시작했어.

사실 태조는 이 전투에서 승리할 수 있을 거라고 확신하지 못했어.

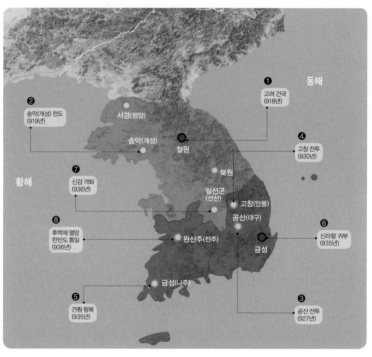

고려의 통일 과정 · 왕건은 반란을 통해 고려를 세운 뒤 후백제와 일전을 겨뤘다. 통일에 결정적 계기가 된 고창 전투와 공산 전투에 이어 신라 왕과 견훤이 항복해 왔다. 왕건은 견훤의 아들 신검과의 최후 일전에서 승리해 한반도를 다시 통일했다.

그만큼 후백제가 강했다는 뜻이겠지? 상심한 태조를 도운 것은 그 지역의 호족들이었단다. 견훤이 금성에서 만행을 저질렀다는 사실을 알게 된 호족들은 고려에 몸을 맡기로 결심했어. 민심이 견훤을 떠나고 있다는 사실을 알 수 있겠지? 고창 전투가 끝난 후로는 더욱 그랬어. 그 일대의 30여 개 군현이 고려에 항복했고, 이어 110여 개의 성이 다시 항복했지.

그 후로도 고려와 후백제의 전투는 계속됐어. 그러던 중 전세가 고려로 기우는 결정적인 사건이 발생했어. 후백제에 내분이 터진 거야. 그것도 아주 큰 내분이.

내분의 발단은 견훤이 첫째 아들 신검이 아니라 후궁의 자식이며 넷째 아들인 금강을 후계자로 삼은 것이었어. 자신이 후계자가 될 거라고 생각했던 신검은 배신감에 치를 떨었어. 결국 신검은 반란을 일으켜 견훤의 측근을 모두 죽여 버렸어. 아버지인 견훤은 차마 죽이지 못하고 금산사라는 절에 가뒀지.

얼마 지나지 않아 견훤은 금산사를 탈출해 고려에 망명했어. 태조로서는 큰 행운인 셈이야. 태조는 예의를 다해 견훤을 맞았고, 자신보다 나이가 열 살 많다며 상보로 모셨어. 또 궁궐에 머물게 하고 양주 땅을 식읍으로 내줬지. 이런 극진한 대접이 어디 있겠니?

이제 전세는 확실하게 고려로 기울었어. 좋은 일이 겹치면 겹경사라고 하는데, 이 무렵 고려 태조가 딱 그런 기분이었을 거야.

신라 조정에서는 경순왕의 주재로 회의가 열리고 있었어. 주제는 고려에 항복할 것이냐, 하지 않고 싸울 것이냐…. 신하들이 무슨 말

을 할 수 있겠어? 그저 비통한 울음소리밖에 들리지 않았지. 결국 경
순왕은 고려에 나라를 바치기로 했어. 이윽고 경순왕은 고려 태조를
찾아가 항복했어. 천년의 역사를 자랑하던 신라가 역사 속으로 사라
졌지935년.

태조는 이번에도 예의를
다해 경순왕을 맞았어. 자신
의 딸을 부인으로 맞도록 했
고, 정승공이란 작위까지 줬
지. 또 경주 지역을 관장하는
사심관이란 직책을 주기도
했어. 고려 초기 사심관 제도
는 이렇게 해서 시작됐단다.

해가 바뀌자 고려는 후백
제 신검에 대해 총공격을 개
시했어. 견훤도 이 전투에 참
여했어. 자신이 세운 나라를
자신의 손으로 멸망시키려
는 거야. 많이 씁쓸했겠지?
견훤의 안내를 받은 고려 군

개태사지 출토 금동대탑 · 충청남도 논산
개태사지에서 출토되었다고 전하는 금동으
로 만든 탑이다. 개태사는 후삼국을 통일한
기념으로 왕건이 창건한 사찰이다.

대는 일선군^{경북 구미 선산}으로 진격했어. 선산에 흐르는 일리천을 사이에 두고 두 나라의 군대가 격돌했어. 고려의 승리! 이로써 고려는 후삼국시대를 끝내고 한반도를 완전히 통일하는 데 성공했단다^{936년}.

후백제, 후고구려, 고려 국명의 허상?

견훤은 백제를, 궁예는 고구려를 계승한다는 뜻에서 나라 이름을 각각 후백제와 후고구려로 지었어. 그런데 정말 그들이 백제와 고구려를 계승한 것일까?

견훤의 출신지는 경북 문경이야. 출신지만 놓고 보면 백제보다는 신라에 더 가깝지. 궁예는 신라 왕족 출신이야. 마찬가지로 고구려와는 별 상관이 없는 혈통이지. 물론 그들이 봉기한 지역을 기준으로 보면 후백제와 후고구려란 국명이 어색하지는 않아.

눈치챘니? 바로 이 대목에 이 질문의 해답이 있단다. 두 영웅은 그 지역의 호족들을 끌어들이려고 자신과는 아무런 상관이 없는 과거 왕국을 송환한 거야.

이런 기준으로 보면 고려도 크게 다르지 않아. 물론 고려가 고구려를 계승한 것은 분명한 사실이야. 그러나 고려 조정을 장악한 세력의 상당수는 신라 경주의 6두품 호족 출신이었단다. 고려 중기 이후 신라 세력은 더욱 힘을 키워 대표적인 권문세족으로 성장하게 돼. 이를테면 경주 김 씨 가문은 최고의 세도 가문으로 자리 잡았어. 『삼국사기』를 쓴 김부식이 바로 이 가문 출신이야. 이 점을 생각하면 『삼국사기』에 고구려를 무시하고 신라를 우대하는 내용이 많은 이유를 알 수 있을 것 같지 않니?

발해, 그 찬란했던 역사

한반도 중남부를 통일한 후의 신라에 대해 살펴봤어. 이제 시선을 북쪽으로 옮겨 볼까?

고구려가 멸망한 후 많은 고구려인들이 당으로 끌려갔어. 당은 고구려 유민을 한곳에 두지 않고 여러 곳에 분산하는 정책을 썼단다. 모이면 또 저항운동을 벌일까봐 두려웠던 거야.

그러나 고구려 유민들의 저항은 멈추지 않았어. 결국 그 저항운동이 결실을 맺었어. 그래, 발해가 탄생한 거야. 한때 해동성국으로 불리며 칭송받던 동북아의 대제국. 그 발해의 역사를 살펴볼게.

발해의 탄생

고구려가 멸망한 지 어느덧 30여 년. 고구려 유민들의 저항운동이 벌어지고 있는 요하로 가 볼까? 당의 분산 정책에 따라 걸걸중상이란 인물과 그의 가족은 요하^{라오허}의 서쪽 지대에 살게 됐어. 그는 당으로부터 탈출해 동쪽으로 이동했지. 그곳에 있는 고구려 유민, 말갈과 합세해 당에 저항운동을 벌였어. 당이 곧 토벌대를 보냈는데, 걸걸중상은 전투 도중 숨졌어.

걸걸중상의 아들 대조영이 지휘권을 넘겨받았어. 아버지와 아들의 성씨가 왜 다르냐고? 걸걸중상이 말갈부족 추장을 맡아서 그런 이름을 얻었을 확률이 커. 걸걸중상과 대조영이 같은 인물이라고 주장하는 학자도 있단다. 그런 학자들은 걸걸중상이 대조영을 이두_{한자의 음과 뜻을 빌려 적은 표기법} 형태로 표현한 이름이라고 여기지.

어쨌든 대조영과 유민들은 고구려의 옛 땅으로 이동하기 시작했어. 당의 군대가 그들을 추격했어. 대조영은 천문령에서 추격해오는 당의 군대를 보기 좋게 물리쳤지. 이윽고 대조영 무리가 동모산_{중국 지린성}에 이르렀어. 그곳은 고구려 왕족을 배출한 계루부의 근거지였지. 대조영은 새로운 나라의 건국을 선포했어. 그 나라가 바로 발해_{698~926년}야. 대조영은 발해의 초대 국왕 고왕이 됐지.

발해를 세웠을 때의 나라 이름은 진국이었어. 발해라고 부르기 시작한 것은 713년부터인데, 이때 당나라가 고왕을 발해군왕이라고 부른 데서 발해란 이름이 나온 거야. 그 전까지 당나라는 발해를 독립국으로 인정하지 않았어. 그러나 발해가 돌궐과 동맹 관계를 맺으면서 세력도 커지자 당이 마지못해 이런 식으로 인정할 수밖에 없었던 거야. 하지만 당과 발해는 여전히 사이가 좋지 않았어.

8세기 초, 고왕의 아들 대무예가 무왕_{2대}에 올랐어. 무왕은 아버지 대조영의 기상을 그대로 이어받았어. 당의 위협에 전혀 기가 죽지 않았고, 오히려 더 공격적으로 대응했거든.

이 무렵 당 현종은 말갈의 일파인 흑수말갈을 자기 세력으로 끌어들이려 했어. 발해의 세력을 약화시키려는 음모였지. 그래, 흑수말갈을 동원해 발해를 치려는 계산이 깔려 있었던 거야. 무왕은 선제공격을 하는 게 낫다고 생각했어. 동생 대문예에게 흑수말갈을 공격하라고 지시했지. 그런데 대문예가 당에 투항했어.

무왕은 동생의 배신에 화가 났어. 당에 항의해 대문예를 죽여 달라고 요청했지. 당이 코웃음을 쳤어. 당이 발해를 무시하는 것을 참을 수 없었던 무왕은 장수 장문휴를 보내 당의 등주 지방^{산둥성}을 공격했어^{732년}. 세계에서 손꼽히는 제국 중 하나인 당을 상대로 발해는 전혀 겁먹지 않은 거야. 대단한 기백이지.

무왕은 이처럼 발해의 자존심을 중요하게 여긴 왕이야. 고구려 멸망에 기여한 신라와는 교류도 하지 않았어. 일본에 가는 사절단에는 발해가 고구려 옛 땅을 회복했다는 국서를 함께 보냈지. 당과 팽팽하게 겨뤘고, 인안이라는 독자 연호도 사용했어.

발해의 약진

8세기 후반 이후 신라는 반란과 내분으로 점점 기울고 있었어. 이와 대조적으로 발해는 점점 성장하고 있었단다.

무왕에 이어 아들 대흠무가 문왕^{3대}에 올랐어. 무왕과 문왕은 시호^{이름}만 보더라도 어떤 성격이었는지 알 수 있을 거야. 무왕은 군사적 업적이 뛰어났을 것이고, 문왕은 제도를 정비하는 등 문치를 했을 것 같지? 실제로 그랬어. 두 왕 덕분에 발해가 제국의 반열에 오를 수 있었지.

※( )안은 당의 관제이다

발해의 중앙 관제

문왕은 아버지와 달리 당과 우호적으로 지냈어. 당으로부터 선진 문물을 받아들여 발해의 국가 조직을 정비하기 위해서였지. 문왕은 자신이 왕으로 있을 때 60여 회에 걸쳐 사신을 당에 보냈단다. 사실 이 무렵 당은 세계 제국이었어. 그러니 무턱대고 싸우는 것보다 문왕의 외교 정책이 더 바람직했다고 볼 수도 있지.

　문왕은 당의 중앙 통치조직을 벤치마킹하기도 했어. 당시 당은 3성 6부제를 적용하고 있었는데, 이를 수입한 거야. 당의 3성은 중서성, 상서성, 문하성이었어. 발해는 이를 발해 현실에 맞게 정당성, 선조성, 중대성으로 바꿨단다. 정당성은 정책을 실제 집행하는 기구로 볼 수 있어. 오늘날로 치면 행정부에 해당되지. 중대성은 정책과 왕명인 교서를 만드는 곳이니 국회와 비슷해. 선조성은 이 정책과 교서를 심사하는 곳이야. 6부의 이름도 당의 이·호·예·병·형·공부가 아니라 발해만의 충·인·의·예·지·신부로 정했어.

　문왕이 무조건 당을 좇기만 한 건 아니야. 문왕 또한 아버지 무왕처럼 발해가 고구려를 이어받았으며 중국과 대등한 나라라고 생각했어. 그렇기 때문에 문왕도 대흥이란 독자 연호를 사용했어. 일본에 보낸 국서에는 스스로를 고려국왕이라고 밝혔고, 황제라 칭했지.

문왕은 제도를 정비하는 과정에서 수도를 여러 곳 정해 놨어. 그 전까지 도읍은 동모산이었지? 문왕은 남쪽으로 시선을 돌렸어. 해란하와 조양천이 흐르는 지점허룽현에 중경현덕부를 설치하고, 이곳으로 도읍을 옮겼지. 이 지역은 무엇보다 교통이 편리했어. 게다가 동모산이 산악 지대였던 반면 이 지역은 쌀이 많이 생산되는 평야 지역이었지. 물자가 넉넉한 지역이니 발해의 수도도 더욱 커진 셈이야.

문왕은 목단강 유역닝안현에도 상경용천부를 설치했어. 이곳을 선택한 이유가 있었어. 당시 발해 북쪽에 있는 흑수말갈 세력을 꺾으려면 신속하게 군대를 움직일 수 있어야 했어. 수도가 너무 남쪽으로 치우쳐 있으면 불가능하겠지? 그러니 수도를 북쪽에 뒀던 거야.

무왕과 마찬가지로 문왕은 일본과 교류를 많이 했지만 신라와는

발해의 궁궐터 · 상경용천부에 있는 발해의 궁궐터이다. 발해의 상경은 당의 장안성과 비슷한 구조로 건설됐다.

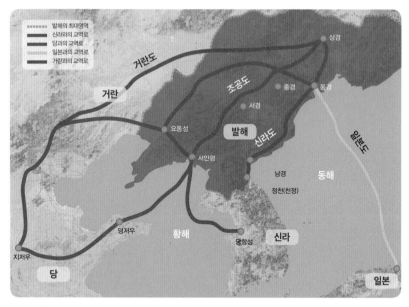

발해의 약진 · 발해는 고구려의 영토를 거의 회복했으며 스스로 고구려의 후손임을 천명했다. 해동성국이라 불릴 정도로 번영한 발해는 신라와도 부분 교류를 했지만 주로 당, 일본과 교역을 많이 했다.

자주 교류를 하지 않았어. 일본과는 비교적 가까운 사이를 유지했고, 해상무역을 통해 경제를 발전시키기 위해 또 하나의 수도를 두기도 했어. 바로 두만강 하류 지역^{훈춘현}의 동경용원부야.

이 상경, 중경, 동경은 오늘날의 광역시와 비슷해. 따라서 이와 별도로 지방 행정조직도 정비할 필요가 있지. 문왕은 전국을 부와 주, 현으로 나눴어. 이와 별도로 주자감이라는 국립대학을 만들기도 했어. 당에 있던 대학인 국자감을 벤치마킹한 거야. 주로 귀족 자제들이 이 주자감에 다녔지.

그 전까지 당은 발해의 왕을 발해군왕이라 불렀어. 나라가 아니라

'군'의 왕이란 비아냥거림이 담겨 있지. 바로 이 호칭이 문왕 시절 발해국과 발해국왕으로 바뀐단다726년. 문왕 시절, 발해가 한 단계 도약했다는 사실을 알 수 있겠지?

문왕의 아들은 일찍 사망했어. 손자는 있었지만 많이 어렸어. 결국 직계 혈통을 포기하고 방계 혈통에서 차기 왕을 배출해야 했지. 그 왕이 대원의4대야. 하지만 대원의가 즉위한 후 왕의 혈통이 맞느냐는 논란이 거세게 일었어. 결국 대원의는 채 1년도 안 돼 살해되고 말았단다.

해동성국, 그리고 멸망

대원의는 너무 일찍 사망한 탓에 따로 시호가 없어. 그에 이어 문왕의 손자가 성왕5대에 올랐지. 성왕 또한 1년을 채우지 못하고 병으로 죽었어. 성왕의 뒤를 이어 강왕6대, 정왕7대, 희왕8대, 간왕9대이 차례대로 왕위에 올랐어. 이 왕들은 모두 눈에 띄는 업적을 만들지 못했어. 당과 외교관계를 유지하고 있었고, 일본과는 교류를 이어나갔으며, 신라와는 여전히 큰 교류가 없었지.

이제 9세기 초반으로 접어들었어. 간왕에 이은 선왕10대의 이야기를 할 거야. 선왕 시절, 발해는 최고의 전성기를 맞았단다. 중국사서인 『신당서』의 기록을 먼저 볼까?

"발해 선왕이 해북의 여러 부족을 정복하고, 대경우까지 진출해 영토를 넓혔다."

발해의 탑 · 벽돌로 만든 5층탑으로 영광탑이라고 한다. 당의 건축 기법과 유사한 점이 있어 발해와 당이 활발하게 교류하였음을 보여준다.

이 기록에 등장하는 지역에 대한 해석은 참으로 많아. 대체로 요약하자면 이런 식이야. 발해가 헤이룽 강^{흑룡강} 하류까지 진출했다! 문왕이 상경용천부를 중요하게 여긴 이유가 뭐였지? 흑수말갈을 치기 위해서였어. 그런 바람이 선왕 때 이루어진 거야.

흑수말갈은 흑룡강 일대에 살던 말갈족 일파야. 무왕 시절, 이 흑수말갈을 둘러싸고 발해와 당이 갈등을 벌였고, 그 결과 발해가 당의 산둥반도를 쳤지? 그 흑수말갈 문제가 이때까지도 해결되지 않았던 거야. 사실 발해라는 나라 자체가 고구려 유민, 말갈 등 여러 민족이 어우러진 다민족 국가였어. 야성이 강한 흑수말갈은 끝까지 융화를 거부하고 있었지.

선왕이 군대를 동원해 흑수말갈을 쳤어. 그 결과는? 선왕이 흑수말갈을 확실히 제압한 것으로 추정되고 있어. 원래 흑수말갈은 당에 매년 조공을 했는데, 선왕 이후부터 당과의 관계가 뚝 끊어졌어. 발해에 제압당했으니 그랬겠지?

선왕은 서쪽으로도 영토를 넓혔어. 요동 지방을 친 거야. 이 전투를 통해 발해는 요동 지방을 되찾았어. 선왕의 군대는 다시 남쪽으로 영역을 확장했어. 그 결과 신라의 북쪽 국경인 대동강~원산만 일

통한국사 1

대까지 영토를 넓혔지.

실로 놀라운 정복자가 아닐 수 없어. 선왕의 정복 활동으로 인해 발해는 역대 최고의 영토를 확보할 수 있게 됐지. 이 영토는 심지어 고구려의 전성기 시절, 그러니까 광개토대왕 때보다도 넓어!

비약적으로 영토가 넓어졌으니 당연히 국토를 정비해야 해. 선왕은 그 전에 있던 3경 외에 서경압록부와 남경남해부를 설치했어. 이로써 발해는 군사·교통·경제 요충지에 둔 5경을 비롯해 5경 15부 62주의 전국 행정 구역을 완성했단다.

당, 일본과의 교류는 선왕에 이르러 더욱 활발해졌어. 하루가 다르게 발해는 성장해 나갔어. 그 속도는 놀라울 정도였지. 당 왕조도 발해의 발전에 놀라움을 금치 못했어. 당은 이때부터 발해를 바다 건너 동쪽에 있는 번영한 나라라는 뜻의 해동성국이라고 불렀단다.

선왕까지는 4대 국왕 대원의만 빼면 모두 왕의 시호가 전해져 오고 있어. 그러나 제11대 국왕부터 마지막 15대 국왕까지는 왕의 시호가 남아 있지 않아. 이때부터 발해의 왕은 이름으로 부를 수밖에 없다는 이야기야. 게다가 선왕 이후 발해는 내리막길을 탔기 때문에 큰 업적을 남기지도 못했어.

선왕이 사망하자 대이진11대이 왕에 올랐어831년. 그 뒤를 이어 대건황12대, 대현석13대, 대위해14대, 대인선15대,이 차례로 왕이 됐지. 이 대인선이 발해의 마지막 왕이야.

대인선이 왕이 된 바로 이듬해 중국의 당이 멸망했어907년. 그 뒤를 이어 주전충이란 인물이 후량을 건설했지. 중국 한복판은 이때부터 후량, 후당, 후진, 후한, 후주로 이어지는 5대10국의 역사가 시작됐어. 그 나라들은 기껏해야 10년 남짓 버티다 멸망했어. 중국이 얼마나 혼란스러웠는지 알겠지?

이런 혼란은 중국 변방의 이민족들에겐 기회였어. 오늘날의 네이멍구 자치구 일대에 있는 거란족들도 그런 이민족 가운데 하나였지. 당나라가 멸망한 바로 그해, 거란족 사이에 야율아보기란 이름의 영웅이 등장했어. 그는 곧바로 주변 부족을 모두 통합하고 족장, 즉 칸에 올랐어.

이윽고 거란족의 세력은 급속도로 팽창했어. 야율아보기는 거란국을 세우고, 황제에 올랐어. 22년 후에는 야율아보기의 아들 태종이 왕에 올라 나라 이름을 요로 바꿨지938년. 요는 중국 한족의 송나라를 압박할 만큼 대제국으로 성장한단다.

다시 야율아보기로 돌아가서…. 그는 거란의 세력이 커지자 주변 국가들에게 조공을 요구했어. 말을 듣지 않으면 무력으로 응징했지. 야율아보기는 북쪽의 몽골, 서쪽의 돌궐을 차례대로 제압했어. 주변을 웬만큼 정리한 셈이지?

야율아보기가 동쪽으로 눈을 돌렸어. 그곳에는 발해가 있었어. 925년 12월, 야율아보기가 대군을 이끌고 발해를 침략했어. 전쟁은 그리 오래가지 않았어. 2개월 만에 거란의 대군이 발해 도읍인 상경 용천부로 진격했어. 발해는 저항했지만 이미 너무나 약해진 후였단다. 살아날 방도가 없었지. 결국 발해는 거란에 무릎을 꿇었고, 발해의 마지막 왕 대인선은 거란의 포로가 돼 끌려갔단다. 이로써 발해는 228년 만에 역사 속으로 사라지고 말았어926년.

발해가 우리 역사가 아니라고?

중국은 발해가 중국의 역사에 속한다고 주장하고 있어. 발해가 오늘날 중국의 영역 안에 있고, 당시 당나라에 조공을 했다는 걸 근거로 내세우고 있지.

물론 발해가 중국에 조공을 한 건 사실이야. 그러나 신라나 백제, 심지어 고구려도 당에 조공을 했어. 그러나 조공은 중국 왕조의 힘이 강하기 때문에 분쟁을 피하기 위해 몸을 낮추는 외교 방식이었어. 조공을 했다는 사실이 곧 중국의 일부라는 뜻이 아니라는 이야기야.

사실 우리 민족은 조선 후기로 와서야 발해의 역사를 조명하기 시작했어. 실학의 열풍이 불었던 덕분에 발해를 주목하는 학자들이 생겨난 거야. 그 전까지는 중국에 대한 사대주의가 강했기 때문에 발해에 대한 연구가 진행되지 않았던 거야. 우리 역사서로는 1784년 실학자 유득공이 낸 『발해고』가 발해를 다룬 첫 작품이란다.

우리 기록이 적으니 발해의 역사는 주로 당의 역사를 기록한 중국의 『구당서』와 『신당서』를 통해 어렴풋하게 알 수밖에 없어. 이런 책에는 중국이 세상의 중심이라는 중화사상이 깔려 있지. 그러니 발해 역사가 당에 유리하게 기록돼 있지 않겠어?

그러나 발해가 중국의 역사가 아닌 명백한 증거가 있어. 바로 발해가 독자적인 연호를 사용했다는 거야. 당시 연호는 중국 황제만이 쓸 수 있었고, 중국의 지배를 받는 나라라면 그 연호를 따라 써야 했단다. 따라서 발해가 독자 연호를 썼다는 사실만으로 중국의 속국이 아니었다는 점이 입증되는 셈이야.

게다가 발해의 왕들은 일본과의 서신에서 자신을 고려국왕이라 칭했어. 또한 "발해는 고려를 계승한다!"는 사실을 명백히 밝혔지. 발해 왕실의 무덤에서 발굴된 유적도 주목해야 해. 유물들은 모두 당이 아닌, 고구려의 것과 훨씬 닮아 있어. 어때? 발해는 확실히 우리 역사가 맞지? 반드시 통일신라시대가 아니라 남북국시대라고 불러야 하겠지?

◆ 역 사 리 뷰 ◆

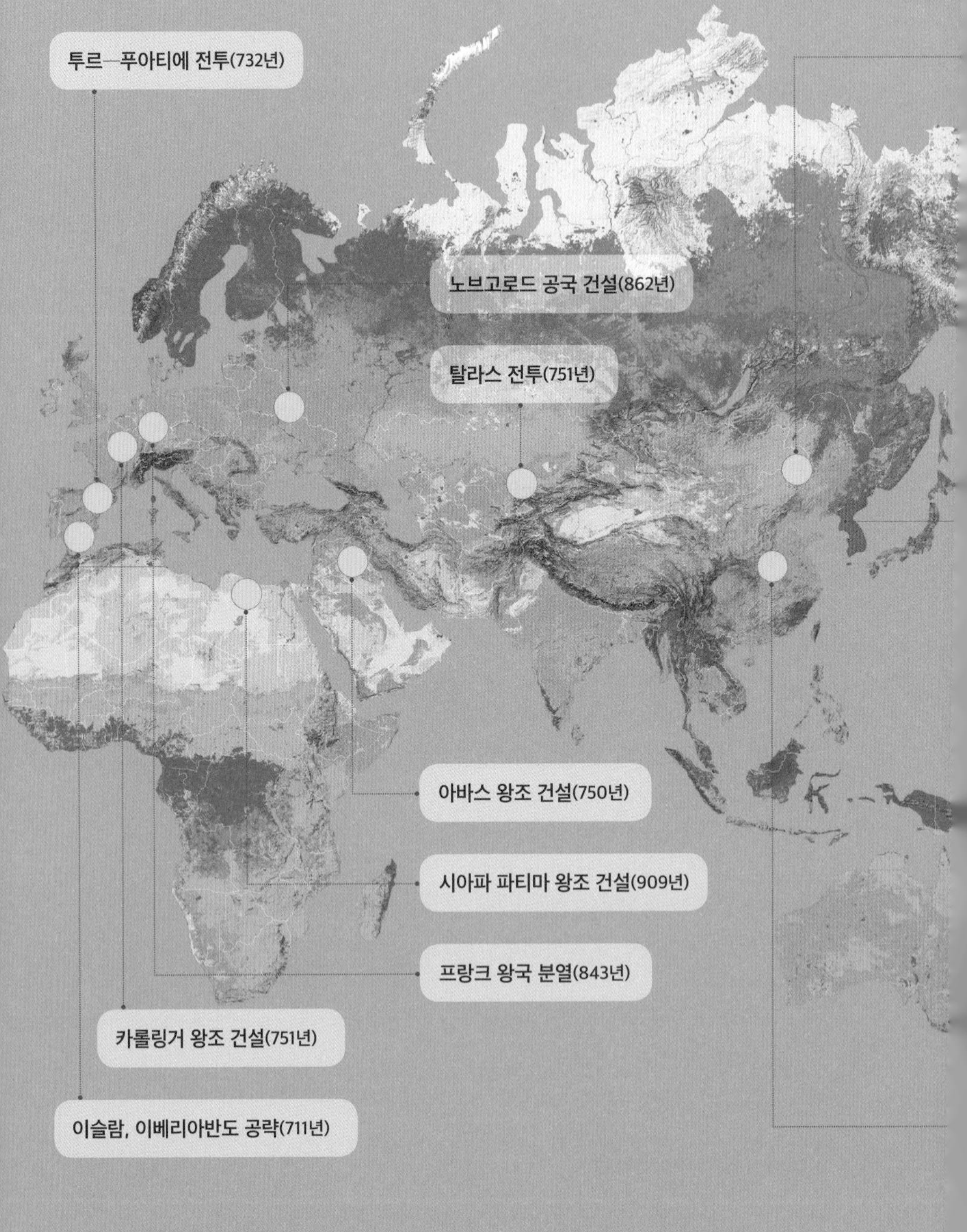

투르—푸아티에 전투(732년)

노브고로드 공국 건설(862년)

탈라스 전투(751년)

아바스 왕조 건설(750년)

시아파 파티마 왕조 건설(909년)

프랑크 왕국 분열(843년)

카롤링거 왕조 건설(751년)

이슬람, 이베리아반도 공략(711년)

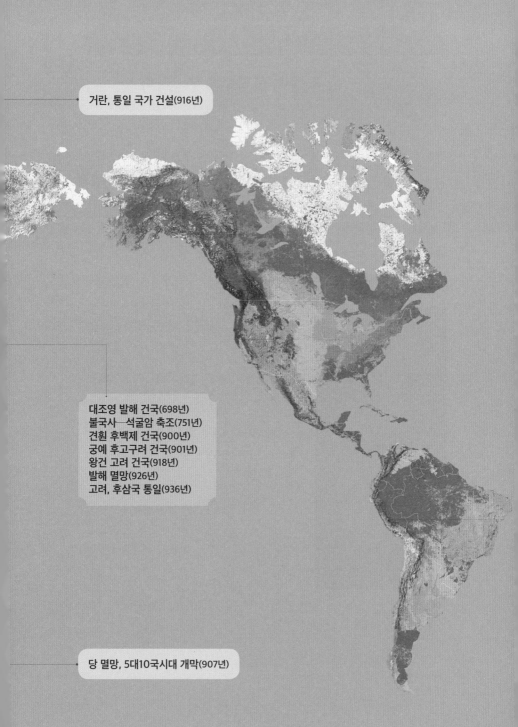

거란, 통일 국가 건설(916년)

대조영 발해 건국(698년)
불국사─석굴암 축조(751년)
견훤 후백제 건국(900년)
궁예 후고구려 건국(901년)
왕건 고려 건국(918년)
발해 멸망(926년)
고려, 후삼국 통일(936년)

당 멸망, 5대10국시대 개막(907년)

프랑크 왕국, 유럽 중심으로 부상하다

통일신라는 불교의 나라였어. 불국사와 석굴암이 751년 만들어졌지. 고구려의 옛 땅에서는 발해가 한창 발전하고 있었어. 이 무렵 중국 당나라에서는 안사의 난이 일어났지755년. 이 사건을 계기로 당은 기울기 시작했어.

8세기, 유럽도 어수선했어. 서아시아 이슬람 우마이야 왕조 군대가 이베리아 반도를 공략하기 시작했거든711년. 게다가 726년에는 성상숭배금지령으로 기독교 내부 분열이 가속화했어. 이런 혼란은 이슬람의 유럽 진출에 도움이 됐을까? 꼭 그렇지는 않았어. 이슬람군은 732년 투르—푸아티에 전투에서 패하고, 또다시 739년 아크로이온 전투에서 패하면서 유럽 정복의 꿈을 접을 수밖에 없었단다.

샤를마뉴 황제

750년 이슬람 아바스 왕조가 반란을 통해 정권을 잡았어. 1년 후 아바스 군대는 중앙아시아 탈라스에서 당의 군대와 격돌해 승리했지. 바로 이해, 프랑크 왕국에서도 반란이 일어나 카롤링거 왕조가 정권을 잡았단다.

9세기로 접어들어 통일신라의 혼란이 본격화했어. 장보고가 청해진 대사로 임명됐지만, 곧 권력 다툼에 희생됐지. 유학자 최치원이 시무10조 개혁안을 올렸지만 이 또한 시행되지 못했어. 급기야 900년 견훤이 후백제를, 901년 궁예가 후고구려를 세움으로써 한반도는 후삼국시대로 접어들었어. 이후 후고구려 왕건이 궁예를 내쫓고 고려를 세웠지. 왕건은 거란의 침략을 받아 멸망한 발해 유민을 모두 받아들였어. 왕건은 후삼국을 통일하는 데 성공했지936년.

9세기 벽두부터 유럽은 시끌시끌했어. 프랑크 왕국의 샤를마뉴가 서로마 제국의 황제로 부활한 거야800년. 프랑크 왕국은 샤를마뉴가 죽자 혼란에 빠졌어. 그러다가 843년의 베르됭 조약과 870년의 메르센 조약을 통해 동프랑크와 서프랑크 왕국으로 분열되고 말았지.

바이킹들의 활약이 특히 이 무렵 두드러졌어. 바이킹들은 동유럽의 드네프르 강 유역에 노브고로드 공국을 세웠어862년. 이 공국은 곧 키예프 공국으로 확대됐지882년. 이 나라가 오늘날 러시아의 기원으로 볼 수 있단다.

중국도 혼란스러웠어. 874년 황소의 난이 발생하면서 당나라는 크게 휘청거렸어. 결국 당은 이 위기를 극복하지 못하고 멸망했고, 이어 5대10국 시대가 시작됐지907년. 한족의 중국은 약했어. 그러니 변방의 유목민족에게는 중국 본토를 차지할 좋은 기회였어. 거란족이 916년 통일 국가인 요나라를 세웠어. 요는 얼마 지나지 않아 발해를 무너뜨렸어.

이 무렵 아프리카 북부에는 시아파 이슬람의 파티마 왕조가 세워졌어909년. 바이킹은 프랑스 서해안에 정착해 노르망디 공국을 세웠지911년. 919년에는 동프랑크에서 작센 왕조가 탄생했단다.

바이킹의 배

경제의 역사를 꿰어 볼까요?

우리나라는 천연자원이 많이 부족해. 그래서 1970년대에는 강력한 수출 드라이브를 펼치며 경제를 육성했어. 최근에는 반도체나 휴대폰, 컴퓨터 등 첨단 제품을 수출하는, 미래 산업 국가로 성장했지.

그러나 근대까지만 해도 한국은 농업 국가였어. 따라서 농민들이 곧 경제를 책임지는 생산자였지. 통치자들은 농업생산량을 늘리기 위해 황무지를 개간하거나 농사법을 연구했어. 가장 먼저 농업이 어떻게 변해왔는지 살펴볼까?

농사는 신석기시대 때 시작됐어. 당시에는 주로 수수, 조, 피와 같은 밭작물을 재배했단다. 농기구는 당연히 모두 돌로 된 석기였어. 벼농사가 시작된 것은 청동기시대 때였지. 그러나 이때도 모든 지역에서 벼농사를 한 건아니고, 일부 저습지에서만 벼농사가 이뤄졌어. 아직까지도 농기구는 석기였단다. 철기시대 들어 농기구는 철기로 바뀌었어. 벼농사도 이때부터 널리

청동기시대의 논 유적

나무로 만든 괭이로 경작한 흔적

모내기를 그린 풍속화

이뤄졌지. 한반도의 남쪽 지역, 즉 삼한에서는 여러 개의 저수지를 만들어 물을 다스리기도 했어.

삼국시대 초기까지만 해도 사람의 힘으로만 모든 농사를 지었어. 쟁기도 사람이 끌었지. 신라 지증왕 때 처음으로 소를 이용한 농법, 즉 우경이 시작됐단다. 이후 농업 생산량이 크게 늘었어.

소가 농기구를 끌면 땅을 깊이 팔 수 있겠지? 이런 농법을 심경법이라고 하는데, 고려 때부터 보편화됐어. 비료를 사용하는 시비법도 고려 때 많이 활용됐어. 원래 땅은 한번 농작물을 재배하면 일정 기간 쉬어야 해. 그렇게 해야 그다음 해에 작물이 잘 자라거든. 땅을 쉬게 하지 않고 그대로 농사를 지으면 수확량이 크게 떨어져. 이 때문에 땅의 힘, 즉 지력을 회복하기 위해 일부러 땅을 놀리는 거야. 비료를 잘 사용하면 노는 땅을 줄일 수 있어. 시비법이 발달하면서 휴경지를 많이 줄일 수 있었단다. 비료를 잘만 쓰면 농업

생산량을 많이 늘릴 수 있겠지?

실제로 그랬어. 이 시비법이 보편화하기 전까지만 해도 1년에 하나의 작물만 재배하는 게 일반적 풍경이었어. 시비법 덕분에 2년에 세 차례 작물을 돌려 심을 수 있게 됐어. 이를 2년 3작 윤작법이라고 불러. 당시에는 보통 조와 보리, 콩을 돌려 심었지.

이와 함께 모내기도 고려 때부터 시작됐어. 모내기는 못자리에서 기른 모를 논에 옮겨 심는 농사법을 말해. 그 전에는 볍씨를 쫙 뿌리는 방법을 썼지. 단, 모내기를 하려면 물을 잘 관리할 수 있어야 돼. 그렇지 못하면 심은 모가 모두 말라 죽어 버리거든. 이 때문에 아직까지는 모내기가 널리 이용되지 않았어.

고려 말 공민왕 때는 문익점이 목화씨를 처음으로 수입했어. 조선시대에 이르러 이 목화를 국내 환경에 맞게 재배하는 방법이 개발됐지. 전국에서 목화를 재배하면서 의류 대혁명이 이뤄졌어. 그 전까지 백성들은 삼베옷을 입었어. 겨울에는 삼베의 숭숭 뚫린 구멍으로 찬바람이 들이쳤지. 그러나 목화 재배 후 면으로 된 옷을 입을 수 있게 됐어. 삶이 훨씬 나아졌겠지?

조선시대에는 밭에서 2년 3작의 윤작법이 보편화됐어. 또한 남부 지방에서는 모내기도 활발해졌어. 덕분에 조선 후기로 접어든 후에는 논농사를 하며 벼와 보리를 재배하는 2모작이 가능해졌단다.

조선 후기의 또 다른 특징은 새로운 작물이 많이 소개됐다는 거야. 이때 많이 재배된 작물로는 담배와 약초, 오이, 배추, 도라지 같은 것이 있어. 또한 지방별로 특색이 있는 상품을 재배하기도 했지. 가령 한산 모시, 강진 고구마, 전주 생강은 일반 벼농사보다 수익이 무려 10배나 높았다고 하는구나.

상업과 공업은 항상 같이 발전한단다. 물건을 만들어야 내다팔 수 있지? 그 물건을 내다팔아야 그 돈으로 다시 다음 물건을 만들 수 있어. 그러니 상

행상을 나서는 부부를 그린 풍속화

눈길에 장시로 가는 상인들

업과 공업은 서로 떼어놓을 수 없어. 오늘날에는 물건을 공장에서 대량 생산하지만 근대 이전에는 사람이 직접, 일일이 손으로 만들었어. 그래서 수공업이라고 하지.

사실 요즘에는 상업이란 말도 아주 많이 쓰지는 않아. 국제 거래에서는 무역이란 말을 쓰지. 큰 규모의 상업은 기업 활동이라 불러. 외래어 사용이 익숙해지면서 비즈니스란 말도 보편적인 용어가 됐지.

시계를 과거로 돌려서, 고대시대로 가 볼까? 그때에도 상업과 수공업은 존재했어. 물론 농업이 가장 중요한 산업이긴 하지만, 생활에 필요한 물건을 만드는 사람과 그 물건을 파는 사람은 필요하기 때문이야.

삼국시대부터 물건을 만들기 위한 별도의 관청이 운영돼 왔어. 수공업자들은 국가의 명령에 따라 관청에 소속돼 물품을 만들어 냈지. 이런 생산방식은 고려시대에도 이어졌어. 향, 소, 부곡 중 특히 소 마을에서 전문적으로 수공업 제품을 생산했단다. 고려 후기에는 사원절이 따로 '공장'을 만들어 수공업 제품을 생산했어. 절이 돈맛을 안 거지. 이 때문에 일부 사원은 타락하기도 했어.

이렇게 해서 만들어진 물건은 어떻게 유통됐을까? 당연히 물건을 사고파는 시장이 있어야겠지? 아직 교통이 발달하지 못한 삼국시대, 신라 경주와 같은 큰 도시에는 시전이란 시장이 운영됐어. 삼국을 통일한 신라는 그 후 시장을 더 늘려 큰 도시와 요충지에 동시, 서시, 남시를 뒀지.

요즘에는 현금이나 신용카드, 계좌이체 등 다양한 방식으로 물품 대금을 지급해. 하지만 고대와 중세 시절에는 주로 물물거래 방식으로 상행위를 했어. 화폐? 고려시대에 몇몇 화폐가 만들어지기는 했어. 하지만 사람들은 여전히 곡식이나 비단과 같은 현물로 거래하는 것을 더 선호했어. 화폐는 거의 유통되지 않았지.

그래도 상업은 꾸준히 발달했어. 왜 그럴까? 역사가 발전하기 때문이야. 근대로 접어든 후 세계는 농업 중심의 경제에서 상업과 산업 중심의 경제로 확 바뀐단다. 그 역사의 발전 방향이 한반도에도 고스란히 나타나는 거야.

고려 조정은 수도 개경에 시전을 뒀어. 뿐만 아니야. 불공정 상업행위를 감시하는 경시서란 관청도 설치했지. 숙종 때는 대각국사 의천의 제안을 받아들여 화폐를 만드는 주전도감이란 기관도 설치했어. 물론 그렇다고 해서 화폐가 널리 유통된 것은 아니야. 아직까지도 물물거래 방식이 훨씬 편하기 때문이지.

조선시대로 들어오면서부터 수공업이 전문화하기 시작했어. 조정은 전문적인 능력을 가진 기술자를 해당 관청에 등록시켜 일을 하도록 했어. 이 기술자들은 수공업에 종사하는 게 곧 국가의 부역 의무를 이행하는 셈이 되지.

상업 분야도 조선시대에 달라졌어. 일단 수도인 서울에 시전이 들어섰어. 그러나 이 시전을 아무나 열수는 없었단다. 우선 한양에 살고 있는 직업 상인이어야 해. 또 왕실에서 필요로 하는 물품을 언제든지 공급할 수 있어야 장사할 수 있는 자격을 줬지. 이런 조건을 지키는 대신 시전 상인들은 정부로부터 판매 독점권을 받았어. 이 가운데 특히 대표적인 6개의 시전을 육의전이라 불렀어. 반면 조정의 인정을 받지 못한 시전을 난전이라고 불렀지. 육의전 상인들은 난전을 금지할 수 있는 권리인 금난전권을 가지고 있었어.

상업과 수공업이 발달하면서 객주의 활동도 두드러졌어. 객주는 오늘날로 치면 일종의 물류창고나 중개센터, 은행, 호텔의 역할을 한꺼번에 하는 상인들이었단다. 각지에서 생산된 물건을 모아뒀다가 현지 상인에게 넘기는 일도 했고, 매매대금을 빌려주거나, 중요한 물건을 보관했다 돌려주는 일도 했지.

조선시대에는 지방에도 많은 시장이 생겨났어. 지방의 시장을 보통 향시라고 하는데, 5일마다 열리는 경우가 많았어. 객주는 이런 시장에까지 등장하지는 않았어. 이런 시장에서 활동하는 상인은 보부상이라 했어. 보부상은 보상봇짐장수과 부상등짐장수을 합쳐 부르는 말이야. 고대시대부터 활동한, 역사가 아주 깊은 상인이라고 할 수 있지. 구한말에는 황국협회라는 단체를 조직해 독립협회와 갈등을 벌이기도 했단다.

조선 후기로 접어들면서 국가가 주도하던 수공업은 쇠퇴하고 민간 자본이 투입된 수공업이 본격 발달하기 시작했어. 서양에서 발달한 자본주의의 영향이 국내에도 미친 셈이지. 이 민영 수공업자들의 뒤에는 거상들이 있었어. 거상들은 수공업자에게 미리 돈과 원료, 장비를 준 다음에 원하는 물건을 만들도록 했지. 이 방식을 선대 제도라고 불렀어.

상인과 수공업자의 '합작'을 통해 전국적으로 상공업이 크게 발달했어. 그 전까지 널리 유통되지 않았던 동전 화폐도 이때부터 전국적으로 확산됐지. 서울의 육의전 상인들에게 줬던 특혜인 금난전권도 18세기 말에 폐지됐단다.

제3장

구 석 기 에 서
고 려 까 지

첫
통일 왕조
서다

한반도의 사실상 첫 통일 왕조.
금속활자와 청자, 대장경 등 문화유산을 남긴 나라.
전 세계에 코리아 KOREA란 이름을 알린 나라.
고려는 문화강국이었다!

1

문벌귀족
전성시대

고려 전기
10세기 초반~12세기 후반

연표	936년	956년	958년	976년	982년	993년	994년
	고려, 후삼국 통일	광종, 노비안검법 시행	광종, 과거제 첫 실시	경종, 전시과 실시	최승로, 성종에 시무책 28조 건의	고려—요 (거란) 1차전 발발	서희 강동6주 획득
	1145년	1135년	1126년	1107년	1102년	1076년	1018년
	김부식 『삼국사기』 완성	묘청의 난 발생	이자겸의 난 발생	윤관 별무반, 여진 정벌 및 동북9성 건설	첫 화폐 해동통보 제작	문종, 경정전시과 실시	고려—요 3차전, 귀주대첩 대승

송도 전경 • 18세기에 고려의 수도였던 개성을 그린 그림이다. 고려를 세운 왕건은 개성의 호족 출신이었다.

국왕과 호족의 대결

고려 건국 초기는 다소 혼란스러웠어. 호족 세력의 힘이 지나치게 강했던 탓이야. 나라를 세웠다지만 여전히 태조는 호족들의 눈치를 봐야 했어. 그나마 태조는 건국의 주역이기 때문에 위엄이라도 있었지. 태조의 뒤를 이은 혜종2대은 왕위를 지키기도 힘들었단다. 왕과 호족들 사이에 눈에 보이지 않는 권력 투쟁이 치열하게 벌어졌어.

이 싸움은 광종4대 때 어느 정도 정리가 돼. 광종이 호족들을 제압하는 데 성공했기 때문이야. 그제야 비로소 고려에 중앙집권 체제가 어느 정도 정착되지. 그 과정을 살펴볼까?

태조의 건국이념

고려 태조는 나라를 세우면서 건국이념을 선포했어. 크게는 북진, 숭

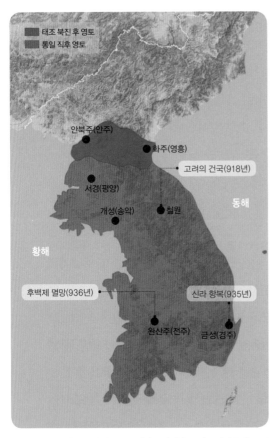

불, 화합 등 세 가지야. 물론 후대까지 이 이념이 고스란히 지켜지지는 않았어. 그래도 이 건국이념은 고려가 어떤 나라를 지향했는지 알 수 있는 중요한 단서가 되지. 내용을 한번 볼까?

북진 이념은 고려가 고구려의 후손이며, 고구려인의 기상을 이어받겠다는 뜻을 담고 있었지. 따라서 고구려의 옛 땅을 되찾는 것은 태조에게 지상과제였어. 실제로 태조는 고구려의 옛 수도인 평양을 서쪽 수도, 즉 서경으로 정할 만큼 중요하게 여겼단다.

태조의 북진 정책 · 태조 왕건은 발해의 유민을 받아들이고, 북진을 건국이념으로 세우는 등 고구려를 그대로 계승했다. 이 북진 이념에 따라 청천강에서 영흥에 이르는 고구려 영토의 일부분을 되찾을 수 있었다.

이 이념에 따라 태조는 북방 민족인 여진을 자주 공략했어. 발해가 거란에 멸망한 후에는 발해 유민을 적극 받아들이고 거란을 철천지원수로 대했지. 거란이 고려와 화친 조약을 맺자며 사신을 보내왔을

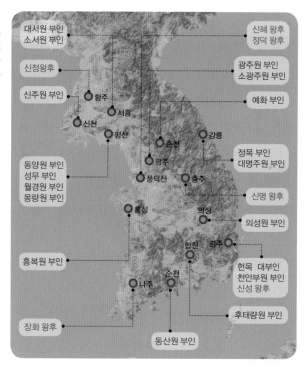

태조 부인들의 출신 지역
태조 왕건은 왕후 6명을 포함해 총 29명의 부인을 뒀다. 전국 각지에서 부인을 구했는데, 이는 그 지역의 호족을 포섭하기 위함이었다.

대서원 부인
소서원 부인

신혜 왕후
정덕 왕후

신정왕후

광주원 부인
소광주원 부인

신주원 부인

황주

예화 부인

신천

서흥

평산

강릉

순천

광주

정목 부인
대명주원 부인

동양원 부인
성무 부인
월경원 부인
몽량원 부인

풍덕천

충주

신명 왕후

홍성

의성

의성원 부인

흥복원 부인

합천

경주

헌목 대부인
천안부원 부인
신성 왕후

나주

순천

장화 왕후

후태량원 부인

동산원 부인

때에도 태조는 당장 사신을 쫓아내고, 선물로 가져온 낙타를 굶겨 죽였어942년. 얼마나 거란을 싫어했는지 알 수 있겠지?

태조는 나아가 거란과 가까이 지내지도, 풍습을 따르지도 말라는 유언까지 남겼어. 태조는 죽을 때까지 북진 정책을 고수했어. 그 결과 청천강~영흥에 이르는 고구려 영토의 일부를 되찾을 수 있었단다.

숭불이념은 말 그대로 불교를 숭상한다는 뜻이야. 태조는 불교를 국교로 정했고, 많은 사찰을 지었으며 승려를 적극 우대했어. 고려가 불교 국가인 신라의 영향을 많이 받았다는 증거이기도 해.

이 숭불이념은 민심을 안정시키기 위한 정책이기도 해. 후삼국 전쟁을 치르면서 얼마나 백성들이 불안했겠어? 태조는 불교 장려를 통해 민심을 어루만지려 한 거야. 민심을 살폈기에 태조는 민간신앙도 존중했어. 민중이 따른다면 어느 정도는 보호해야 한다는 생각이었지. 태조는 빈민을 돕기 위해 고구려의 진대법과 비슷한 흑창을 설치하기도 했어.

화합 이념은 그동안 갈라진 민족 전체를 끌어안겠다는 뜻이야. 당시의 상황을 떠올려 봐. 통일 대업을 이뤘다고는 하지만 호족들은 여전히 각 지역에서 권력을 누리고 있었어. 발해에서 넘어온 유민들도 많았지. 또한 고려 왕조에 반발하는 세력도 건재했어. 이 모든 사람들을 힘으로 억누를 수 있겠어? 태조는 발해 유민과 고려인, 고려인과 신라인을 결혼시켜 한데 어우러지게 했단다.

사실 이 화합 이념은 정치 타협의 결과일 수도 있어. 이 이념을 위한 정책의 상당수가 호족 우대였거든. 그러니 태조는 썩 맘에 들지 않았을 수도 있을 거야.

태조는 강력한 중앙집권 국가를 만들고 싶었어. 그러나 호족들은 왕에게 모든 권력을 넘겨주려 하지 않았지. 사실 태조가 전국을 통일하긴 했지만 호족들의 도움이 없었으면 불가능했을 거야. 그러니 호족 모두가 고려의 건국 공신이 되는 셈이지. 만약 그들이 태조에게 등을 돌린다면? 태조로서는 상상하는 것만으로도 끔찍했을 거야.

태조는 후백제의 견훤과 신라 경순왕을 모두 극진히 맞아들였어. 귀족에 대해서는 신분을 그대로 유지해 줬고, 식읍이란 토지도 내줬어. 공을 세운 모든 신하들에게도 역분전이란 토지를 줬지.

호족 끌어들이기의 결정판은 결혼이었어. 태조가 전국의 유력한 호족 가문과 결혼을 한 거야. 그러다보니 모두 29명의 부인을 뒀어. 정식으로 왕후의 타이틀을 거머쥔 부인은 6명이었지. 부인들은 총 25명의 왕자와 9명의 공주를 낳았어. 태조는 이 모든 부인을 사랑했을까? 만약 태조가 지금 살아 있다면 뭐라고 말할까? 그의 본심이 무엇이었을까?

결혼을 많이 한 이유가 뭡니까?

"짐이 고려를 창업하기 전에는 부인이 둘뿐이었느니라. 나머지 부인은 모두 대업을 이룬 후 받아들인 거지. 호족을 견제하려면 달리 선택이 없었다. 결혼으로 동맹을 맺어야 그들이 배반하지 않을 것 아니냐."

호족이 배반하면 제거해 버리면 되잖습니까?

"그게 쉬운 일이 아니다. 내가 통일을 했지만 호족의 도움이 있었기에 가능했다. 만약 내가 어떤 호족을 제거하려 하면 그가 다른 호족들을 끌어들여 나를 몰아내려 할 수도 있다. 그러니 그들을 다독여야 하지 않겠느냐."

그래도 왕의 권력이 훨씬 강하지 않습니까?

"물론 왕의 힘은 호족보다 강했다. 그러나 모든 호족을 누를 수 있을 만큼 강했다고는 할 수 없느니라. 어떤 역사학자들은 호족과 짐의 권력이 크게 차이가 없는 호족연맹 국가로 규정을 한다고 들었다. 인정하고 싶진 않지만 완전히 그른 말은 아닌 것 같구나."

강력한 왕이 되고 싶지 않았습니까?

"내가 세운 나라인데, 왜 그런 생각이 들지 않았겠느냐. 그러나 그때는 그럴 수 없었느니라. 여러 호족 가문과 동맹을 맺어둔 덕분에 왕위를 유지할 수 있었다. 호족 가문에 딸이 없다면 나는 왕씨 성을 하사해 혈연으로 만들어 끌어들였지. 호족들에게는 자신의 지방을 이끌 향리를 임명할 수 있는 권한도 줬다."

그럼 마냥 호족의 세력이 커지는 것을 보고만 있었습니까?

"그래도 왕인데, 그럴 수야 있나. 호족의 가족을 도읍으로 불러들여 인질로 삼는 방법을 썼다. 이를 기인 제도라 불렀지. 자신의 가족이 왕에게 볼모로 잡혀 있는데, 호족들이 함부로 반란을 일으킬 수 있겠나? 그러면 가족이 죽는데?"

그렇다면 언제부터 고려 왕의 권력이 강해지고 중앙집권 국가가 된 겁니까?

"왕자 소가 왕이 되고 나서부터라고 할 수 있다. 바로 광종을 말함이야. 그 녀석이 노력은 많이 했는데, 너무 많은 피를 본 점은 안타까운 노릇이지. 그렇지만 어쩔 수 없잖은가? 역사란 그렇게 발전하는 법이거늘."

태조가 세상을 떠났어[943년]. 태조는 죽기 전에 측근인 박술희에게 "후
대 왕들이 귀감으로 삼도록 하라"며 훈요10조를 남겼단다. 『고려사』
와 『고려사절요』에 그 내용이 남아 있어. 불교를 보호하라, 야만국
거란을 멀리하라, 서경을 중시하라, 장남이 왕위를 잇도록 하라….
건국이념을 여기에서도 볼 수 있지?

　태조가 왕후만 6명을 뒀다고 했지? 첫째 왕후는 경기 정주 유씨
가문 여성이었어. 바로 신혜왕후인데, 태조가 궁예의 부하였던 시절
에 결혼한 조강지처였어. 그러나 신혜왕후는 아이를 낳지 못했어.

　둘째 왕후는 전남 나주 오씨 가문 여성이었어. 태조 왕건이 궁예
의 밑에서 나주를 정벌할 때 만난 부인인데, 바로 장화왕후야. 장화
왕후는 아들 무를 낳았어. 서열에 따라 그 무가 태자로 책봉됐지. 태
자 왕무는 아버지 태조를 따라 후백제와의 전쟁에서 여러 차례 공을
세웠어.

　태조가 세상을 떠나
자 바로 그 태자가 혜종
2대에 올랐어. 그런데 조
정의 분위기가 심상치
가 않아! 호족들이 술
렁거리기 시작한 거야.

　여전히 호족들의 권

안릉 · 정종의 능이다. 정종은 개성 출신 호족의 대표격인 박
술희를 제거했고, 서경 천도를 추진했다.

력은 강했어. 그런데 혜종의 외가, 즉 나주 오씨 가문은 그리 강한 호족이 아니었어. 자체 군대를 보유하지도, 지방에서 막강한 권력을 행사하지도 못했거든. 그러니 나주 오씨 가문이 혜종을 든든하게 받쳐 줄 수 없겠지?

반면 태조의 셋째 왕후인 신명순성왕후 유씨는 달랐어. 그녀는 충북 충주의 강력한 호족 출신이었단다. 당연히 자체 군사력도 막강했어. 든든한 지원군이 있으니 신명순성왕후의 두 아들 요와 소는 기세가 등등했지.

이복동생인 왕요와 왕소가 왕위를 탐낸다는 사실을 혜종은 잘 알고 있었어. 그렇지만 그들을 제압할 힘은 없었어. 혜종은 고민만 하다가 재위 3년을 채우지 못하고 병으로 세상을 떠났어. 혜종은 죽기 전에 왕요를 왕에 앉히라는 유언을 남긴 것으로 알려지고 있어. 이게 사실일까? 어떤 학자들은 혜종이 병에 걸린 게 아니라 왕요와 왕소의 측근에게 암살됐을 거라 추측하기도 하지. 어느 쪽이 진실에 가까울까?

왕요가 왕에 올랐어. 바로 정종3대이야. 정종은 혜종의 측근 박술희를 바로 제거했어. 박술희는 개국공신 중 한 명이었어. 외척 왕규와 함께 개경 호족의 중심인물이었지. 반면 태조의 사촌인 왕식렴을 비롯해 박수경, 박수문 형제는 서경 호족들을 이끌고 있었어. 정종의 외가가 충주의 유력 호족이라고 했지? 그 충주 가문은 서경 호족들과 각별한 사이였어. 이처럼 개경과 서경 호족들이 팽팽히 대립하고 있는 상황인데 개경 호족의 대부 격인 박술희가 피살됐으니….

개경 호족들이 가만히 있었겠어? 분위기가 심상찮아. 정종과 서경 호족들은 수도를 옮기는 것만이 해법이라고 생각했어. 얼마 후 정종은 서경으로 천도해야 고려가 융성할 것이라는 도참사상에 따라 수도를 옮기겠다고 공표했어. 물론 이 도참사상은 정종 측근들이 만든 것이겠지?

서경에 성을 쌓기 위해 많은 백성들이 동원됐어. 개경 호족의 반발은 더욱 거세졌지. 공사에 동원된 백성들의 원성도 대단했어. 결국

평양 지도 · 18세기에 그린 평양 지도이다. 고려는 평양을 서경이라 하여 중시했으며, 수도를 서경으로 옮기려는 시도도 여러 번 있었다.

정종은 천도의 뜻을 접어야 했어.

정종은 태조의 뜻을 받들어 거란에 대한 경계를 강화했어. 거란의
침략이 우려된다는 첩보를 입수한 후 즉각 30만의 병사를 양성하기
도 했지. 호족과 싸우랴, 전쟁 준비하랴 정신이 없던 정종은 병과 싸
우다 세상을 떠났단다.

광종, 개혁의 칼을 빼들다

아버지 태조는 여러 호족 세력을 잘 아울렀지? 그러나 아들들, 즉 혜
종과 정종은 그 역할을 잘하지 못했어. 언제부터인가 호족들이 왕의
권력을 마음대로 넘보기 시작했어. 이런 상황을 말없이 지켜보던 인

헌릉 · 광종의 능이다. 광종은 대대적인 개혁을 단행해 고려 왕조의 기틀을 다졌다.

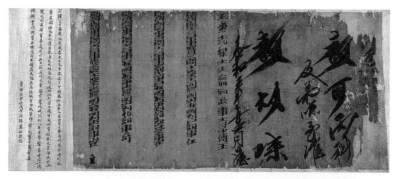

장수량 급제첩 · 13세기 초에 장수량에게 발급한 과거 합격 증명서이다. 광종은 개인의 능력에 따라 인재를 뽑는 과거제를 실시해 호족 세력을 억눌렀다.

물이 있었어. 바로 정종의 동생 왕소였어.

정종이 세상을 떠나자 소가 왕에 올랐는데, 그가 광종이야. 광종은 고려의 기틀을 다진 왕이란다. 나라는 태조가 세웠지만 고려를 나라답게 만든 것은 광종이라는 평가도 있을 정도야. 광종의 업적을 살펴볼까?

광종은 왕에 오르자마자 대대적인 개혁을 추진하고 싶었어. 그러나 아직 호족들은 강해! 무턱대고 덤벼들었다가 무슨 봉변을 당할지 모른다는 걸 광종은 잘 알고 있었어. 그 때문에 광종은 무려 7년 동안이나 참고, 또 참았어. 길고 긴 인내의 시간에 차근차근 힘을 길렀지.

이 초기 7년간 광종은 호족의 비위를 맞추며 정치를 했어. 우선 '공신 구조조정'을 단행했어. 공신들을 몇 등급으로 나눠, 등급에 따라 보상을 달리 했어. 곡식을 보상으로 줬는데, 공이 큰 사람에게는 많이, 적은 사람에게는 적게 준 거야. 아마도 광종은 이 작업을 하면서 자신에게 충성하는 신하에게는 높은 등급을 줬을 거야. 왜 그랬을까? 구조조정을 통해 충성스러운 신하를 가려내고, 그들을 활용해 왕권을 강화하려는 전략이었기 때문이야.

7년간 꾹 참으며 힘을 길러온 광종이 드디어 칼을 뽑아들었어. 그 시작은 노비 해방이었어. 전쟁 중에 붙잡혀 노비가 된 사람, 빚을 못 갚아 노비가 된 사람을 모두 풀어주라는 왕명! 풀려난 사람들은 양인 신분으로 되돌아갔어. 이 제도가 노비안검법이야.

이 노비안검법은 왕의 자리를 내건 승부였어. 생각해 봐. 평민을 마구 잡아가 노비로 삼은 사람들이 누구겠어? 바로 호족들이야. 호족들은 이렇게 얻은 노비를 무장시켜 사병으로 활용했어. 농사를 짓는 것도 이들 노비의 역할이었지. 결국 노비는 호족들의 군사력과 경제력의 원천이 된 셈이야.

반면 평민이 줄어드니 국가로서는 큰 손해였어. 우선 국가에 세금을 낼 사람이 줄었어. 당연히 국가 재정은 부족해지고, 왕권도 약해질 수밖에 없겠지? 바로 이 때문에 광종은 왕위를 걸고 모험을 한 거야. 노비안검법을 통해 호족 세력을 약화시키고, 평민을 늘려 세금을 더 거둠으로써 국가 재정을 튼튼하게 하려는 이중 전략이었지.

당연히 호족들이 강하게 반발했어. 그러나 광종은 뚝심으로 밀어붙였어. 바로 두 번째 개혁 폭탄을 터뜨린 거야. 그게 바로 과거 제도란다958년.

그 전까지 중요 관직은 모두 호족들의 차지였어. 5품 이상의 자제들에게는 '무시험'으로 관직을 주는 음서 제도가 있어 가능한 일이었지. 호족들은 대를 이어 관직을 세습했어. 그러다 보면 부정부패도 생길 수 있겠지? 그보다 더 문제가 되는 것은, 왕이 무슨 정책을 시행하려 해도 호족들이 똘똘 뭉쳐 거부해 버리면 난감해진다는 거야.

광종은 중앙집권 체제를 강화하기 위해 선진 중국의 관리 채용 시스템을 벤치마킹하기로 했어. 마침 중국 후주에서 사신을 보내왔는데, 그 사신 중에 과거 제도를 담당했던 쌍기란 인물이 있었어. 광종은 쌍기를 붙잡아야 한다고 생각했어. 후주 조정에 쌍기를 달라고 요청했지. 이 요청이 받아들여져 쌍기는 광종의 신하가 됐어.

쌍기는 중국의 과거제를 고려에도 시행해야 한다고 건의했고, 광종이 그 건의를 받아들였어. 이렇게 해서 과거 시험이 실시됐어.

과거 시험을 통해 관리가 된 젊은이들은 능력이 출중할 뿐 아니라 자신을 등용한 왕에게 충성을 맹세했어. 이런 신하들이 많아지면 왕권도 강화되겠지? 물론 음서 제도가 완전히 폐지된 것은 아니지만, 어쨌든 호족들이 된서리를 다시 맞은 건 사실이야. 광종은 관료의 서열까지 체계적으로 정리했어.

쌍기를 받아들인 사실에서 알 수 있듯이 광종은 호족 세력을 누르기 위해 외국인의 귀화를 권장했어. 귀화인에겐 정부 요직을 줬지. 자리를 빼앗긴 호족들이 반발했지만 광종은 눈도 깜빡하지 않고 그들을 숙청했어. 심지어 그 가족까지 모두 죽이기도 했어. 왕족이라 해도 예외는 아니었어. 바로 이 점은 광종 개혁의 오점으로 남아 있단다. 광종의 말년은 이렇게 살벌하게 흘러갔어.

결과를 볼까? 태조 이후 혜종, 정종, 광종에 이르기까지 4대에 걸친 왕과 호족의 권력 투쟁이 어느 정도 마무리됐어. 일단 왕이 승리했다고 봐야겠지? 그 후로 호족들은 점차 중앙 귀족으로 변해갔어. 이들이 나중에 문벌귀족이 된 거야.

훈요10조가 조작됐다?

태조의 유언이나 다름없는 훈요10조는 말 그대로 10개 항목으로 돼 있어. 그런데 좀 이상한 대목이 발견돼. "차령산맥 이남의 사람을 관직에 기용하지 마라"는 8조의 내용이 대표적이야. 차령산맥 이남은 지금의 전라도 지역이지. 후백제가 있던 곳이야.

이 조항이 사실일 수도 있어. 그렇게 판단할 근거가 충분히 있지. 후백제 지역의 사람들이 관직에 오르면 정치가 어지러워지고 반란이 일어날 수도 있을 거야. 그 점이 걱정돼 이 지역 사람을 기용하지 말라고 했을 수도 있어. 그러나 태조는 화합을 건국이념으로 표방했어. 그랬던 태조가 특정 지역을 소외시키려 했을까? 이해가 가지 않는 대목이지?

더욱이 태조의 스승이었던 도선대사가 그 지역 출신이었어. 두 번째 부인인 장화왕후도 전남 나주 출신이었어. 고려 건국 공신이었으며 자신을 위해 목숨을 바친 신숭겸 또한 원래는 전남 곡성 출신이었단다. 그런데 이 지역 사람을 쓰지 말라니, 갈수록 이상하지?

훈요10조 원본은 거란 침략 때 불에 탄 걸로 알려져 있어. 그런데 현종 시절 한 관료의 집에서 타버린 줄로만 알았던 훈요10조가 발견됐어. 이 관료는 신라 출신이었단다. 그렇다면 혹시 신라 출신 귀족들이 후백제를 깎아내리려고 훈요10조를 조작한 건 아니었을까? 물론 진실은 아직도 밝혀지지 않고 있지.

유교적 문벌귀족 국가가 되다

태조는 숭불을 건국이념으로 삼았어. 태조의 유언인 훈요10조에도 연등회와 팔관회 같은 불교 행사를 거르지 말라는 당부가 들어 있지? 그래서일까? 오늘날 '고려=불교국가'로 생각하는 사람이 많은 것 같아.

그러나 불교는 민심을 다독이기엔 좋았지만 중앙집권 체제와 왕권을 강화하는 통치이념으로는 더 이상 적합하지 않았어. 삼국시대보다 훨씬 고차원적인 사회가 됐잖아? 이 때문에 새로운 통치이념이 필요했어. 당시 왕이 관심을 가진 학문은 유학이었단다.

성종6대 시절, 고려는 유교를 통치이념으로 삼은, 문벌귀족 국가로 변신하게 돼. 변신 과정을 살펴볼까?

전시과, 토지 제도의 시작

광종이 말년에 대신들을 무자비하게 숙청했다고 했지? 이때 대신들만 희생된 게 아니야. 광종은 혜종의 아들 흥화군과 정종의 아들 경춘군까지 죽였단다. 그들이 왕이 되기 위해 반란을 꾸몄다는 게 이유였어. 그러나 실제로 그들이 반란을 도모했는지는 확인되지 않아. 어쩌면 그들이 장차 자신에게 등을 돌릴 것을 우려해 미리 누명을 씌우고 죽였을지도 몰라. 진실은 알 수 없지.

광종의 장남 왕유도 두려움에 떨어야 했어. 광종은 설령 아들이라 해도 왕권을 넘보거나 역심을 품으면 절대 봐주지 않을 거라는 사실을 그는 너무 잘 알고 있었어. 왕유는 공포 속에 태자 시절을 보내야 했어.

시간이 흘러 광종이 세상을 떠났어. 그때까지 목숨을 부지한 왕유가 경종5대에 올랐어. 경종은 아버지가 대신들을 무자비하게 숙청하는 모습을 보며 자랐지? 그 자신도 생명에 위협을 느낄 만큼 공포에 떨었던 적이 한두 번이 아니었어. 그래서였을까? 경종은 정반대의 정치를 펼치려 했어. 우선 광종이 투옥시킨 대신들을 풀어 줬어. 그들의 하소연을 듣고, 죄가 없다 싶으면 죄를 면해줬지.

이 정도라면 성군 소리를 들을 것 같지? 경종은 한발 더 나아가 보복법을 만들었어. 말 그대로 억울한 사람이 보복을 할 수 있는 법이야. 법의 내용을 볼까? 광종 때 누군가가 아버지를 모함해 억울하게 죽은 사람이 있다고 가정해 봐. 이제 보복이 가능해졌으니 당시 피해자는 모함했던 사람을 찾아 죽여도 돼.

억울함을 풀어주겠다는 취지는 알겠지만, 이런 법이 제대로 돌아갈 것 같아? 실제로 이 법을 핑계로 여기저기에서 살육이 자행됐어. 심지어 태조의 서자였으며 경종에겐 삼촌뻘이던 왕족 두 명도 살해됐지. 놀란 경종은 법을 철회했어. 이 법은 아마 광종 때 희생당한 호족 파벌이 경종을 부추겨 만들었던 것 같아.

그래도 경종은 광종이 구축해 놓은 중앙집권제의 덕을 톡톡히 봤

영릉 · 경종의 능이다. 경종은 전시과를 실시해 고려 토지 제도의 뼈대를 마련했다.

어. 더 이상 호족들이 마구 날뛰진 않잖아? 맞아, 왕권이 상당히 안정된 거야. 경종은 아버지의 뒤를 이어 제도를 정비하기 시작했어. 대표적인 업적으로 여겨지는 게 전시과야. 처음 시행됐다고 해서 시정전시과라고도 부르지976년. 이 전시과 제도는 고려 토지 제도의 기본 골격으로 자리 잡았단다.

전시과는 벼슬과 인품에 따라 전·현직 관리들을 18등급으로 나눈 후, 등급에 따라 국가가 땅을 나눠주는 제도야. 여기서 말하는 땅은 크게 두 종류였어. 하나는 곡물을 얻는 전지, 또 하나는 땔감을 얻는 시지. 이 둘을 합쳐 전시과라 부른 거야. 엄밀하게 말하면 땅을 준 건 아니었어. 그 땅에서 농사를 짓는 양민으로부터 세금을 거둘 수 있

시기		등급	1	2	3	4	5	6	7	8	9	10	11	12	13	14	15	16	17	18
경종 (976)	시정 전시과	전지	110	105	100	95	90	85	80	75	70	65	60	55	50	45	42	39	36	33
		시지	110	105	100	95	90	85	80	75	70	65	60	55	50	45	40	35	30	25
목종 (998)	개정 전시과	전지	100	95	90	85	80	75	70	65	60	55	50	45	40	35	30	27	23	20
		시지	70	65	60	55	50	45	40	35	33	30	25	22	20	15	10			
문종 (1076)	경정 전시과	전지	100	90	85	80	75	70	65	60	55	50	45	40	35	30	25	22	20	17
		시지	50	45	40	35	30	27	24	21	18	15	12	10	8	5				

전시과의 토지 지급 액수

는 권한수조권을 준 거였지. 그러니 관리가 죽고 나면 토지는 국가에 반납해야 해.

전시과는 그 후 두 차례 개정됐어. 목종7대은 인품을 빼고 전·현직 관리에게만 수조권을 줬어. 이게 개정 전시과야998년. 다시 문종11대 때 전시과가 개정됐는데, 이번에는 토지 지급 대상을 더 줄였어. 전직 관료들을 빼고 현직 관료에게만 수조권을 준 거야. 이 제도는 경정전시과로 불렸어1076년.

토지 제도가 왜 이렇게 자주 바뀌었을까? 이유는 간단해. 땅이 부족해졌기 때문이야. 원래 전시과 제도는 땅 자체를 주는 게 아니라 수조권만 준 거였지? 그 수조권은 당사자가 죽으면 국가에 반납하는 게 원칙이었어. 그러나 실제로는 수조권이 그대로 상속되는 경우가 더 많았어. 이 밖에도 5품 이상에게 주는 공음전 같은 토지는 세습이 허용됐지.

이러다 보니 불과 20여 년 만에 땅이 부족해졌어. 새로 관료가 된 사람에게 줄 토지가 없는 거야! 그렇다고 해서 이미 준 토지를 야박하게 빼앗을 수도 없고…. 이런 고민을 하던 조정이 내린 해답이 "토지를 받을 대상자를 줄이자!"였던 거야.

개정 전시과, 즉 1차 조정 때 인품이라는 애매모호한 기준을 뺐어. 사실 이 기준은 고려 건국 공신이나 세력이 강한 호족 가문에게 토지를 주려고 넣었던 거야. 세월이 어느 정도 흘렀으니 그런 사람들은 이미 많은 땅을 확보했을 거야. 그러니 굳이 이 기준을 계속 유지할 필요가 없지.

다시 80년 정도가 흘렀어. 또다시 땅이 부족해졌어. 어쩔 수 없이 경정 전시과, 즉 2차 조정을 해야 했지. 이제는 은퇴한 대신들까지 신경을 쓸 여유가 없었어. 물론 그들도 이미 어느 정도 토지를 확보했으니 먹고 살 걱정은 하지 않겠지? 이 때문에 현직 관료에게만 토지를 주기로 한 거란다.

전시과를 시행해 토지 제도의 골격을 갖춘 경종은 말년으로 갈수록 정치를 멀리했어. 그러다 병이 심해지자 후계자를 선정했는데, 뜻밖에도 아들이 아니라 사촌동생이었어. 어린 아들이 왕이 되면 자칫 왕위도 빼앗기고 목숨도 잃을까 봐 그랬던 것 같아. 현명한 방법이었을까? 어쨌든 이렇게 해서 성종이 등극하게 돼.

성종, 체제 정비 끝내다

광종이 고려의 기틀을 다진 왕이라고 했지? 그렇다면 성종은 고려가 본격 발전할 수 있도록 체제 정비를 사실상 끝낸 왕이라고 할 수 있어.

성종은 유교를 통치 이념으로 받아들여 국가 체제를 정비했어. 선왕들이 불교를 숭상했던 것과 달리 성종은 유교를 받아들여 국가 통치이념으로 삼았지. 고려가 불교를 숭상한 나라라고만 기억한다면 이때부터는 틀린 생각이 되는 거야.

성종이 유교를 받아들인 이유는 명백해. 광종에 이어 강력한 중앙집권 체제를 구축하기 위해서였어. 성종은 왕에 오른 이듬해 유학자 최승로에게 개혁안을 만들도록 했어. 최승로는 곧 시무28조라는 개혁안을 만들어 올렸지.

개혁안은 고려 사회를 강력한 중앙집권 국가로 만드는 내용으로 이뤄져 있었어. 유교를 강화하기 위해 불교 행사를 줄이는 것도 포함돼 있었지. 승려의 횡포가 적발되면 가차 없이 처벌했어. 훈요10조를 어기면서까지 팔관회와 연등회를 없앴어. 성종의 생각을 들어볼까?

불교 자체를 폐지하려는 의도입니까?

"그건 아니다. 백성이 따르는 종교를 군주가 막아서야 되겠는가? 백성이나 왕이나, 모두 불교를 따르고 부처를 숭상하는 것을 막지는 않을 게다. 왕인 나 또한 불교를 믿고 있으며, 도교에도 관심이 많으니라.”

굳이 불교 행사를 없앨 필요는 없지 않았나요?

“불교와 도교가 나라를 통치해야 할 왕의 이념으로도 적합하다고 보는 건가? 그 행사를 준비하느라 천문학적인 액수의 재정이 소요된다는 사실을 어떻게 생각하는가? 승려의 권력이 커졌고, 타락한 승려들도 늘어나고 있느니라. 결국 백성에게 가는 피해가 크지 않겠는가?”

본래의 의도는 다른 데 있는 것이 아니었나요?

“짐의 솔직한 이야기를 듣고 싶은가? 좋다. 짐은 불교에 아무런 원한이 없다. 그러나 무작정 불교를 보호하고 육성하면 귀족과 승려만 배를 불리게 되느니라. 중앙집권 체제는 영영 물 건너가버릴 수도 있다. 따라서 국가의 새 판을 짜려면 유교 이념을 강화해야 했다. 이런 마당에 국가가 불교 행사를 주관하는 것은 어불성설이 아니겠는가?”

성종은 유교 이념을 바탕으로 본격적인 제도 개혁에 착수했어. 우선 중앙조직을 대대적으로 정비했어. 당의 3성6부제를 모방해 2성6부제를 실시했지.

2성은 중서문하성, 상서성이야. 중서문하성은 국정을 총괄하는 최고 국가기관이었어. 이 기관의 수장을 문하시중이라 불렀는데, 오늘날 수상이나 국무총리에 해당돼. 상서성은 실제 정책을 집행하는 기관이었어. 그 아래에는 이부, 병부, 호부, 형부, 예부, 공부 등 6부를

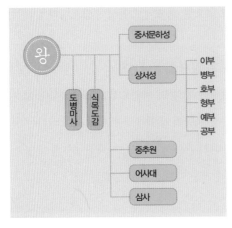

고려의 관제

됐지. 특이한 점은 당에서는 군사를 담당하는 병부의 서열이 네 번째인데, 고려에서는 두 번째였다는 거야. 그만큼 고려가 국방에 비중을 뒀다는 걸 알 수 있겠지?

이 밖에도 국정의 잘잘못을 따지고 관리를 감찰하는 어사대를 뒀어. 그 전에 있던 사헌대를 고친 거야. 왕명출납과 군국기무 업무를 담당하는 중추원도 뒀지. 곡식의 출납과 회계를 담당하는 삼사란 기관도 뒀는데, 훗날 조선의 삼사와 헷갈리지 마. 조선의 삼사는 사헌부, 사간원, 홍문관을 합쳐 부르는 것으로 언론 기능을 담당했단다.

중앙조직만 개편했다고 해서 나라의 골격이 완성되는 것은 아니야. 지방조직도 개편해야 돼. 성종은 이를 위해 우선 중요한 지역 12곳에 12목을 설치하고 목사를 파견했어. 목사는 현지 백성들을 통제하고 직접 세금을 거뒀어. 호족 세력이 강하다면 불가능한 일일 거야. 그래, 이 무렵에는 중앙집권 체제가 완전히 정착됐다고 할 수 있어.

다만 한 번에 지방조직을 정비하는 건 불가능해. 이후에 추가로 정비된 부분까지 마저 살펴볼까?

성종은 거란과의 1차 전쟁이 끝난 후 지방조직을 10도 12주로 재

고려의 행정 구역과 군사 구역 · 성종은 전국에 12목을 설치했다. 그 후 현종은 전국을 5도 양계로 나눴다. 도에는 안찰사를 파견해 백성을 다스리게 했고, 군사구역인 양계에는 병마사를 파견했다.

천리장성

영주(안북 도호부)

서경(평양) **북계**

서해도
★ 황주목

개경
★ 해주목 (개성)

황해

동주(안변 도호부)

교주도

★ 양주목

경기도 남경(서울)
★
광주목

양광도

충주목
★

청주목
★

공주목
★

전주목
★

전라도

충주목
★ 진주목
★

나주목
★

초기의 3경
서경(평양)
개경(개성)
동경(경주)

동해

동계

경상도

동경(경주)

후기의 3경
서경(평양)
개경(개성)
남경(서울)

편했고, 8대 현종은 전국을 5도 양계로 나눴어. 5도는 경기도, 충청도와 같은 일반 행정 구역이야. 이곳에는 안찰사를 파견해 백성을 다스리도록 했어. 양계는 군사적으로 중요한 행정 구역으로, 병마사를 파견해 국방을 책임지도록 했지. 또한 양계와 별도로 군사 요충지에는 진을 설치했어.

오늘날에는 도 밑에 군—읍—면—리—동이 있지? 당시 5도 밑에도 부—목—도호부—군—현이 있었어. 보통 도호부까지는 모두 조정에서 지방관을 파견했어. 군과 현에도 수령을 보냈는데, 이런 군현은 주군, 주현이라 불렀어. 하지만 모든 군과 현에 보내지는 못했어. 그런 군현은 속군, 속현이라 불렀는데, 실제로는 주군과 주현보다 더 많았어. 속군과 속현은 그 지방의 향리가 통치했어. 아직까지 중앙집권 체제가 완벽한 건 아니지?

성종은 군제도 개편했어. 이 개혁은 다음 왕들이 바통을 이어받았어. 8대 현종 때 어느 정도 완성됐지. 그 내용을 볼까?

우선 중앙군으로 2군 6위를 뒀어. 2군은 왕의 친위부대였는데, 일종의 경호부대라고 할 수 있어. 6위는 수도와 국경을 방어하는 군대였지. 2군 6위는 모두 직업군인이었기 때문에 조정으로부터 군인전이란 토지를 따로 받았어. 2군 6위의 사령관은 중방이란 곳에서 군사 문제를 논의했어. 이 중방이 군인들에게 최고 기관이었지.

반면 지방군에게는 아무런 혜택이 주어지지 않았어. 게다가 모두 농민이 군인 역할도 함께해야 했어. 주와 현의 지방군을 주현군, 양계에 있는 지방군을 주진군이라 불렀단다.

성종은 국자감이란 국립대학을 세우기도 했어. 이곳에서는 귀족의 자녀를 대상으로 유학을 가르쳤단다. 성종은 지방에까지 유학을 퍼뜨리려고 했어. 전국에 유학을 가르치기 위한 향교를 세우기도 했어. 유학 통치 이념에 따라 등급을 명백히 하는 관복을 제정하기도 했어. 참고로 유학과는 상관없지만 지방에 별도로 교육기관을 두기도 했어. 그건 경당이야. 알아두렴.

성종은 광종 때 실시한 노비안검법을 원점으로 돌려놓기도 했어.

양민으로 돌아간 노비 중 품행에 문제가 있는 사람을 다시 노비로 돌려놓은 거야. 이를 노비환천법이라 불러.

이제 고려가 유교 국가로 확실히 변했다는 점을 알 수 있겠지? 다만 이 과정에서 아쉬운 대목도 있어. 중국 송나라를 아버지의 나라로 모시기 시작했다는 거야. 원래 고려에서는 왕의 명령을 조서라고 했었어. 그런데 이때부터는 한 단계 낮춰 교서라고 불렀단다. 사대주의가 이 대목에서도 엿보이지?

문벌귀족 등장하다

이 무렵 고려 조정에는 도병마사와 식목도감이란 독특한 기구가 있었어. 다른 나라에서는 별로 찾을 수 없는 기구인데, 귀족들이 참여해 국가의 중대사를 논의하는, 일종의 귀족회의였단다. 이 대목에서 고려가 뭔가 달라졌다는 점을 느낄 수 있지 않니? 맞아. 호족 세력이 사라지고 그 자리를 문벌귀족이 차지한 거야. 이제 고려가 확실한 문벌귀족 사회로 접어든 셈이지.

보통 역사를 구분할 때 고려 건국 이후부터 중세로 잡아. 이유가 있어. 바로 이때부터 신분 사회의 성격이 달라지기 때문이야. 신라의 골품제는 통일신라, 후삼국시대까지 이어졌다가 고려에 와서 사라졌어. 특히 광종 때 과거 제도가 시행된 후로는 낮은 신분이라도 관료가 될 수 있었지. 혈연 중심으로 돌아가던 사회가 많이 달라진 셈이야. 좀 더 개방적으로 변했다고나 할까?

　그렇다면 호족과 귀족은 어떤 점이 다른 걸까?

　통일신라 말기부터 지방에 중앙정부의 영향력이 미치지 못했어. 그 지방의 실력자가 사실상 왕이나 다름없었지. 그 실력자를 호족이라고 불렀어. 고려 초기까지만 해도 이 호족들의 권력은 강했어. 그들의 권력이 강할수록 국왕의 권력은 약할 수밖에 없었지.

아집도 · 고려 문벌귀족의 이상적인 삶의 모습을 그린 그림이다.

고려 국왕들은 호족을 중앙 귀족으로 바꾸려고 노력했어. 광종의 개혁도 그런 차원에서 이뤄진 거야. 그 노력의 결과가 나타났어. 신라시대의 6두품을 비롯해 많은 호족들이 지역을 떠나 점차 중앙 정치로 진출하기 시작했어. 이윽고 그들은 중앙에서 정치 세력을 형성했어. 이들이 바로 문벌귀족이란다.

문벌귀족이 본격적으로 등장한 게 성종이 통치하던 이 무렵이야. 귀족들은 자기들끼리 혼인을 하면서 세력을 키웠어. 이런 혼인 가운데 최상의 혼인은 왕실 사람과의 혼인이었어. 왕실 또한 강력한 귀족 가문을 자기편으로 만들기 위해 혼인을 마다하지 않았지.

문벌귀족이 누리는 특권은 정말 많았어. 그들은 공음전이란 토지를 공짜로 받아 재산을 불렸어. 과거를 치르지 않고도 벼슬에 오를 수 있는 제도도 있었지. 이게 음서 제도야. 정5품 이상 귀족들의 자제는 이 제도를 통해 중앙 관직에 오를 수 있었어.

과거를 통해 정계에 진출한 신진세력에게 이런 문벌귀족이 좋게 보일 리가 없겠지? 두 세력은 항상 갈등을 벌였어. 신진세력의 힘이 약했던 고려 전기에는 큰 충돌이 생기지 않았지. 그러나 앞으로 살펴보겠지만 시간이 지나면서 결국 많은 사건이 터지게 돼.

문벌귀족 가운데 특히 세력이 강한 가문도 곧 등장했어. 인주 이씨가 대표적이야. 이 가문은 문종11대에게 딸을 시집보낸 걸 계기로, 두고두고 왕실과 인연을 맺었단다. 이 가문의 이자연은 막강한 권력을 누렸고, 최고 벼슬인 문하시중에까지 올랐어. 인주 이씨 가문은 이때부터 인종17대 때까지 7대 왕 80여 년간 왕비를 연달아 배출했어. 권세가 꺾일 틈새가 없지? 나중에 살펴보겠지만 이자연의 손자 이자 겸은 문벌귀족만으로는 만족하지 못했어. 기어코 왕을 쫓아내려고 반란을 일으킨단다.

고려는 황제의 나라였다!

950년 광종은 광덕이란 연호를 선포했어. 고려가 중국에 예속되지 않은, 당당한 자주국이란 사실을 공개적으로 밝힌 거야. 사실 통일신라 이후 한반도 왕조들은 줄곧 중국에 대해 사대주의를 고수했어. 이런 상황에서 독자 연호를 쓴다는 것은 쉽지 않지. 이 때문에 이때의 연호 사용은 실로 모험이었다고 할 수 있어.

그러나 광종 또한 중국으로부터 자유로울 수는 없었어. 연호를 쓴 바로 다음 해, 중국 후주의 연호를 다시 썼단다. 후주는 중국 5대10국시대의 마지막을 장식한 나라야. 그 후주가 951년 건국되자 광종은 충돌을 피하기 위해 그들의 연호를 그냥 쓰기로 한 거야. 좀 아쉬운 대목이지?

광종은 960년 후주가 멸망하자 다시 준풍이란 독자 연호를 사용했어. 그렇지만 송나라가 962년 건국되자 또다시 송의 연호를 따라 썼지. 오락가락, 좀 복잡하지?

그래도 5대10국의 혼란한 틈을 타 고려의 세력을 키우려 했던 점은 높이 사야 해. 전쟁을 피하기 위해 중국 국가들에 몸을 낮출 수밖에 없었지만 내부적으로는 제국의 위상을 강화하려고 노력했잖아? 이를테면 광종은 수도 개경을 왕도가 아니라 황도라 부르게 했어. 서경은 서쪽의 수도란 뜻의 서도라 불렀어. 이 점을 보면 광종 시대의 고려는 분명 황제의 나라였다고 할 수 있겠지?

거란을 꺾다

문벌귀족 사회가 무르익고 있던 고려에 위기가 닥쳤어. 북쪽에서 거란이 세운 요나라가 침략해온 거야. 이 전투를 시작으로 요나라는 세 차례에 걸쳐 고려를 침략했단다. 이를 고려—거란 전쟁, 또는 고려—요 전쟁이라 불러993~1019년.

이 전쟁사에서 기억할 만한 게 있어. 유명한 서희의 외교담판1차전, 강감찬의 귀주대첩3차전이 바로 그거야. 이 전쟁을 재구성해 볼까?

말로 적을 제압하다

한반도 북방에서 해동성국의 전성기를 누린 발해. 10세기 들어 신흥 강국으로 떠오른 거란이 그 발해를 쳤어. 발해는 거란의 침략을 막아내지 못하고 무너지고 말았지926년.

그로부터 8년이 흘렀어. 고려 태조가 통일 대업을 달성하기 2년 전이었어. 발해의 왕자 대광현과 유민들이 고려로 망명을 왔단다. 모두 극도로 피곤해 보였어. 그 먼 길을 이동했으니 그럴 법도 할 거야. 태조는 기꺼이 그들을 받아들였어. 발해를 멸망시킨 거란에 대한 분노는 더욱 강해졌어.

다시 8년이 흘렀어. 그사이에 거란은 나라 이름을 요로 바꿨어. 중

거란 글자가 새겨진 청동 거울 · 개성에서 출토된 것으로 거울 꼭지를 중심으로 거란 글자 네 자가 양각되어 있다.

국 본토로 진출하는 데 성공해서 모든 것을 중국식으로 바꾼 거지. 그 후 요의 태종이 낙타 50필을 보내면서 고려와 친교 맺기를 청했어942년. 진노한 태조의 목소리가 궁궐 안에 쩌렁쩌렁 울려 퍼졌어.

"뭐라? 거란이 친교를 맺자고 한다? 우리 동족 발해를 멸한, 그 야만 민족이 우리와 친교를 맺자고? 어림없는 소리! 그들을 물리쳐 고려의 옛 땅을 되찾겠다는 우리의 약속을 대신들은 잊었는가?"

태조는 낙타를 만부교란 다리에 묶어 놓고 굶겨 죽였어. 사신은 멀리 섬으로 유배 보내 버렸지. 이듬해 태조는 세상을 떠나면서도 당부의 말을 잊지 않았어.

"후대의 왕들은 훈요10조를 반드시 새기도록 하라. 거란은 철천지원수이니, 절대 그 풍속을 따르지 말지어다. 또한 그들과 가까이 해서도 안 된다."

이 유언을 후대의 왕들은 모두 지켰어. 정종은 거란과의 싸움에 대비해 30만 명의 대군을 모아 광군요의 침입에 대비한 특수 군단을 조직했지. 광종은 한족의 송나라가 중국에 들어서자 화친을 맺었어.

이 무렵 요의 세력은 나날이 커지고 있었단다. 곧 송을 칠 기세였어. 그러자 송은 고려와 연합해 요에 맞서려 했어. 전쟁의 기운이 감돌기 시작했지.

요의 성종6대이 즉위했어. 고려 성종과 묘호가 같지? 요 성종은 바로 고려 침략 준비를 시작했어. 먼저 발해의 후손이 세운 정안국부터 정복했어986년. 이어 압록강 일대에 성을 쌓기 시작했지. 고려를 압박하고 있는 느낌이 들지?

결국 일이 터졌어. 소손녕이 이끄는 요의 대군이 고려를 침략한 거야1차전, 993년. 예상했던 대로 거란군은 강했어. 곧 여러 성이 함락됐지. 고려 조정에 비상이 떨어졌어. 거란의 기세에 눌린 대신들은 항복만이 살길이라고 말했어.

"서경을 떼어 주면 적들이 물러갈 것이옵니다. 폐하, 속히 그렇게 하시옵소서."

"정녕 그 방법밖에 없단 말인가? 내 죽어 선왕들을 볼 면목이 없구나."

서경 이북 영토를 내주고 화친하자는 쪽으로 의견이 기울고 있었어. 바로 그때 서희가 반대하고 나섰어.

"폐하. 땅을 내주다니요? 안 될 말입니다."

"그럼 어떻게 한단 말이오?"

"싸워야 합니다. 제가 가서 담판을 짓도록 하겠습니다."

서희는 말을 타고 적진으로 들어갔어. 적장 소손녕은 서희에게 말에서 내릴 것을 요구했어. 자신에게 예를 갖추라는 뜻이야. 서희는 고려의 신하이지, 요의 신하가 아니기 때문에 그럴 수 없다고 맞섰어. 그 긴박한 순간에도 서희의 기개는 전혀 꺾이지 않았어. 결국 소손녕이 두 손을 들었어. 이윽고 협상이 시작됐어. 소손녕이 먼저 입을 열었지.

"고려는 신라 땅에서 일어났는데, 왜 우리 땅을 넘보는가? 또 바다 건너 송을 섬기면서도 국경을 맞대고 있는 우리는 섬기지 않는가?"

"고려는 고구려를 계승했다. 그래서 나라 이름도 고려라 지은 것이다. 우리가 고구려 역사를 잇고 있기에 당신 나라의 동쪽 수도인 동경도 엄밀히 말하면 우리 땅이다. 마찬가지로 압록강 일대도 우리 땅인데, 여진이 그 땅을 차지하고 있다. 요를 섬기지 못하는 것은 여진이 사이에 끼어서 방해하기 때문이다. 이런 상황이니 바다 건너에 있는 송과 교류하는 게 편하지 않겠는가?"

"흠. 듣고 보니 일리가 있는 것 같다. 우리가 어떻게 해 주면 좋겠는가?"

"고려가 여진을 평정하는 것을 도와주면 어떻겠는가? 그렇게 하

강동6주 · 거란의 1차 침략 당시 서희 장군이 탁월한 외교로 얻은, 서북쪽 6개 지역이다.

통한국사 1

면 여진을 정벌하고 그대의 나라를 섬기겠노라."

"좋다. 그렇다면 우린 군대를 철수시키겠다."

서희는 속으로 미소를 지었어. 사실 요는 고려를 정복하려는 뜻이 별로 없었단다. 당시 요는 중국 본토의 송에 더 관심이 많았어. 따라서 송을 치기 전에 먼저 고려를 단속하려는 뜻에서 침공했던 거야. 그래야 요가 송과 전쟁을 벌이고 있을 때 뒤에서 고려가 치지 않잖아? 서희는 이런 요의 침략 의도를 이미 알고 있었고, 그 점을 이용해 과감한 외교담판을 벌였던 거지.

결과를 볼까? 서희는 송과의 관계를 끊고 요를 섬기겠다고 약속했어. 그 대신 여진을 정벌할 때 거란이 방해하지 않겠다는 약속도 얻어냈지. 당시 여진은 국가를 건설하지 못하고 부족 단위로 살고 있었어. 정벌은 어렵지 않았지. 이듬해 서희는 평안북도 해안 지대에 있는 동여진을 몰아내고 흥화진, 통주, 귀주ᵍ구주, 곽주, 용주, 철주 등 강동6주를 설치했어. 그야말로 대단한 실리 외교라고 할 수 있지?

첫 정변, 왕이 피살되다

탁월한 외교로 피 한 방울 흘리지 않고 강동6주까지 획득한 영웅 서희. 그러나 조정의 대신들은 그를 반기지 않았어.

사실 조정의 문벌귀족 가운데 상당수가 신라 귀족 출신이었어. 신라는 삼국을 통일할 때 당으로부터 큰 도움을 받았어. 그래서 문벌 귀족들은 대체로 중국의 한족 왕조에 대해 우호적이었어.

그 당은 멸망했지만, 5대10국시대를 거쳐 다시 한족의 송이 탄생했어. 그러니 신라를 이은 고려가 송을 섬기는 게 당연하다고 문벌 귀족들은 생각했어. 고려 초기, 고구려를 계승한다는 의식이 많이 퇴색한 것 같지? 고려가 안정되고 문벌귀족 체제가 탄탄해지면서 초기의 자유분방함과 기상을 잃은 셈이야. 그 대신 귀족 특유의 고상함과 전통, 허위의식 등이 더 중요해진 거지.

이런 상황이었으니 문벌귀족들은 송과의 관계를 끊겠다고 한 서희가 마음에 들지 않았어. 당연히 서희가 소손녕에게 한 약속도 지키지 않았지. 송과의 국교를 끊지도 않았고, 요를 상국으로 대우하지도 않았어. 요는 화가 났지만 당장 고려를 침략하지는 않았어. 때를 기다린 거야.

성종에게는 아들이 없었어. 결국 조카인 개령군에게 왕위를 물려줬는데, 이 왕이 목종이야 ^{997년.}

이 조카가 누구인지 짐작할 수 있니? 바로 경종의 아들이었단다. 경종은 두 살밖에 되지 않은 아들을 걱정해 사촌 동생인 성종에게 왕위를 넘겨줬지? 성종은 어린 조카를 데려다 키운 후 왕위를 돌려줬던 거야. 결과만 보면 경종의 선택이 현명했던 셈이야.

목종은 전시과를 손질했어. 그게 바로 개정 전시과야. 이미 살펴본 내용이지? 목종은 학문을 적극 장려하기도 했어. 나름대로 정치를 잘해 보려고 노력했다는 점을 알 수 있겠지? 그러나 목종은 고려 국

왕 중에서 처음으로
피살된 불우한 왕이
었단다.

목종의 어머니 천
추태후가 불행의 씨
앗이었어. 천추태후
는 남편인 경종이
죽자 김치양이란 인

선릉 · 현종의 능이다. 강조에 의해 추대된 현종은 왕위에 오른 뒤로
요와의 전쟁으로 큰 어려움을 겪었다.

물과 부적절한 관계를 가졌지. 형수의 타락을 보다 못한 성종은 김
치양을 귀양 보내 둘 사이를 강제로 떼어 놓았어. 그러나 성종이 세
상을 떠나자 천추태후는 김치양을 다시 궁궐로 불러들였어. 급기야
둘 사이에 아들까지 태어났지.

목종은 아들이 없었어. 그 기회를 노려 천추태후는 새로 낳은 아
들을 목종의 후계자로 삼으려 했지. 그러나 이미 목종의 사촌이면서
당숙5촌이 되는 대량원군이 후계자로 정해져 있었어.

당숙이면서 사촌이 되는 관계가 당시에는 이상할 게 없었어. 왕실
에서 이런 관계는 아주 흔했거든. 가령 천추태후만 하더라도 태조의
손녀이면서 경종의 부인이었어. 사촌끼리 결혼하는 것은 예사였고,
자매가 한 왕에게 시집가는 것도 다반사인 시대였지. 족보가 뒤죽박
죽이 될 수밖에 없겠지?

다시 돌아가서…. 천추태후는 대량원군을 죽이기로 했어. 목종이
이 사실을 알아챘지. 목종은 강조란 장수에게 대량원군을 지키도록

했어. 그런데 문제가 생겼어. 강조가 목종을 배신한 거야. 강조는 군대를 이끌고 궁궐로 진격했어. 궁궐을 장악한 강조는 무능한 왕 목종을 폐위하고 귀양을 보냈어. 목종은 고양이에게 생선을 맡겼다가 낭패를 본 셈이야. 강조는 국왕이 살아 있는 게 마음이 놓이지 않았나 봐. 결국 자객을 보내 경기 파주의 해안가에서 목종을 살해하고 말았단다.

강조는 이어 천추태후와 김치양도 숙청하고, 권력을 장악했어. 그 다음에는 원래 왕위를 잇기로 돼 있었던 대량원군을 왕위에 올렸어. 이 왕이 현종8대이야. 신하에 의해 왕이 결정된 셈이지. 이 사건을 강조의 정변이라고 한다1009년.

정변은 곧 정리됐어. 그런데 문제가 생겼어. 이 정변으로 인해 더 큰 사건이 터졌다는 거야. 그래, 요가 이 사건을 구실로 고려를 재침략했어.

2차전, 개경 초토화

고려와 거란의 1차 전쟁이 터지고 17년이 흐른 시점. 요의 성종은 강조의 정변을 구실로 고려를 다시 침략했어. 무려 40만 대군이었어1010년, 2차전. 도대체 고려 안에서 벌어진 이 정변이 요와 무슨 상관이 있는 것일까? 요의 성종은 어떤 생각을 하고 있었던 것일까?

강조의 정변은 고려의 일이다. 왜 요가 관여하는가?

"무슨 소리냐? 1차 전쟁 때 고려는 요를 섬길 것을 약속하지 않았느냐? 따라서 고려는 요의 신하나라이다. 신하나라에서 일어난 불미스러운 사건을 어찌 그냥 넘길 수 있겠는가? 마땅히 벌을 내리는 게 옳다."

정변 직후 고려 조정이 사신을 보내 상황을 설명하고 양해를 구하지 않았는가?

"그랬다. 그렇지만 나는 용서할 뜻이 없다. 신하가 왕을 살해하다니! 이런 패륜을 저질러 놓고 나중에 양해를 구한다? 어찌 받아들일 수 있겠는가?"

사실은 다른 속셈이 있는 것 아닌가?

"좋다. 솔직히 말하겠다. 나는 고려가 송과 계속 교류하는 게 마음에 들지 않는다. 게다가 고려는 전혀 요에 대해 사대를 하지 않고 있다. 이처럼 고려가 약속을 이행하지 않으니 뜨거운 맛을 보여줘야 하지 않겠는가? 또한 고려가 여진에게 빼앗은 강동6주도 본래 우리 땅이니 되찾을 생각이다."

고려를 정복할 생각인가?

"그럴 생각은 없다. 이번에는 요의 명령을 어기면 어떤 대가를 치르게 될지 보여주는 정도로만 끝낼 작정이다."

전쟁이 터지기 직전, 강조는 통주^{평안북도 선천}에 미리 군대를 주둔시켜 방어하도록 했어. 하지만 막상 전투가 벌어지자 강조의 군대는 맥을 못 췄어. 전투에서도 패했고, 강조도 목숨을 잃었지.

거란군은 남하를 서둘렀어. 서경을 거쳐 곧 개경으로! 곳곳에서 고려 군대가 요의 군대와 맞섰지만 힘에서 밀렸어. 전쟁이 시작되고 3개월이 지났어. 거란군이 개경 입구까지 들이닥쳤어. 고려 조정이 또다시 혼란스러워졌겠지?

"폐하. 개경이 함락될 위기에 놓였습니다. 부디 화친을 제의해 종묘사직을 보전하심이 옳은 줄 아뢰오."

"그렇사옵니다. 적에게 머리를 조아리는 게 비통하지만 지금으로서는 다른 방법이 없는 듯하옵니다."

뾰족한 수가 없었어. 항전하더라도 일단 왕부터 피신시키는 수밖에. 현종은 멀리 전남 나주까지 피난 가야 했어. 그사이에 요의 군대가 개경을 함락했지. 거란군은 닥치는 대로 불을 질렀어. 민

귀주대첩(1019)
→ 1차 침략(993년)
→ 2차 침략(1010년~11년)
→ 3차 침략(1018년~19년)

거란

통화진 귀주
용주
침주 통주
곽주
자주(자산)
숙주
서경
(평양)
신은현(신계)
황주
평주(평산)
개경(개성)

거란의 침략 · 1차전은 서희 장군이 막았지만 강조 정변을 구실로 발생한 2차전 때는 수도가 폐허가 됐다. 3차전에서는 강감찬이 거란군을 귀주대첩을 통해 대파했다.

가는 말할 것도 없고 궁궐까지 모조리 타 버렸어.

현종의 피난길도 험난했어. 일부 백성들은 왕이 무능한 탓이라며 분노를 터뜨렸어. 어떤 건달은 왕에게 활을 쏘았고, 어떤 곳에서는 왕을 납치하려는 시도까지 있었다는구나. 공주에 잠시 머물 때는 죽음의 위기를 피하기 위해 임신한 황후를 놓고 홀로 도망쳐야 할 정도였다니, 왕의 위신이 말이 아니었어.

그래도 요의 군대와 싸우는 고려군은 용맹했어. 고려군은 요 군대의 뒤쪽을 쳤어. 물자보급로를 차단하려는 목적이었지. 식량이며 옷이며 무기며…. 이런 것들을 보급 받지 못했으니 요의 병사들이 고생이 꽤 심했겠지? 결국 요는 전쟁에서 이기고 있으면서도 병사들의 사기가 뚝 떨어지는, 이상한 상황이 돼 버렸어. 이러니 요도 전쟁을 끝내고 싶었을 거야.

바로 이 틈을 노려 고려가 화친을 요청했어. 요 성종은 고려 국왕이 입조신하의 예를 갖추고 요의 조회에 참석하는 일를 한다면 군사를 물리겠다고 했어. 고려가 이에 동의하자 요는 군대를 철수시켰어. 이로써 2차전도 끝이 났지.

요도 전쟁이 끝나 기뻤어. 빨리 돌아가고 싶었을

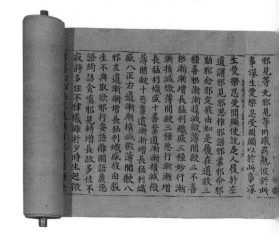

초조대장경 · 거란의 침략을 부처의 힘을 빌려 물리치겠다는 의지로 만든 대장경의 인쇄본이다. 처음 만든 대장경이라는 뜻에서 초조대장경이라고 한다.

거야. 하지만 쉽게 철군하지는 못했어. 귀주에서 양규 장군이 기다리고 있었거든. 그의 군대가 요의 군대를 쳤어. 여러 차례에 걸쳐 8000여 명의 거란 병사를 죽이고 1만여 명의 백성을 구해냈단다. 대단하지? 양규는 안타깝게도 전투 도중 목숨을 잃었어.

2차전 때의 일로, 기억해야 할 게 하나 있어. 처음으로 대장경을 만든 거야. 불교의 힘을 빌려 거란을 몰아내겠다는 뜻이 담겨 있지. 수도 개경이 함락된 바로 그해, 대대적인 대장경 제작 작업이 시작됐는데, 이렇게 해서 만들어진 게 초조대장경이야. 이 초조대장경 판목은 훗날 몽골 침략 때 모두 불에 타고 말았어.

귀주대첩 승리, 거란 최종 격퇴하다

현종이 개경으로 돌아왔어. 폐허가 된 개경을 바라보는 현종의 심정이 아주 착잡했을 거야. 그 때문이었을까? 현종은 요에 대한 마음의 문을 더욱 굳게 닫아 버렸어. 그래, 요에 입조하지 않기로 한 거야. 현종은 사신을 보내 "병이 나서 못 가니 양해해 달라"며 핑계를 댔어.

요가 화가 났나봐. 요는 강동6주를 돌려 달라며 공식적으로 요구했어. 물론 고려는 거절했어. 이어 보란 듯이 송과의 교류를 늘렸어. 그러더니 결국에는 거란과의 국교도 끊었단다.

문벌귀족은 이처럼 여러 속성을 보여줬어. 강조처럼 권력을 탐내는 귀족이 있었는가 하면, 서희처럼 고구려의 패기를 계승한 귀족도 있었지. 또한 송만을 섬기는 사대주의자들도 많았어.

사실 현종이 요와의 약속을 지키지 않은 것은 요에 대한 반발 때문만은 아니었어. 송에 대한 의리를 지키려고 요를 멀리했다는 뜻이야. 송은 이미 요와의 싸움에서 패해 '전연의 맹약'을 맺은 바 있어1004년. 맞아. 당시 동아시아에서 최고의 강대국은 요였어. 고려는 그런 요를 멀리하고 오로지 한족의 송에 대해서만 의리를 지키려고 했던 거야.

고려 내부 사정도 좋지는 않았어. 특히 무신들의 사기가 바닥을 기고 있었어. 물론 여기에도 이유가 있었어. 고려 조정이 무신을 홀대했기 때문이야. 심지어 무신들에게 줬던 토지까지 빼앗았다는구나. 이 홀대에 대한 대가는 꽤 컸지. 무신정변이 일어나거든. 이 이야기는 나중에 할 거야.

요는 현종이 입조한다는 약속을 지키지 않는 점을 구실로 3차 침략을 준비하기 시작했어. 그러나 고려 군대가 강했다면 쉽게 침략하

귀주대첩(전쟁기념관 소장)

진 못했겠지. 요는 고려 군대의 사기가 엉망이란 사실을 너무 잘 알고 있었어. 승리에 대한 확신이 생겼지.

요의 소배압이 10만 대군을 이끌고 고려를 침략했어. 3차 전쟁이 터진 거야1018년. 이 전투의 영웅은 단연 강감찬 장군이야. 강감찬은 압록강 근처 흥화진에 1만 2000여 명의 병사를 배치하고는, 쇠가죽을 많이 구해오도록 했어.

"여봐라. 쇠가죽을 모두 이어 강의 물줄기를 막아라. 필시, 적들은 이곳을 지나갈 것이다. 내가 신호를 보내면 그때 일제히 물길을 트도록 해라."

이 작전은 주효했어. 아무것도 모르고 흥화진을 지나던 요의 병사들은 '물대포'를 맞고 우왕좌왕하기 시작했어. 바로 이때 매복해 있던 고려 병사들이 일제히 공격을 개시했지. 결과는? 고려의 대승이었어.

요는 일정을 바꿔 고려 수도인 개경부터 공략하기로 했어. 그러나 이 또한 쉽지 않았어. 가는 곳마다 고려군이 반격하는 바람에 변변한 승리 한 번 거두지 못한 거야. 그러는 사이에 한 해를 넘겼어. 요의 사령관 소배압도 더 이상 버틸 수 없다고 판단했는지, 철수 결정을 내렸지.

요의 군대가 짐을 싸들고 본국으로 돌아가기 시작했어. 그들이 귀주벌판에 도착했을 때였어.

"와!"

고려의 20만 대군이 후퇴하는 요의 군대를 공격하기 시작했어. 광활한 벌판에서 펼쳐진 전면전이어서 그랬을까? 소배압도 이번엔 물러서지 않고 맞섰어. 그러나 이 전투는 병력이나 사기 등 모든 측면에서 고려가 우세한 상황에서 치러졌어. 쉽게 말해, 승부가 안 되는 게임이었지.

결국 요의 병사는 수천 명을 제외하고 모두 몰살당했어. 적장 소배압도 간신히 목숨을 건져 돌아갔어. 고려는 이 전쟁의 압승으로, 요와의 전쟁에서 최종 승리할 수 있었단다. 이 전투가 바로 귀주 대첩이야. 본국으로 돌아간 소배압은 나중에 파면됐다는구나. 요 왕이 얼마나 화났는지 알 수 있겠지?

그 후 고려는 요와 화친했어. 송의 연호 사용을 중지하

청평산문수원중수기의 탁본(부분) · 이자겸의 할아버지인 이자연과 그가 만든 정원인 문수원의 사적을 적은 글이다. 명필 탄연의 글씨인데, 첫머리에 '대송 大宋 건염建炎'이라고 북송의 연호를 썼다.

고, 요의 연호를 쓰기 시작했지. 물론 입조는 하지 않았고, 강동6주도 돌려주지 않았어. 두 나라가 타협을 한 셈이지. 고려는 요와 대등한, 동북아시아의 강국이란 사실을 입증했어!

그래도 차후 벌어질 지도 모르는 전쟁에 대비해야겠지? 고려는 요

와, 만주에서 떠오르는 여진의 공격을 막기 위해 압록강 어귀^{흥화진}에서부터 동해안^{도련포}까지 천리장성을 쌓았어. 수도인 개경 주변에도 나성을 쌓았지.

대장경은 거란에서 수입한 문화다?

거란의 침략을 받은 후 고려 민중은 대장경을 만들기 시작했어. 1011년에 시작돼 76년 후인 1087년 완성된 이 대장경을 초조대장경이라고 부르지. 초조대장경의 마무리 작업을 하고 있던 1073년, 대각국사 의천이 송에서 가져온 자료를 추가해 1090년까지 18년간 새로 대장경을 만들기도 했어. 이 대장경은 속장경이라고 불러.

이 대장경들은 부인사에 보관했어. 그러나 1232년 몽골의 침략 때 불에 타 버렸어. 고려 민중이 1236년 다시 대장경 제작에 착수해 1251년 모든 작업을 끝냈어. 이때 완성된 게 재조대장경인데, 바로 현재 해인사에 보관된 팔만대장경이란다.

이 대장경들을 통틀어 고려대장경이라 불러. 최초에 모델로 삼았던 것은 972~983년 송에서 제작된 북송대장경이었어. 이 북송대장경은 목판으로 만들어진, 최초의 대장경이라고 알려져 있어. 고려도 이 북송대장경에 영향을 받아 고려대장경을 만들기 시작했던 거야.

그러나 내용 면에서는 이 대장경이 많이 빈약했나 봐. 반면 거란이 만든 거란대장경에는 귀중한 자료가 많이 들어 있었다는구나. 거란 또한 독실한 불교국가였거든. 고려와 거란이 전쟁을 겪는 동안 거란대장경이 고려에도 전파됐어. 고려인들은 거란대장경을 참고해 더욱 훌륭한 팔만대장경을 만든 것이라고 할 수 있지. 어쨌든 거란과의 전쟁에서 잃기만 한 건 아니지?

전쟁이 끝나니 태평성대가!

현종은 왕에 오르는 순간부터 요와의 전쟁에 시달렸어. 전쟁이 끝났으니 얼마나 마음이 놓였겠어? 현종은 피해를 복구하기 위해 지방제도를 손질하는 등 많은 노력을 기울였단다. 전쟁으로 상처 입은 민심을 달래려고 팔관회와 연등회를 부활시키기도 했어.

성종 때 시작된 지방조직 정비 작업이 5도 양계로 최종 마무리된 것도 현종 때의 일이었지. 사실 성종 때는 전국을 10도로 나눴었어.

현종의 뒤를 이은 왕들도 고려의 부흥을 위해 많은 애를 썼어. 그 결과 고려는 출범 이후 최고의 전성기를 맞았지. 문화의 황금기가 찾아왔어. 이때를 어떤 학자들은 고려 르네상스시대라고도 한단다. 그 시대를 들여다볼까?

세계와 교류하며 황금기를 맞다

현종의 장남이 덕종9대에 올랐어. 덕종은 압록강 입구에서부터 동해안의 도련포까지 천리장성을 쌓기 시작했지. 이 성은 정종10대 시절, 완성됐단다1044년.

이 성을 왜 쌓았을까? 비록 전쟁은 끝났지만 여전히 요와 대립하고 있었기 때문이야. 또한 여진도 점점 세력을 키우고 있었어. 고려

관경변상도(부분) · 14세기에 그린 고려 불화로, 불교를 믿는 고려 왕족이나 귀족의 모습을 살펴볼 수 있는 자료이다.

가 국경 방어에 신경을 더 쓸 수밖에 없었겠지?

정종은 왕족이 아닌 다른 가문에서 부인을 맞았어. 이는 당시로서는 매우 충격적인 사건이었어. 그 전까지 왕들은 왕족에서 배우자를 구하는 게 관례였어. 그러다 보니 사촌형제와 결혼하거나 언니와 동생이 한 명의 왕에게 시집가는 일이 흔했지. 심지어 삼촌에게 시집가거나 이모에게 장가가는 경우도 있었어. 가족 간의 결혼에 집착한 이유가 뭘까? 바로 왕족의 순수한 혈통을 유지하기 위해서였어. 요즘 상식으로는 이해가 가지 않지? 어쨌든 그 전통을 정종이 처음으로 깬 거야.

덕종과 정종은 친형제였어. 그 뒤를 이은 문종11대은 둘과 배다른 형제였지. 세 명의 형제가 잇달아 왕이 된 셈이야.

문종은 고려의 문화를 크게 발전시킨 왕으로 평가받고 있단다. 유교와 불교를 차별하지 않았던 문종은 흥왕사란 절을 세웠고, 왕자를 승려로 출가시키기도 했지. 왕자 가운데 승려가 된 대표적인 인물이 바로 대각국사 의천이야.

문종 시절, 고려는 많은 나라와 교류를 했어. 가까이로는 중국의 송으로부터 선진 문화를 받아들였어. 바다 건너서는 일본으로부터 사신을 맞아들였지. 멀리로는 이슬람 세계와 교역을 늘리기도 했어. 반면 야만족인 동여진이 북방을 공격할 때는 무력을 사용해 내쫓았어. 오랜만에 고려에 태평성대가 찾아왔지. 바로 이 점 때문에 문종을 고려 초기, 문화 황금시대를 연 왕으로 평가하기도 한단다.

오늘날 한국을 영어로 코리아KOREA라고 부르지? 이 영어 단어의

북송의 매병과 주전자
북송의 유명한 가마에서 제작한 도자기로 고려와 북송의 교류를 보여주는 유물이다.

기원이 바로 이 무렵 만들어졌어. 고려를 찾았던 아라비아 상인들이 서양에 고려를 소개하면서 코리아라고 말했던 거야. 물론 어떤 학자들은 코리아의 유래를 고려가 아니라 고구려에서 찾기도 해. 원래 고구려를 구려

라고 불렀고, 이 구려에서 코리아가 유래했다는 거야. 이 학설도 나름대로 일리가 있지만, 대체로는 코리아의 기원을 고구려가 아닌 고려에서 찾는단다. 알아두렴.

고려가 이처럼 멀리 서역에까지 알려진 것은 활발한 무역 덕분이었어. 거란과의 전쟁을 끝내고 평화 시대가 시작되면서 각국의 상인들이 고려를 찾았지. 대표적인 무역 기지가 예성강 하구에 있는 벽란도였어. 이곳에 북쪽에서 거란, 서쪽에서 송, 남쪽에서 일본이 찾아왔고, 멀리 아라비아 상인도 간간이 들렀지.

아무래도 가장 교류가 많았던 나라는 송이었어. 당시 고려는 송에 대한 사대주의를 완전히 버리지 못했어. 사실 송에 집착한 이유가 있어. 송의 문화 수준이 고려보다는 한 걸음 앞서 있었거든. 송나라뿐 아니라 중국의 역대 왕조들은 대대로 동아시아의 중심임을 자처했어. 이 사상이 바로 중화사상이야. 냉정하게 따지면, 그들의 자신감이 완전히 터무니없는 것은 아니었어. 중국의 문화와 경제 수준이 우리나라나 일본 등 다른 동아시아 국가보다 높았던 게 사실이니까.

이런 상황을 반영하듯 송과의 무역 품목도 사치품이거나 학문과 관련된 것이 대부분이었어. 사실 생각해 봐. 수입품을 누가 쓰겠어? 문벌귀족이지? 그러니 고상한 것이나 값비싼 것들이 많을 수밖에 없어. 서적이나 비단, 약재가 대표적인 수입품이었단다. 인쇄술도 수입됐지. 고려의 학생들이 송으로 유학을 떠난 경우도 많았어. 반면 고려에서는 금, 은, 나전칠기, 삼, 종이 같은 것을 송에 내다 팔았지.

고려가 송으로부터 학문과 관련된 문화 상품을 많이 수입했지? 거란에 대해서는 고려가 송의 역할을 했어. 고려가 거란에 수출한 품목 대부분이 인쇄술과 문방구였거든. 고려는 그 대신 말이나 모피 같은 것을 주로 수입했어. 당시 고려의 문화 수준이 거란을 앞지르고 있었다는 사실을 짐작할 수 있겠지?

또 다른 북방 민족인 여진과도 교류가

여진
은, 모피, 말
곡식, 포목, 농기구, 소금

거란
은, 모피, 말
식량, 철, 문방구, 인쇄술

송
인쇄술, 주자학, 서적, 문구, 약재, 비단, 도자기
금, 은, 삼, 종이, 나전칠기

아라비아
향료, 수은, 산호, 호박

벽란도 ○ ○ 개경
고려
탐라

■ 수입
■ 수출

고려의 대외 무역 · 고려는 중국의 송나라, 북방민족인 거란과 여진과 활발하게 무역활동을 했다. 멀리 아라비아 반도까지 고려를 찾아왔다. 이들에 의해 코리아란 이름이 서방세계에 알려졌다.

활발했어. 여진과의 무역 물품은 거란과 거의 비슷해. 다만 곡식, 농기구 같은 것도 많이 수출했어. 여진이 거란보다 문화 수준이 더 떨어졌다고 추정할 수 있는 대목이야.

멀리서 아라비아 상인들이 가져온 물품은 그 전까지 보지 못하던 것이었어. 훗날 유럽 사람들이 이것을 구하기 위해 대항해를 시작했지. 바로 향료였어. 이 밖에도 산호와 호박도 아라비아 상인을 통해 고려에 소개됐어.

당시 벽란도의 모습을 상상해 봐. 전 세계의 상인들로 벽란도는 늘

송도폭원도 · 19세기에 개성 일대를 그린 지도이다. 왼쪽 하단에 보이는 벽란도(碧瀾渡)는 예성강 하류에 있던 국제 무역항으로 송과 일본뿐 아니라 아라비아 상인도 드나들었다.

북적거렸어. 사신들도 이곳을 통해 고려로 들어왔지. 개경이 벽란도에서 그리 멀지 않은 곳에 있었거든. 이처럼 무역이 발달하면서 고려에는 열린 문화 풍토가 조성됐어. 그러니 르네상스가 태동한 게 아니겠어?

고려 자체의 문화도 풍성해졌어. 12세기부터 등장한 상감청자는 전 세계 사람들의 사랑을 받았단다. 오늘날까지도 신비의 도자기로 여겨지고 있어. 상감청자의 비취빛 색깔을 어떻게 냈는지, 그 비법은 아직도 완전하게 해독하지 못하고 있어. 이 정도라면 고려가 오늘날 우리나라를 가리키는 고유명사가 됐다는 사실이 이상해 보이지 않지?

불교, 크게 융성하다

문종의 뒤를 이은 순종12대은 왕에 오른 지 3개월 만에 세상을 떠났어. 이어 순종의 동생 운이 선종13대에 올랐지. 11세기 말에도 문화 황금기가 이어졌단다.

우선 불교가 더욱 발달했어. 과거에서 승려를 뽑는 승과 시험도 본격 시행됐지. 물론 광종이 과거 제도를 처음 시행할 때에도 승과 시험은 있었어. 그러나 그때는 비정기적으로 시험을 치렀어. 선종은 이를 3년마다 시행하는 것으로 확정했어. 아울러 많은 사찰을 세웠지. 다만 많은 백성이 동원되는 바람에 원성이 자자했던 것은 아쉬운 점이야.

선종의 동생으로, 승려가 된 인물이 있었어. 그 유명한 대각국사 의천이야. 의천이 송에서 1년여의 유학을 마치고 귀국했어1086년. 의천은 이때 불경 3000여 권을 가지고 왔어. 의천은 그

대각국사 의천 영정 · 문종의 아들로 승려의 길을 택한 의천은 송으로 건너가 불교를 공부했다. 귀국한 후 해동 천태종을 열어 불교 교단을 정비했고, 속장경을 간행했다.

후 흥왕사의 주지가 돼 천태종을 정리하기 시작했어. 오늘날 천태종은 불교의 대표적 종단 중 하나야. 그 뿌리가 의천이라고 할 수 있지. 선종은 의천을 위해 천태종의 근거지가 될 국청사를 짓도록 했어. 이 국청사는 다음 왕인 숙종 때 완공된단다.

의천은 불교의 두 종파인 교종교리를 중요하게 여기는 종파과 선종참선을 중요하게 여기는 종파을 통합하려고도 했어. 그가 내세운 게 '교관겸수'야. 교리와 참선 모두 중요하니 함께 수행해야 한다는 뜻이지.

선종은 유교도 멀리하지 않았어. 국자감의 벽에 유교 72현의 초상을 그리도록 지시한 점만 봐도 이런 사실을 알 수 있어. 선종은 대외 관계에서도 아군과 적을 구분하지 않았어. 요와 송, 일본, 여진 등 주변 모든 나라들과 골고루 교역을 했지.

이 같은 평화 시대도 잠시 흔들릴 때가 있었어. 내부 혼란이 문제였지. 또다시 왕위쟁탈전이 벌어진 거야.

숙종 때 만든 동전과 소은병 · 숙종 때 만든 동전인 해동통보·해동중보·삼한통보·삼한중보와 충혜왕 때 만든 은화인 소은병이다. 소은병은 그전 은병보다 작아 소은병이라 불렸다. 숙종은 강력한 화폐 통용 정책을 폈으나 성과를 거두지 못했다.

14대 헌종은 10세의 나이로 왕에 올랐어. 나이도 어린데, 곧 병에 걸리고 말았어. 왕이 약하면 주변 세력들이 가만있을 리 없지. 선종의 셋째 부인 원신궁주가 낳은 왕자 왕윤을 왕에 앉히려는 반란이 일어났어. 주도자는 원신궁주의 아버지, 그러니까 왕윤의 외할아버지인 이자의였지.

헌종의 숙부 계림공이 즉각 반란 진압에 나섰어. 계림공은 이자의를 죽이고 모든 반란을 진압했어. 문제

척경입비도 · 조선 후기 그림으로, 윤관이 여진을 정벌한 후 9성을 쌓고 고려의 영토임을 알리는 비석을 세우는 장면을 담았다.

는, 그대로 권력을 장악해 버렸다는 데 있었지. 헌종은 어쩔 수 없이 계림공에게 왕위를 물려줬어. 그 이후에는 후궁의 처소에서 살다가 세상을 떠났지. 이 계림공이 바로 숙종15대이었단다. 그러니 12대 순종, 13대 선종, 15대 숙종이 모두 11대 문종의 아들인 거지.

숙종에 이르러 고려 안팎으로 많은 변화가 생겼어. 우선 국내부터 볼까?

왕에 오른 이듬해, 숙종은 6촌 이내 친척끼리는 결혼을 못 하게 했

어. 점점 근친혼이 고려 풍속에서 사라지고 있다는 걸 알겠지? 숙종은 돈을 만드는 기관인 주전관도 세웠어. 주전관에서는 처음에 은병이란 돈을 만들었고, 이듬해에는 해동통보도 만들었어[1102년]. 숙종은 1만 5000개의 해동통보를 만들어 신하들에게 나눠줬단다. 대신들이 먼저 써야 평민도 쓸 거란 생각에서였어. 결과는 그리 신통하지 않았어. 거의 유통이 되지 않은 거야.

나라 밖은 급박하게 돌아가고 있었어. 특히 북만주 일대 여진의 기운이 심상찮았어. 그곳에 있던 여진의 일파인 완옌부가 여진족의 통일을 추진하고 있었거든. 완옌부의 세력은 곧 두만강 일대까지 뻗었어.

두만강 일대의 여진은 원래 발해의 지배를 받았어. 발해가 멸망한 후에는 고려를 '아버지의 나라'로 섬겼지. 이 온순한 여진은 완옌부를 피해 고려로 탈출했어. 완옌부가 그들을 추격하다 고려 국경 지대까지 이르렀어. 완옌부는 고려의 국경 지대를 약탈하는 등 큰 피해를 줬어.

그들을 물리치기 위해 고려 장수 임간이 맞섰는데, 패하고 말았어. 이어 윤관이 정벌에 나섰지만 역시 이기지 못했지. 윤관은 패배의 원인을 곰곰이 따져 봤어. 윤관은 여진 군대가 기병 중심으로 구성돼 있기 때문이라고 결론 내렸어. 고려는 보병 위주의 군대였는데, 보병이 기병 군대와 싸워 이기는 것은 불가능하다는 거야.

윤관은 새로운 군대인 별무반을 설립해야 한다고 숙종에게 건의했고, 숙종이 이를 받아들였어. 이에 따라 기병인 신기군, 보병인 신보군, 승려군대인 항마군으로 군대 조직을 개편했지. 당시 중앙 상비군으로 6위가 따로 있었어. 맞아, 별무반은 여진 정벌을 위한 특수부대였던 거야[104년].

　머잖아 여진을 정벌하게 될까? 안타깝게도 숙종은 그 광경을 보지 못했어. 숙종은 서경에 다녀오다 병에 걸려 세상을 떠났단다.

최초의 명문사학, 구재학당

최충은 고려 전기의 대표적인 유학자였어. 문종 때는 오늘날의 국무총리에 해당하는 문하시중의 자리에 올라 고려를 유교 국가로 탈바꿈시키는 데 크게 기여했지. 최충은 말년에 벼슬을 관두고 구재학당이라는 사설학교를 만들었단다. 학교가 9재로 나뉘어 있었고, 각각 전문 강좌를 다뤘기 때문에 이런 이름이 붙었겠지? 최충이 세상을 떠난 후에는 그의 시호를 따서 문헌공도라고 불렀어.

이 학교에서는 유학을 가르쳤어. 사실 당시에도 국립대학인 국자감이 있었어. 그러나 유학의 대부 최충이 운영하는 구재학당과 비교하면 아무래도 교육 내용이 부실할 수밖에 없었어. 이 때문에 과거 시험에 응시하려는 귀족 자제들은 국자감이 아닌 구재학당으로 더 몰려들었단다.

구재학당이 큰 인기를 끌자 다른 유학자들도 사설학교를 세우기 시작했어. 어느덧 사설학교는 12곳으로 늘어났지. 이 12곳을 12공도라 불렀어. 공도는 사설교육 기관을 가리키는 단어란다. 어때? 최충의 구재학당이 우리나라 최초의 명문사학이 맞지?

반란의 시대

숙종의 꿈이었던 여진 정벌. 그 꿈은 그의 아들인 예종16대 시절 이뤄졌어. 그러나 완전한 성공은 아니었어. 초반에만 반짝 성공했다는 게 정확한 표현일 거야.

마침내 윤관이 17만 별무반을 이끌고 여진 정벌에 나섰어1107년. 정벌은 짧은 시간에 성공했어. 국경 지대의 여진을 소탕한 거야. 윤관은 그곳에 9개의 성을 설치했어. 이 9개의 성을 보통 동북9성이라고 부르지(이 동북9성의 위치는 정확히 알려지지 않고 있어). 그러나 머지 않아 이 동북9성을 여진에 돌려줘야 했단다. 왜 그랬을까?

여진을 섬기다

동북9성을 확보한 후 윤관은 개선장군이 돼 개경으로 돌아왔어. 그러나 완옌부 여진도 당하고 있지만은 않았어. 그들은 조직적으로 고려를 쳐들어왔고, 약탈했어. 윤관이 다시 출정했지만 이번에는 이기지 못했단다. 게다가 전세도 여진에 유리하게 돌아가고 있었어. 고려는 난감해졌어.

다행히 여진이 화친을 먼저 제의해 왔어. 다만 조건이 붙었단다. 동북9성을 돌려달라는 거야. 예종은 고민에 빠졌어. 그러나 뾰족한 방법이 없었어.

이미 정벌에 너무 많은 재정과 인력을 투입했기 때문에 더 끌기도 어려운 상황이었잖아? 이 지경에 이르자 갑자기 모든 비난이 윤관에게 쏟아졌어. 불필요한 정벌을 벌여 골치가 아프게 됐다는 거야. 예종은 대신들의 압력을 이기지 못하고 윤관의 관직을 삭탈했단다. 정말 어이가 없지 않니?

어쨌든 고려는 화친에 응하기로 했어. 동북9성을 확보한 지 2년 만에 다시 여진에 돌려주고 백성을 철수시켰지. 이렇게 해서 여진과의 갈등은 끝났어. 더불어 별무반도 해체됐지. 그렇다면 이제 여진과의 악연도 끝나는 걸까? 아니야. 사실 여진과의 본격적인 전쟁은 지금부터 시작이란다.

얼마 후 완옌부 추장 아골타가 여진을 통일해 금나

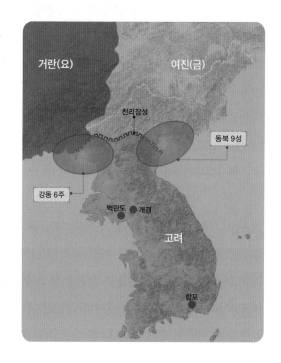

동북9성 · 윤관이 별무반을 이끌고 여진을 몰아낸 뒤 건설한 동북9성. 머지않아 여진의 압박에 돌려줘야 했다. 동북9성의 정확한 위치에 대해서는 논란이 많다.

라를 세웠어1115년. 이때부터 중국 땅에서는 한족의 북송, 거란의 요, 여진의 금이 각축을 벌이게 되지.

가장 긴장한 쪽은 요였어. 여진은 오랜 시간 거란족의 지배를 받았어. 그러니 거란이 세운 요를 철천지원수로 여기고 있었겠지? 그런 금이 더 커지면? 요는 그 전에 기선을 제압할 필요가 있다고 생각했어. 금을 치자!

요가 고려에 도움을 요청했어. 고려도 요가 기울고 있다는 사실쯤은 충분히 알고 있었어. 고민 끝에 요의 지원 요청을 거절했단다.

이번에는 금이 고려에 형제의 관계를 맺자며 화친을 제의했어1119년. 말이 화친이지, 항복하라는 뜻이었어. 힘이 없는 고려는 받아들일 수밖에 없었지. 그 후로 금은 고려를 침략하지 않았어. 덕분에 큰 전쟁이 고려에서는 일어나지 않았지. 그러나 중국에서는 금과 요, 금과 송 사이에 치열한 전투가 벌어지기 시작했어.

마침내 금이 요를 쳤어1125년. 신흥 세력 금의 대승! 한때 요의 지배를 받던 금이 요를 멸망시켜버린 거야! 이제 중국 대륙에는 송과 금, 두 나라만 남게 됐지. 송은 고려에 도움을 요청했어. 그러나 이번에도 고려는 지원군을 보내지 않았어. 송에 대한 사대주의가 강한 고려가 실리를 챙기기 시작한 것 아니냐고? 그랬을 수도 있어. 하지만 그보다는 당시 고려 내부가 아주 복잡했어. 게다가 문벌귀족들이 서서히 타락하기 시작했단다. 그들은 목숨 걸고 금과 싸우기보다는 적당히 위기를 넘기는 쪽을 택했어. 그래야 기득권을 지킬 수 있잖아?

금이 이번엔 송을 공격했어1127년. 또 금의 대승! 송도 요와 같은 운

명을 맞았지. 황제와 황족이 줄줄이 금에 끌려갔고, 송^{북송}은 멸망했
단다. 또 다른 황족이 임안^{오늘날의 항저우}으로 도망가 송을 재건한 덕분
에 명맥은 겨우 유지할 수 있었지. 이게 남송이야.

이제 남쪽 일부를 제외하면 중국 대륙 대부분이 금의 영토가 됐어.
금의 기세가 하늘을 찔렀지. 금은 고려에 대해 화친 조약을 개정하
자고 요구했어. 형제 관계가 아니라 군신 관계로 바꾸자는 거야. 그
래, 금을 상국으로 섬기라는 뜻이지.

왕과 대신들은 펄쩍 뛰었어. 그러나 달리 방법이 없었어. 게다가
당시 고려 조정의 최고 권력자인 이자겸이 금의 요구를 받아들일 것
을 주장했어. 이자겸은 왕을 허수아비로 만들고 모든 권력을 쥐고
있었어. 누가 그의 말을 거역하겠어? 결국 고려는 금을 상국으로 받
들기로 했단다.

이로써 여진 정벌의 꿈은 최종 실패로 끝났어. 더불어 태조가 그
토록 부르짖었던 북진 이념도 사라졌지. 이후 고려 역사에서 패기는
좀처럼 찾아볼 수 없어.

여진 문자가 새겨진 청동 거울 · 여진
글자 28자가 양각되어 있는 동경이
다. 여진이 세운 금은 날로 강성해져
송을 양자강 남쪽으로 밀어내고 중국
대륙 대부분을 차지했으며, 고려와
군신 관계를 맺었다.

마지막으로 예종의 국내 정치를 살펴볼게. 예종은 학문을 장려했어. 국학에는 각 학과별로 전문 강좌를 마련했지. 학생 복지를 위한 재단인 양현고를 설치하기도 했어. 정부가 주도하는 이런 학문을 관학이라고 한단다. 구재학당과 같은 사학이 워낙 발달해서, 그에 맞서기 위해 관학을 적극 육성한 거야.

예종은 빈민들을 위한 의료기관 혜민국도 만들었어1112년. 혜민국에서는 빈민들에게 약을 나눠주거나 무료로 치료를 해줬어. 이 기관은 조선시대에도 이어지는데, 그게 바로 혜민서야.

왕, 허수아비가 되다

예종이 세상을 떠나자 아들 왕해가 인종17대에 올랐어. 인종은 아마도 지금까지의 고려 왕 가운데 가장 비참한 왕이 아닌가 싶어. 그는 왕에 오른 뒤에도 아무런 힘이 없었어. 모든 권력은 외할아버지이면서 장인인 이자겸이 쥐고 있었거든. 이자겸은 대대로 권력을 장악하고 있는 문벌귀족 가문인 인주 이씨였단다.

이자겸은 둘째 딸을 예종에게 시집보냈어. 그 딸이 낳은 아들이 바로 인종이었지. 인종은 열네 살에 왕에 올랐어. 이미 이자겸은 상당한 권력자였어. 그런데도 어린 왕의 권력이 탐이 났나 봐. 확실하게 권력을 잡기 위해 이자겸은 셋째와 넷째 딸을 인종에게 시집보냈어. 인종은 이모들과 결혼을 한 셈이야. 이 때문에 이자겸은 인종의 외할아버지이면서 장인이 되지.

이자겸의 권력은 인종을 능가했어. 이자겸은 측근에게 마음대로 벼슬을 줬고, 심지어는 돈을 받고 벼슬도 많이 팔았어. 왕의 생일을 인수절이라 불렀는데, 이자겸은 자신의 생일도 그렇게 불렀단다. 그의 인수절은 웬만한 국가 행사보다 성대하게 치러졌지.

이게 끝이 아니었어. 이자겸은 정치와 군사를 총괄하는 지군국사라는 벼슬에 올랐어. 이자겸은 인종에게도 자신의 집으로 와 결재를 받으라고 했다는구나. 왕에게 이보다 심한 모욕이 또 있을까?

인종은 모든 것을 포기했어. 그저 이자겸과 거리를 두는 게 상책이라고 생각했지. 그런 인종의 모습에 신하들도 마음이 아팠나 봐. 결국 몇몇 신하들이 인종에게 이자겸을 제거하라고 권했어. '이자겸의 난'은 이런 상황에서 발생한 거야126년.

상장군 최탁, 대장군 권수에게 이자겸을 제거하라는 왕명이 떨어졌어. 이에 따라 최탁이 군대를 이끌고 궁궐로 진격했지. 최탁은 궁에 남아 있는 이자겸의 무리를 죽인 뒤 궁궐 밖으로 내던졌어.

이자겸에게 이 소식이 전해졌어. 이자겸은 측근 척준경과 함께 무리를 이끌고 궁궐로 달려갔어. 이 싸움에서 이자겸이 승리했어. 척준경은 궁궐에 불을 지르기도 했단다. 척준경은 이어 최탁을 비롯해 거사의 주모자를 모두 처형했어. 이자겸은 인종을 집에 가두고 나오지도 못하게 했지.

겁에 질린 인종은 이자겸에게 왕위를 넘기겠다는 조서를 썼어. 주변의 눈치 때문에 이자겸은 그것을 받지는 못했지만 사실상 왕이 된

거나 마찬가지였지. 이자겸은 이제 날아다니는 새도 떨어뜨리는 권력자가 됐어. 그러나 그는 내부 단속을 잘하지 못했어. 이 내부 분열로 이자겸이 몰락한단다.

인종은 척준경에게 접근했어. 마침 이자겸과 척준경의 사이가 조금씩 벌어지고 있었거든. 인종은 왜 이자겸 같은 역적 밑에서 일하느냐, 왕실을 위해 충성해 달라, 이런 식으로 척준경을 설득했지. 설득에 성공했어! 척준경은 즉각 군대를 동원해 이자겸을 체포했어. 이자겸은 귀양을 떠났고, 그의 무리는 모두 처형됐지. 인종의 부인인 이자겸의 두 딸도 폐비됐어. 귀양지에서 이자겸은 병을 얻어 죽었어. 나중에 척준경도 귀양을 떠나야 했어. 이제 모든 적을 제거한 셈이지?

묘청의 난 터지다

불행이 끝났나 했는데, 또 다른 불행이…. 인종은 정말 비참한 왕이야. 허수아비 왕 노릇을 하다가 이자겸의 난으로 목숨이 위태로운 지경에 이르렀지? 그래도 반란을 진압했으니까 이후에는 편안하지

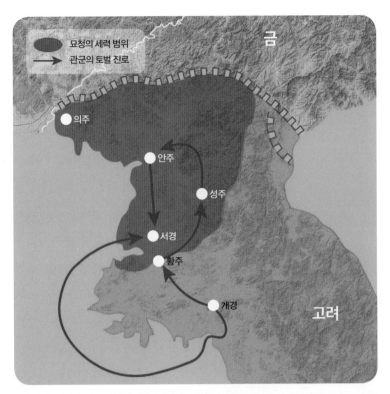

묘청의 난 · 서경천도를 주장하다 관철되지 않자 묘청이 난을 일으켰다. 그러나 반란군에 의해 1년 만에 진압됐다. 당시 고려 조정에는 서경파와 개경파 귀족의 권력 투쟁이 치열했다.

않았느냐고? 아니야. 9년이 지난 다음, 또다시 큰 내란에 시달려야 했어. 바로 묘청의 난이야.

　이자겸의 난을 겪은 후 인종은 개경 터가 좋지 않다고 생각했어. 물론 주변에서 그런 권유를 하는 사람들이 많았기 때문일 거야. 그 들 중에 묘청이란 승려가 있었어. 묘청은 서경 출신이었어. 그는 풍 수지리에도 밝았는데, 서경에 왕의 기운이 있으니 그곳으로 천도하

대화궁터 · 인종이 묘청의 권유에 따라 평양으로 천도하기 위하여 건설한 대화궁의 터를 일제강점기에 촬영한 사진이다.

면 왕실이 대대로 번영하고 고려는 강성해질 거라고 주장했어. 이런 믿음을 도참사상이라고 해.

이 주장을 들은 인종은 서경으로 도읍을 옮기기로 결심했어. 인종이 묘청의 제안에 귀를 기울인 것은, 어쩌면 이자겸의 난으로 받은 충격 때문이었을 거야. 개경에 진력이 나 있는데다, 궁궐도 타 버린 상황이었잖아? 인종이 묘청을 측근으로 삼은 게 이해가 되지 않니?

그러나 많은 대신들이 천도에 반대했어. 물론 대부분은 개경의 귀족들이었지. 수도를 서경으로 옮기면 아무래도 개경 귀족의 권력이 약해지겠지? 그러니 그들이 천도를 반대할 수밖에 없었을 거야. 반면 묘청은 서경을 기반으로 하고 있었어. 어떻게든 궁궐을 서경으로 끌고

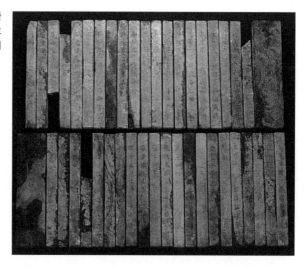

와야 자신들의 권력을 강화할 수 있겠지?

게다가 묘청은 개경 귀족들의 중국에 대한 지나친 사대주의가 마음에 들지 않았어. 중국에 대해 자주적 입장을 취했던 고구려의 수도가 평양^{서경}이었지? 묘청은 북진 정책을 추진하기 위해서라도 서경이 중심이 돼야 한다고 주장했어.

묘청은 서경에 궁궐을 지었어. 궁궐을 보기 위해 행차한 인종에게는 칭제건원할 것을 청했어. 중국에 고려가 독자적인 황제 국가임을 선포하라는 뜻이야. 묘청은 나아가 금을 정벌해야 한다고 주장했단다.

묘청은 서경에 왕이 머물 궁궐인 대화궁 공사에 돌입했어. 이 궁궐이 완성되면 주변국 모두가 고려에 항복할 것이란 예언도 했어. 인종이 흡족했겠지? 그러나 머지않아 모든 게 서경파가 왕위를 찬탈하기 위해 꾸민 음모라는 소문이 나돌기 시작했어. 물론 개경파가 거짓 소문을 퍼뜨린 거지. 놀란 인종은 서경 천도를 중지하고 묘청을 멀리하기 시작했어.

결국 묘청이 서경에서 반란을 일으켰어. 이게 묘청의 난이야[135년]. 묘청은 개경에서 파견한 관리를 모두 투옥한 뒤 각지에 흩어져 있던 군대를 서경에 집결시켰어. 이윽고 대위국의 건설을 선포하고, 연호를 천개라 지었어. 고려에 반대하는 새 나라를 세운 거야.

묘청은 곧 개경으로 진격하려 했어. 그러자 조정에서는 『삼국사기』의 저자로 유명한 김부식을 대장으로 하는 토벌군을 꾸렸지. 김부식은 우선 묘청을 조정에 천거했던 정지상을 비롯해 묘청과 가까운 인물을 모두 처형했어. 이윽고 군대를 이끌고 묘청이 있는 서경으로 진격했지.

조직력이나 전투력, 그 어느 것 하나 묘청의 군대가 정부 토벌군보다 강할 수는 없었을 거야. 실제로 묘청의 반란군은 곳곳에서 참패하거나 항복했어. 묘청을 따라 반란의 선봉에 섰던 조광이란 인물도 마찬가지였지. 조광은 사태가 불리하게 돌아간다는 것을 깨닫고 제목숨을 건지기 위해 묘청의 목을 베 토벌대에 바쳤어.

이로써 묘청의 난은 끝나는 듯했어. 그러나 이미 반란은 수습할 수 없을 만큼 커져 있었어. 그 후로도 1년간 서경 곳곳에서 반란이 일어났어. 하지만 반란군의 군사력이나 물자 동원 능력은 정부군에 한참 떨어졌지. 결국 토벌군의 총공격에 모든 반란이 끝이 났단다.

참으로 많은 사건을 감내해야 했던 인종은 태자에게 왕위를 넘겼어. 그 왕이 의종[18대]이야. 인종이 이자겸의 눈치를 보며 전전긍긍하던 왕이었다면 의종은 골방에 처박힌 왕이라고 할 수 있어. 실제로 비참하게 죽음을 맞지. 왜? 무신정변이 일어나 왕이 필요 없는 시대가 됐기 때문이야.

묘청은 진보, 김부식은 수구?

오늘날 묘청과 김부식에 대한 평가는 학자마다 많이 달라. 일반적으로 묘청은 자주적이고 진보적인 반면 김부식은 사대적이고 수구적이라고 평가하고 있지. 사실 이런 평가는 일제강점기 민족사학자 신채호의 발언에서 비롯된 거야. 신채호의 영향이 오늘날까지 강하게 미치고 있는 셈이지.

신채호는 『조선사연구초』에서 "묘청의 난은 조선 역사 1000년간 최대의 사건이다"라고 말했어. 또한 묘청의 난을 진보사상 대 보수수구사상, 독립당 대 사대당의 대결로 규정했지. 신채호는 묘청이 이 싸움에서 졌기 때문에 우리가 훗날 일제의 지배를 받게 됐다는 논리를 폈어.

그러나 이 논리가 과연 옳은 걸까? 물론 묘청은 칭제건원과 금의 정벌을 주장했다는 점에서 우리 민족의 자주의식을 고취한 인물로 평가할 수 있어. 그러나 그런 주장이 서경파의 이익을 위한 것이라는 지적도 많아. 반면 김부식에 대해서도 무조건 중국을 좇는 사대주의자가 아니라 당시 국제 정세를 고려한 합리적 유교주의자라고 평가하는 학자들도 많단다.

역사는 두부를 절반으로 뚝 자르듯이 옳고 그름을 평할 수는 없는 분야야. 두 사람에 대해 앞으로 어떤 평가가 또 나올지 기대되지?

◆ 역 사 리 뷰 ◆

노르만 왕조 건설(1066년)

카페 왕조 건설(987년)

가즈니 왕국 건설(962년)

셀주크 왕조, 바그다드 점령(1055년)

십자군 전쟁 발발(1096년)

카노사의 굴욕(1077년)
볼로냐 대학 설립(1088년)

신성로마 제국 탄생(962년)

베트남 응오 왕조 건설(939년)

요나라 멸망(1125년)

여진, 금 건국(1115년)

광종 과거제 실시(958년)
경종 전시과 실시(976년)
고려—요 전쟁 발발(993년)
서희 강동6주 획득(994년)
강감찬 귀주대첩(1018년)
묘청의 난(1135년)

북송 멸망, 남송 건국(1127년)

동서양의 종교전쟁, 십자군 전쟁 터지다

936년 고려가 통일 대업을 이룩했어. 바로 이해, 거란의 요가 중국 5대 10국의 혼란을 틈타 남하해 중국의 노른자위 땅 연운16주를 차지했지. 요는 강했지만 한족 왕조는 나약했어. 베트남도 이 기회를 노려 중국의 지배를 벗어났지939년. 요는 고려와 수교하기를 원했지만 고려 태조는 사신을 쫓아내고 선물로 가져온 낙타를 굶겨 죽였어. 이때까지만 해도 요가 큰 세력으로 성장하리라고는 생각하지 못했을 거야.

고려는 4대 광종 때 노비안검법956년과 과거 제도958년를 잇달아 시행해 강력한 왕권을 구축했어. 이어 5대 경종은 토지 제도를 개혁해 전시과를 실시했지976년. 전시과는 목종 때 개정전시과, 문종 때 경정전시과로 부분 수정됐어. 6대 국왕 성종은 중앙을 2성6부제로 개편하고, 지방에 12목을 설치하는 등 대대적인 개혁을 추진했지.

이 무렵 중앙아시아 투르크족이 아프가니스탄에 진출해 이슬람 왕국 가즈니를 세웠어962년. 이슬람 투르크족은 서아시아로 진출한 데 이어 유럽 동쪽으로도 진출했지. 이슬람 시아파를 믿는 파티마 왕조는 아프리카 이집트를 정복했어963년.

유럽 한복판에서는 교황이 동프랑크의 오토1세를 황제로 임명했어. 비로소 신성로마 제국이 탄생했지962년. 25년 후에는 서프랑크, 즉 프랑스에서 카페 왕조가 창건됐어. 이렇게 해서 오늘날의 독일과 프랑스가 탄생했지.

10세기 초반에서 중반 사이에 한반도에서는 고려가 건설됐고, 투르크족은 중앙아시아에서 가즈니 왕국을 세웠어.
유럽에서는 신성로마 제국이 탄생했지. 전
세계적으로 실로 많은 일이 일어난 셈이야.

993년 요가 고려를 침략하면서 고려—요 전
쟁이 시작됐어. 1차전은 서희가 외교 담판으로
잘 막았어. 그 후 요는 송을 공격해 승리한 뒤
1004년 전연의 맹약을 체결했어. 그 후 다시 고
려를 침략했는데, 3차 침략에서는 강감찬이 크

카노사의 굴욕

게 요를 격퇴했어. 이게 귀주대첩이지[1018년]. 이로써 고려—요 전쟁은 끝났단다.

서아시아와 중앙아시아 접경 지대에서도 전쟁이 끊이지 않았어. 셀주크
투르크족이 1037년 셀주크 왕조를 세웠어. 셀주크 왕조는 이슬람의 중심인
바그다드를 점령했지[1055년]. 유럽도 시끄러웠어. 로마 교황과 동로마 교회는
1054년 서로를 파문하면서 극단의 갈등으로 치달았어. 영국 왕의 자리를
놓고 영국과 프랑스가 전쟁을 벌였지[1066년].

1076년 예루살렘을 점령한 셀주크 왕조는 기독교도의 성지 순례를 막았
어. 이 때문에 두 종교의 갈등이 커졌지. 기독교 내부도 시끄러웠어. 황제와
로마 교황이 갈등 끝에 교황이 황제를 파문했고, 황제는 교황에게 무릎을
꿇고 빌어야 했지. 이 사건이 카노사의 굴욕이란다[1077년].

이 무렵 고려 백성들은 초조대장경을 완성했어[1087년]. 거란과의 전쟁이
끝난 후 고려는 황금시대를 맞았는데, 코리아[KOREA]라는 이름이 이때 전 세
계로 뻗어나갔지.

이때 유럽의 기독교와 서아시아의 이슬람 세력이 기어코 붙었어. 십자군
전쟁이 터진 거야[1096년]. 제1차 십자군 전쟁은 기독교의 승리로 끝났지만 곧
이슬람이 반격에 나섰어.

2

반역과 전쟁, 고려를 흔들다

고려 중기

12세기 후반~13세기 후반

연표	1170년	1196년	1198년	1219년	1231년	1232년
	무신정변 발생	최충헌 정권 장악, 최 씨 정권 확립	만적의 난 발생	최우, 삼별초 신설	몽골, 고려 침략	고려—몽골 2차전 발발
				1270년	1251년	1234년
				무신정권 시대 종말, 조정 개경 환도	팔만대장경 완성	최초의 금속활자본 상정고금예문 발간

윤관의 여진정벌(전쟁기념관 소장)

무신, 권력을 잡다

4대 광종은 과거 제도를 시행하면서 무과를 집어넣지 않았어. 과거 시험으로 무신을 뽑지 않았다는 얘기야. 하지만 군대를 이끌 사람은 있어야겠지? 바로 문신이 담당했단다. 요와의 전쟁 때 맹활약을 했던 서희와 강감찬, 별무반을 이끌고 여진을 정벌한 윤관은 모두 문신이었어. 무신들은 아무리 무예가 뛰어나고 전략이 탁월해도 최고 사령관이 될 수 없었던 거야. 무신들은 하급 관직밖에 얻지 못했어.

그나마 서희와 강감찬 같은 문신들은 진취적인 문벌귀족에 해당돼. 무신의 소양을 갖춘 문신이지. 하지만 타락한 문벌귀족들은 무신을 업신여겼지. 그러다가 결국 대가를 톡톡히 치르게 돼. 무신들이 반란을 일으킨 거야. 단순한 반란이 아니었어. 고려의 뿌리를 통째로 흔들어 놓는 반란이었지.

이 군사 반란으로 왕은 허수아비가 돼. 문벌귀족들은 완전히 해체됐어. 그나마 살아남은 문신들은 무신의 눈치를 보는 신세가 됐지.

더불어 고려는 한 치 앞을 내다볼 수 없는 혼란기로 접어들게 돼.

무신정변 터지다

의종은 왕이 되면서 큰 숙제를 떠맡아야 했어. 이자겸의 난과 묘청의 난이 잇달아 터진 후라 왕의 권위가 바닥으로 추락한 상태였지? 따라서 무엇보다 왕권을 강화해야 했어. 그래야 국왕의 권위가 설 것이고, 나라가 나라답게 돌아가겠지?

의종은 문벌귀족을 너무 가까이해선 안 된다는 결론을 내렸어. 그들의 세력을 약화시키는 방법이 뭐가 있을까? 이런 고민을 하던 의종은 자신에게 충성하는 친위군을 만들기로 했어. 문벌귀족은 당연히 여기에 포함되지 않아. 그렇다면? 바로 무신과 환관내시이야. 의종은 특히 정중부를 비롯한 무신들을 믿었어. 무신 친위군이 문벌귀족의 횡포로부터 자신을 지켜줄 거라고 생각했지. 이 선택이 올바른 것이었는지는 차차 알게 될 거야.

현릉의 무인석 · 공민왕릉 앞에 세운 2쌍의 무인석이다. 고려는 문신을 우대해 무신들은 많은 불만을 품었다. 이 불만은 급기야 무신정변으로 표출되었다.

이 무렵 문벌귀족의 오만은 하늘을 찌르고도 남을 정

도였어. 그러니 의종의 조치에 대해 문벌귀족은 콧방귀를 뀌었어. 오히려 의종을 더욱 강하게 압박했지. 결국 의종도 두 손을 들 수밖에 없었어. 그래, 다시 문벌귀족을 우대하는 정책으로 바꾼 거야.

한때 왕의 총애를 받았던 무신들은 다시 천덕꾸러기 신세로 전락했어. 왕도 변변한 역할을 하지 못했지. 의종은 점점 미신에 의지하고 잔치나 즐기는 한심한 왕으로 변했어. 주변에는 부패한 문신과 환관밖에 없었지. 그러던 어느 날 마침내 사건이 터지고 말았어.

의종이 보현원으로 나들이를 떠나는 중이었어. 행차가 힘이 들었던 걸까? 곧 너른 공터가 나타나자 의종과 문신들이 잠시 쉬어가자며 멈춰 섰어. 그냥 쉬기가 무료했던 것일까? 문신 한 명이 왕에게 말했어.

"폐하, 무신들로 하여금 수박을 겨루도록 하심이 어떻겠습니까?"

수박은 무신들이 몸을 단련하는 무술이야. 택견과 수박이 같은 무술이라고 보는 학자들도 많지. 의종이 좋은 생각이라며 박수를 쳤어. 곧 50대의 대장군 이소응과 젊은 병사가 수박 시합을 시작했어. 아무리 대장군이라 하지만 젊은 체력을 따라잡을 수 있겠니? 곧 이소응이 힘든 기색을 보였어. 그러자 한뢰라는 젊은 문신이 이소응의 뺨을 후려쳤어.

"대장군이란 자가 한낱 병사에게 지다니, 이래 가지고 군의 기강이 잡히겠소?"

이 모습에 무신의 우두머리인 상장군 정중부가 발끈했어. 정중부는 눈을 부라리며 소리쳤어.

고려의 관리 · 1352년에 조성한 권준 묘의 벽화이다. 고려시대 관리의 모습을 전해주는 자료이다.

수박도 · 두 사람이 수박희로 겨루는 모습을 그린 고구려의 고분 벽화이다. 무신정변이 일어난 계기도 수박희 시합이었다.

"네 이놈 한뢰야. 나이도 어린 것이 이 무슨 무례한 행동이냐?"

분위기가 싸늘해졌어. 의종이 무신들을 달래며 겨우 사태를 무마했지. 그러나 무신들의 불만은 극에 달했어. 무신들은 정중부에게 이렇게 하소연했어.

"상장군. 얼마 전 김부식의 아들 김돈중의 횡포를 잊으셨습니까?

그 자가 장군의 수염을 태운 일이 있잖소. 저 건방진 문신들을 그대로 볼 참이오?"

"너희들의 생각은 이미 알고 있다. 하지만 조금만 기다려라. 아직은 때가 아니니."

사건은 의종과 대신들이 보현원에 도착한 후 터졌어. 의종이 쉬겠다며 방으로 들어가는 순간, 정중부가 신호를 내렸어. 무신들이 반란을 일으킨 거야! 무신들은 순식간에 그 자리에 있는 문신들을 모두 죽여 버렸어. 이날부터 문신들에 대한 학살극이 시작됐어. 무신들은 사건의 발단이 된 한뢰도 무참하게 죽였고, 정중부의 수염을 태운 김돈중도 찾아내 죽였어.

무신들은 그래도 성에 차지 않았어. 결국 왕의 자리에까지 손을 대기 시작했어. 정중부, 이의방, 이의민 등 3인이 중심이 된 무신 세력은 의종을 왕위에서 끌어내리고, 그의 동생 익양공을 왕에 올렸어. 이 왕이 명종19대이야.

자, 모든 권력을 무신들이 차지했어. 이 사건을 무신정변이라고 한단다1170년. 바로 이 사건을 시점으로 고려가 확 달라져. 문벌귀족은 씨가 말라 버렸어. 그나마 남은 문신들은 무신의 눈치를 봐야 했지. 이제 무신이 귀족이 된 거야! 무신정권 시대는 꼬박 100년간 계속됐어. 이 시대를 보통은 고려 중기로 규정하지.

이제 의종의 신세가 아주 가여워졌어. 무신정권은 의종을 거제도에 유배 보내 버렸어. 다행히 아직까지 왕에 충성하는 신하들이 남아 있었어. 3년 후 김보당이란 인물이 의종을 복위시키기 위해 군대를 일으켰지. 그러나 거사는 실패했어. 이후 무신정권은 의종을 계림 ^(경주)에 가둬 버렸어.

무신정권 내부에서 의종을 그대로 두면 안 된다는 이야기가 나오기 시작했어. 왕이 없어져야 반란이 일어나지 않는다는 거야. 무신정권은 이의민을 경주로 보냈어. 그는 건달 출신이었고, 한때 의종의 총애를 받던 장수였지. 이의민은 의종을 곤원사의 연못가로 데려갔어. 의종에게 술을 두 잔 따랐지. 술을 마시면서 의종은 죽음을 예견했을 거야. 그 예감은 틀리지 않았어. 이의민은 의종의 허리를 꺾어 죽여버리고, 시신을 연못에 버렸단다. 정말 비참한 최후지?

원래 무신들에게는 따로 모이는 회의 기구가 있었어. 바로 중방이야. 무신정권 초기에는 이 중방이 최고 권력기구로 부상했어. 중방을 장악하는 자가 곧 국가의 1인자가 되는 거지.

무신정변이 일어날 당시에는 정중부가 무신의 지도자였어. 그가 무신 중 최고 지위인 상장군이었거든. 그의 측근으로는 이의방과 이고가 있었어. 그들은 고위직이 아니었어. 오늘로 치면 행동대장이라고 할 수 있지.

당시의 신분제에 따르면 이 둘은 미천한 신분이라고 할 수 있어. 그러나 정변에 성공하고 난 후 둘의 신분은 급격하게 상승했어. 심지어 정중부가 눈치를 볼 정도로 권력이 강해졌지. 이의방과 이고는 중방을 장악하기 위해 생사를 걸고 싸움을 벌였어.

이 싸움에서 이의방이 이겼어. 이고를 제거한 이의방이 권력을 장악한 거야. 하지만 그 권력은 오래가지 못했어. 4년 후 정중부가 이의방을 제거해 1인자로 등극했지. 칼은 칼을 부르고, 피는 피를 부른다는 얘기는 틀리지 않나 봐. 정중부도 얼마 후에는 경대승이란 젊은 장수에게 제거됐단다.

경대승은 혼란한 조정을 바로잡아야 한다고 생각했어. 어쩌면 균형이 필요하다고 생각했을지도 모르지. 그래서였을까? 경대승은 무신과 문신을 골고루 기용하려 했어. 다른 무신들이 가만히 있지 않았겠지? 사실 이게 아니더라도 경대승은 집권하는 과정에서 많은 무신들과 갈등을 벌이기도 했어. 그러니 꽤 두려움을 느꼈을 거야. 자신을 보호하기 위한 사병 집단이 필요했지. 그렇게 해서 만들어진 게 도방이야. 중방은 회의기관이었지? 도방은 무신정권의 권력자를 지키기 위한 사설 경호조직이라고 할 수 있어.

경대승은 5년간 1인자 노릇을 한 뒤 병으로 사망했어. 그다음 정권을 잡은 인물은 의종을 죽인 이의민이었지. 그는 경대승이 정중부를 죽이고 정권을 잡을 때 화를 입을까 봐 고향인 경주로 달아났어. 그 후 쭉 그곳에서 살고 있었는데, 명종이 이의민에게 조정으로 들어와 달라고 부탁했지. 이의민이 예뻐서 그랬을까? 아니야. 경주에 그대로 두면 또다시 반란을 일으킬까 봐 두려워 마지못해 개경으로 불러들였던 거야.

이의민은 천민 출신의 장사였어. 의종이 그를 발탁한 것으로 알려져 있어. 하지만 의종을 죽인 인물이 바로 이의민이었지? 그런 인물이 정치를 잘할 리가 있겠어? 결국 정치는 더욱 엉망이 됐고, 민심은 극도로 악화됐어. 무신들 내부의 권력 투쟁도 더 심해졌지. 이의민의 결말도 과히 좋지 않았어. 최충헌에 의해 제거된 거야^{196년}.

최씨 정권 확립하다

무신정변이 터지고 최충헌이 권력을 잡기까지 26년이 걸렸어. 이때의 국왕은 명종이었어. 명종은 무신정변 직후 왕에 임명됐는데, 항상 바들바들 떨어야 했어. 1인자가 수시로 바뀌었지? 그 과정에서 명종이 할 수 있는 것은 아무것도 없었어. 그저 목숨이 붙어 있기를 기도하는 것 외에는…. 참으로 불행한 왕이야.

　엄밀히 말하면 최충헌 또한 다른 무신들과 마찬가지로 반란을 통해 권력을 잡았어. 그러나 최충헌은 자신의 행위가 반란이 아니라고 주장했어. 반란을 정당화할 뭔가가 필요하겠지? 최충헌은 봉사10조를 만들어 명종에게 바쳤어. 일종의 국정개혁안이야.

　"승려가 정치에 간여하지 못하도록 한다. 지방 향리를 잘 관리한다. 관직의 사치풍조를 없앤다…."

　이런 내용들이 봉사10조에 담겨 있었어. 개혁안 자체만 놓고 보면 옳은 말이 참 많아. 문제는, 최충헌의 진짜 의도가 개혁이 아니었다는 데 있어. 최충헌은 봉사10조를 통해 반란을 정당화하고, 권력 기반을 구축하려고 했던 거야. 물론 명종에게는 거절할 권리가 없었지. 그랬다간 의종처럼 비참한 최후를 맞을 수도 있잖아?

　당연히 명종은 봉사10조를 받아들였어. 그런데도 최충헌은 명종을 강제로 왕위에서 끌어내렸어. 명종은 자기 의사와 상관없이 왕에 올랐지? 왕에서 내려오는 것 또한 자신의 의지와 상관이 없었어. 이 무렵 왕의 신세가 어떤지 알 수 있겠지? 최충헌은 명종을 유배 보내고, 명종의 동생 평량후를 신종20대에 임명했단다.

그래도 최충헌의 업적이 전혀 없는 것은 아니야. 최충헌이 권력을 잡은 뒤 무신정권이 안정 국면으로 접어들었거든. 무신들 사이의 권력 쟁탈전도 많이 사라졌지. 그 결과 사회도 많이 안정됐어.

게다가 최충헌은 문신 가문 출신이었어. 그는 음서 제도로 벼슬을 얻었어. 그랬던 최충헌이 어떻게 무신정권 시대에 권력을 잡을 수 있었을까? 최충헌은 스스로 문신에서 무신으로 말을 갈아탔단다. 문신 신분으로는 권력의 중심에 다가설 수 없었기 때문이야. 문벌귀족 시대와 달라도 너무 다르지? 어쨌든 최충헌은 유교적 소양을 어느 정도 갖춘 권력자였어. 그렇기에 지금까지 권력 다툼을 벌여 온 무신정권의 1인자와는 '품질'이 달랐던 거야.

그렇다고 해서 사회가 확 좋아졌다는 뜻은 아니야. 최충헌이 모든 권력을 쥐고 있었으니 왕은 허수아비였어. 아무런 업적도 남기지 못했지. 사회는 더욱 혼란스러웠어. 전국에서 민란이 일어났어. 오죽하면 최충헌의 노비였던 만적까지 반란을 일으켰겠어?

신종은 맥없이 고려의 혼란을 지켜볼 수밖에 없었어. 시름시름 앓던 신종은 태자에게 왕위를 넘겨줬어. 이 왕이 희종21대이야. 인종, 명종, 신종은 모두 형제였어. 비로소 왕위가 다음 세대로 넘어간 셈이지.

희종은 왕에 오르자마자 최충헌을 문하시중의 자리에 임명했어.

자신을 왕에 오르게 한 공로를 인정한다는 뜻이었겠지? 물론 요식
행위에 불과해. 최충헌에게 어떤 벼슬을 주느냐는 아무런 의미가 없
어. 이미 1인자잖아? 문하시중은 조선시대의 영의정, 오늘날의 국무
총리나 수상에 해당하는 자리야. 왕을 빼면 가장 높은 자리였지. 그
런 자리를 최충헌이 차지한 거야.

최충헌을 암살하려는 시도가 발생했어. 최충헌은 관련자를 모두
적발하기 위해 교정도감이란 기구를 설치했어[1205년]. 일종의 임시 수
사기관인 셈이지. 그러나 모든 수사가 끝났는데도 교정도감은 해체
되지 않았어. 오히려 더 보강됐어!

이 기구의 수장을 교정별감이라 불렀어. 최충헌이 당연히 교정

석릉 · 강화도에 있는 희종의 능이다. 최 씨 무신정권을 연 최충헌의 권력은 희종을 왕위에 올리기도 하
고 폐위하기도 할 정도였다.

별감이 됐지. 최충헌은 교정도감을 반대파를 제거하고 모든 정무를 결정하는 기구로 활용했어. 임시 수사본부가 갑자기 청와대가 된 셈이야. 이 교정도감은 무신정권이 끝날 때까지 존재했단다.

홍릉 · 강종의 뒤를 이어 왕위에 오른 고종의 능이다. 고종은 몽골의 침입을 받고 수도를 강화도로 옮겼다.

　최충헌은 이와 함께 경대승이 그랬던 것처럼 자신의 사병들로 도방을 다시 설치했어. 정치, 군사 모두를 장악한 거지. 이러니 왕이 무슨 일을 할 수 있겠어?

　희종은 왕으로서의 마지막 자존심을 지키고 싶었어. 최충헌의 횡포가 심해지자 직접 측근들을 동원해 암살하려고 한 거야1211년. 목숨을 건 모험. 하지만 실패하고 말았어. 최충헌은 희종을 강화도로 쫓아냈어. 폐위된 후에도 희종은 이곳저곳 유배지를 옮겨 다니다 쓸쓸하게 죽음을 맞았단다.

　최충헌은 희종을 끌어내린 후, 그 전에 쫓아냈던 명종의 아들을 궁으로 불러들였어. 아버지 명종이 유배를 떠날 때 함께 귀양길에 올랐던 비운의 왕자. 희종과는 사촌지간이 되는 그 왕자가 강종22대에 즉위했어.

　왕을 쫓아내고, 그 왕의 아들을 불러다 왕에 앉히고…. 최충헌의 권력이 얼마나 강했는지 알 수 있겠지? 강종도 아무런 힘이 없었어.
불과 2년 만에 왕위를 큰아들에게 넘겨줬어. 이 왕이 고종[23대]이야.
최충헌은 도대체 왕을 몇 번이나 갈아치우는 거야!

민중봉기, 잇달아 터지다

무신정권이 들어선 후 많은 반란이 일어났어. 가장 먼저 발생한 대
규모 반란은 병부 상서이자 서경 유수였던 조위총이 일으킨 것이었

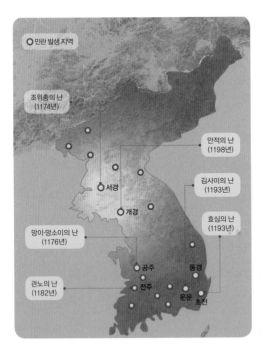

무신정권 시대의 민란 · 무신정
권의 부패에 맞서 전국적으로 많
은 반란이 일어났다. 특히 만적
을 포함한 천민들도 평등한 세상
을 꿈꾸며 봉기했다.

어. 오늘날로 치면 국방부 장관이자 광역시 시장 정도의 지위야. 막강한 권력자인 셈이지.

조위총은 무신정권을 인정하지 않았어. 그러니 무신정변에 분개할 수밖에 없겠지? 조위총은 정중부와 이의방을 타도하자는 격문을 붙인 후 군대를 서경으로 집합시켰어. 반란군은 곧 개경까지 진격했어1174년, 조위총의 난. 여러 차례 치열한 전투가 벌어졌지. 그러나 22개월 만에 서경이 정부군에게 함락되고 말았어. 반란은 진압됐고, 조위총은 참수됐단다.

엄밀하게 보면 이 반란은 권력자들만의 싸움이지. 사실 중요한 것

운문사 · 경상북도 청도에 있는 사찰로, 김사미가 무신정권에 맞서 반란을 일으켰던 곳이다.

은 무신정권 시대, 많은 민중 반란이 일어났다는 점이야. 민중은 부패한 무신정권에 맞서기 시작했어. 전국에서 민중봉기가 일어났어.

이 시절 민중봉기가 많이 터진 이유는 또 있어. 바로 하극상의 문화가 팽배해졌기 때문이야. 하극상은 낮은 계급_{또는} 신분이 높은 계급을 침범함으로써 질서를 무너뜨리는 현상을 가리켜. 무신들이 하극상을 통해 권력을 잡았지? 그러니 민중들도 하극상을 통해 정권을 타도하려는 게 전혀 이상하지 않아.

대표적인 민중봉기로는 공주 명학소에서 일어난 망이·망소이의 난이 있어1176년. 향, 부곡, 소는 천민 대우를 받는 양민들이 살던 마을이야. 얼마나 한이 맺혔겠니? 망이·망소이 형제가 그 한을 풀기 위해 봉기한 거야. 반란군의 기세는 대단했어. 순식간에 공주 관아를 점령했지. 정부군이 즉각 투입됐지만 그마저도 물리쳤어. 정부는 성난 민심을 달래려고 명학소를 일반 현으로 승격시키고 곡식을 나눠 줬어.

원하는 열매를 얻었다고 생각했던 것일까? 반란이 주춤해졌어. 그러자 정부가 약속을 지키지 않았어. 다시 반란이 격해졌지. 이듬해에는 청주에 속해 있는 대부분의 군현을 점령할 정도로 반란군이 맹활약을 벌였어. 하지만 그 후 정부군의 대대적인 토벌전이 시작되자 상황이 달라졌어. 망이·망소이도 체포되고 말았어. 반란은 종결됐지.

경상 지역에서도 대형 반란이 일어났어. 바로 김사미와 효심의 난이야1193년. 김사미는 오늘날의 경상북도 청도 운문산, 효심은 울산에서 봉기했어. 원래 둘은 따로따로 봉기했지만 지역적으로 가까워, 나중에는 부대를 하나로 합쳤단다. 이들이 봉기한 목표는 신라 부흥이었어.

사실 신라 부흥 운동은 1190년부터 시작됐어. 당시 경주는 동쪽의 수도라는 뜻에서 동경으로 지정돼 있었어. 꽤 대우해준 셈이지. 그래서 이 무렵 경주를 중심으로 경상도에서 일어난 반란을 보통 동경 반란이라고 불렀어. 김사미와 효심의 반란도 그런 반란 중 하나였던 거지.

이 반란은 이듬해 김사미가 참수되면서 끝났어. 최충헌은 나중에 모든 동경 반란을 진압한 후 경주로 이름을 바꿔 버렸어. 그 대신 한양을 새로이 남경으로 정했지. 맞아. 경주의 격을 확 낮춘 거야.

노비의 반란도 있었어. 만적의 난이 바로 그거야^{1198년}. 만적은 최충헌의 사노비였어. 최고 권력자의 집에서 주인을 보필하며 많은 사건을 지켜봤지. 만적은 무신정권의 많은 권력자들, 이를테면 이의민이나 이방, 이고 같은 사람이 원래부터 높은 신분이 아니란 사실을 깨닫게 됐어. 그렇다면 자신도 노비 신분을 벗어날 수 있다고 생각했어.

만적은 개경의 뒷산에서 나무를 하던 중 다른 노비들과 거사를 일으키기로 약속했어. 날짜를 정해 시장에서 일제히 봉기한 뒤 궁으로 쳐들어가고, 그다음에는 자기 주인들을 죽이고 노비문서를 없애기로 한 거야.

그러나 이 계획은 미수로 끝나고 말았어. 거사 일에 약속 장소로 나온 노비가 별로 없었던 거야. 어쩔 수 없이 거사를 연기했는데, 이게 마지막이 돼 버렸어. 몇몇 노비들이 겁에 질려 자기 주인에게 이 사실을 이실직고한 거야. 만적이 봉기를 하려 한다는 이야기가 최충헌의 귀에까지 들어갔어. 최충헌은 당장 모든 노비를 죽이라고 명령했어. 관군은 100여 명의 노비들을 체포한 뒤 몸에 돌덩이를 달고 물속으로 던져 버렸단다.

거사도 해 보지 못하고 끝난 반란. 엄밀하게 말하면 반란 모의에 해당한 이 만적의 난에 대해 많은 사람들이 큰 의미를 부여하고 있어. 왜 그럴까? 그가 신분 해방을 주장했기 때문이야. 만적의 이야기를 들어 볼까?

반란이 주인을 배신하는 행위라는 비판에 대해 어떻게 생각하십니까?
"주인? 누가 우리의 주인인가? 내가 동료 노비에게 말한 것을 듣지 않았는가? 왕후장상王侯將相, 즉 왕, 제후귀족, 장군, 재상의 씨가 따로 있지 않다. 우리 노비라고 해서 왕후장상이 되지 말라는 법이 있는가? 왜 그들이 우리의 주인인가?"

민란이 많은 시대였습니다. 그 분위기에 휩쓸려 봉기하려 했던 건 아닙니까?
"물론 당시가 하극상의 풍조가 만연했다는 점을 부인하지는 않겠다. 그러나 일반 민중, 특히 우리 천민의 삶은 그 누구보다 더 힘들었다. 우리에게는 다른 선택이 없었다."

미수가 아니라 봉기에 이르렀더라도 실패했을 거라는 추측에 대해 어떻게 생각하십니까?

"다른 민중봉기가 모두 실패로 돌아갔다. 우리의 봉기라고 해서 결과가 다르진 않았을 것이다. 다만 천민도 인간이라는 분명한 메시지를 남겼을 것이다. 그 경우 평등 사회가 조금이라도 앞당겨지지 않았겠는가?"

불교는 계속 발전하다

무신들은 문벌귀족이라면 치를 떨었어. 문벌귀족이 유교 경전을 들이대며 고상한 척하는 것도 아주 싫어했지. 물론 모든 무신 권력자들이 그런 건 아니야. 하지만 이런 분위기는 무신정권 내내 계속됐어. 그러니 당연히 유학은 발전을 멈출 수밖에 없었지.

그 대신 불교는 적극 장려했어. 다만 문벌귀족들이 선호했던 종파인 교종보다는 참선을 중요하게 여기는 선종이 우세했어. 마치 신라하대를 보는 듯해. 당시 지방 호족들이 누구나 부처가 될 수 있다는 선종의 가르침에 푹 빠져 있었지? 왜? 그 말대로라면 호족도 왕이 될 수 있으니까! 무신들이 선종을 장려한 까닭이 바로 여기에 있어.

"무신들도 문벌귀족을 능가하는 귀족이 될 수 있다! 무신들도 왕이 될 수 있다!"

무신정권 시대, 즉 고려 중기는 이처럼 자유분방한 분위기가 지배적이었어. 마치 신라 하대나 고려 초기로 돌아간 듯한 분위기였지. 뭐, 그

보조국사 지눌 진영 · 불교의 개혁을 추진했으며, 선교일치를 추구했다.

렇다고 해서 무신정권이 정치를 잘했다는 뜻은 아니야. 다만 무인들이 권력을 장악함으로써 조금은 답답하고 형식적이었던 문벌귀족의 문화가 바뀐 거지.

무신들의 비호를 받는 사원절들도 많이 나타났어. 이 사원들 또한 권력 욕심이 대단했어. 그 때문에 후기로 갈수록 부작용이 커지면서 신진사대부들이 신랄하게 사원을 비난한단다.

무신정권 시절 기억해야 할 승려로는 보조국사 지눌이 있어. 지눌은 고려 전기의 승려 의천과 대비되는 인물이야. 의천이 교종을 중심으로 종파 통합에 나섰다고 했지? 의천이 주장한 것은 교관겸수야. 반면 지눌은 선종을 중심으로 종파를 통합해야 한다고 주장했어. 지눌은 정혜쌍수와 돈오점수를 외쳤단다. 정혜쌍수는 참선과 교리를 함께 수행해야 한다는 뜻이야. 돈오점수는 깨달음을 얻은 뒤에도 계속 수행을 해야 한다는 뜻이지. 대체로 선종 이념이 더 강하다는 걸 알 수 있지?

무신정권 시절, 역사 분야에서는 정말 탁월한 작품이 나왔어. 바로 이규보가 쓴 장편서사시 「동명왕편」이야[1193년]. 이 시는 훗날 그의 작품 집인 『동국이상국집』에 실렸는데, 고구려의 건국신화를 담은 거란다.

고려 전기, 태조는 고구려를 계승한다고 했지? 하지만 문벌귀족 시대가 되면서 고구려보다는 신라를 더 계승했어. 무신들은 그 분위기를 다시 바꿔 놓았어. 아무래도 무인들이라 문신들보다 패기가 넘치기 때문이야.

미니 무신정변

1170년 보현원에서 일어난 무신정변으로 고려 정치체제는 확 달라졌어. 그러나 알고 보면 무신정변이 이때 처음 일어난 것은 아니란다. 이미 이로부터 160여 년 전에 무인들이 들고 일어섰던 적이 있거든.

때는 거란의 2차 침략이 시작된 1010년이었어. 당시 상장군 김훈과 최질은 나름대로 많은 공을 세웠다고 자부하고 있었어. 당연히 조정으로부터 공신 책봉이나 큰 보상이 있을 거라고 믿었겠지. 그러나 현종과 문신들은 오히려 국가 재정이 부족하다며 무신들에게 지급됐던 땅(영업전)을 빼앗았어.

분노한 무신들이 마침내 일어났어. 김훈과 최질은 군대를 이끌고 개경의 왕궁으로 쳐들어 갔지. 문신들을 모조리 제거하고 권력을 잡았어.

그러나 이 무신정권은 5개월 만에 무너졌단다. 개경은 장악했지만 서경은 여전히 문신귀족들의 손에 있었기 때문이야. 서경유수 왕가도가 중심이 돼 일종의 문신 반란을 준비했어. 그들은 왕이 서경에 오자 잔치를 베푼다며 궁궐로 초대했어. 잔치가 벌어지자 무신들은 경계를 풀었고, 그 틈을 타 문신들은 무신 지도자 19명을 모두 죽여 버렸단다. 이로써 미니 무신정변은 끝나고 말았어.

실패로 끝난 대몽항쟁

1206년의 몽골 초원. 바로 이곳에서 칭기즈칸이라는, 천 년에 한 번 나올까 말까한 영웅이 등장했어. 칭기즈칸은 곧 몽골족을 통일하고 제국을 세운 뒤 정복 전쟁을 시작했어.

몽골의 세력이 커지니 요나라의 남은 세력들이 고려로 도망쳐 왔어. 고려는 요와 여러 차례 전쟁을 치렀어. 그들이 곱게 보일 리가 없지? 몽골과 고려가 연합해 요를 소탕했는데, 이게 강동성 전투야218년.

이 전투로 우리를 괴롭혔던 거란족은 완전 몰락했어. 그 대신 새로운 적이 생겼어. 바로 몽골이야. 그러나 이때까지만 해도 고려는 몽골의 진짜 위력을 알지 못했어. 장차 몽골의 간접지배를 받게 될 운명도 몰랐지.

몽골 침략 시작되다

명종19대, 신종20대, 희종21대, 강종22대, 고종23대…. 최충헌이 집권하는 동안 바뀐 왕들이야. 다섯 왕은 절대 권력자인 최충헌의 눈치를 보느라 기를 펴지 못했어. 그런 최충헌도 세월 앞에서는 어쩔 수 없었어. 고종 시절, 최충헌이 사망했어1219년.

1인자가 사라졌으니 무신들끼리 다시 권력 다툼을 벌였을까? 아니야. 최충헌이 이미 아들에게 권력을 넘겨주기 위한 기반을 다 조성해 놨거든. 그래, 마치 태자가 왕위를 세습하는 것처럼 1인자 자리를 세습하는 거야.

최충헌의 아들 최우가 곧 1인자에 올랐어. 최우는 아버지가 확고하게 다진 권력을 더욱 강화했어. 우선 도방을 내외도방으로 확대했지. 치안을 유지하기 위해 야별초도 신설했어. 별초는 용사 선발대라는 뜻이야. 쉽게 말해 정예부대라고 생각하면 돼.

최우는 야별초 인원이 늘어나자 좌별초와 우별초로 나눴어. 적군의 포로가 됐다가 탈출한 병사들로는 신의군을 따로 만들었지. 이 좌별초와 우별초, 신의군을 합쳐 삼별초라고 불렀단다.

삼별초는 최씨 정권을 지탱하는 데 큰 도움이 됐어. 그만큼 강력한 군대였다는 얘기야. 우리에겐 훗날 몽골 침입 때 끝까지 저항한 부대로 더 많이 알려져 있지? 그렇지만 처음에는 최씨가 독점한 사병 부대였어. 바로 이 점 때문에 훗날 삼별초가 끝까지 대몽항쟁을 벌인 의도가 따로 있다는 주장이 나오는 거야. 무신정권이 없어지자 설 곳이 없어진 삼별초가 반발한 게 항쟁으로 부풀려졌다는 거지. 꼭 그렇지는 않겠지만 완전히 터무니없는 주장은 아니야.

최우는 나아가 정방이란 인사 기구를 자신의 집에 설치했어. 집에서 국정을 보겠다는 거야. 인사권을 왕으로부터 빼앗은 것도 모자라 자신의 집을 궁궐처럼 이용한다는 뜻이지. 최우는 정치 조언을 담당할 유학자들을 추려 따로 서방이라는 기관도 만들었단다. 이러니 왕과 조정이 무슨 필요가 있겠어?

이제 고려 중기의 최대 전쟁인 고려—몽골 전쟁을 살펴볼까? 이 전쟁을 대몽항쟁이라고 부르기도 해. 이렇게 부를 경우에는 보통 전쟁이 끝난 후까지 이어진 삼별초 항쟁을 포함한단다.

때는 강동성 전투가 끝나고 얼마 지나지 않은 시점이었어. 고려 조정을 찾은 몽골 사신의 거만함이 가히 하늘을 찔렀어. 그야말로 눈을 뜨고 볼 수 없는, 목불인견이었지.

"대몽골 황제께서 고려에 베푼 은혜는 하늘과 같습니다. 고려는 마땅히 그 은혜를 갚아야 할 것입니다."

고려 대신들은 치욕을 느꼈어. 그러나 몽골 군대가 두려웠어. 본국으로 돌아가는 사신에게 막대한 양의 공물을 보낼 수밖에 없었지. 몽골 사신은 다음 해, 그다음 해에도 고려를 찾아왔어. 그때마다 고려 사람들의 치욕은 더 커졌어.

최우가 자기 집에 정방을 설치한 바로 그해, 몽골 사신 저고여가 공물을 받으러 고려에 왔어.1225년

"황제께서 더 많은 공물을 원하십니다. 우리가 베푼 은혜를 고려가 너무 하찮게 여기는 게 아니오? 후환이 무섭지 않소?"

이제 고려 대신들의 마음은 치욕을 넘어 분노로 치닫고 있었어. 그것도 모르고 저고여는 콧노래를 부르며 공물 수레를 끌고 본국으로 돌아가고 있었어. 국경 지대에 이르렀을 때였어. 어디선가 갑자기 자객이 나타나 저고여의 숨통을 끊어 버렸어. 이 사실이 몽골 조정에 알려졌어. 분위기가 일순간 험악해졌지.

"이런 배은망덕한…. 우리가 그토록 은혜를 베풀었는데, 고려인들

이 감히 우리 사신을 해쳐?"

고려 조정은 당황했어. 누가 저고여를 죽였는지 고려 조정은 전혀 알지 못하고 있었거든. 즉각 해명에 나섰어.

"몽골 사신은 국경을 넘어선 후 피살됐습니다. 필경 금나라 사람들의 소행일 것이오. 어찌 우리에게 죄를 뒤집어씌우려는 게요?"

"시끄럽소. 평소 고려인들이 우리를 좋지 않게 보는 걸 충분히 알고 있었소."

이 사건을 계기로 고려와 몽골의 관계는 급속도로 악화되기 시작했어. 급기야 두 나라가 국교를 끊는 상황으로까지 치달았지. 칭기즈칸의 뒤를 이어 그의 아들 오고타이가 2대 몽골황제^{대 칸}에 올랐어. 오고타이는 고려를 손보기로 결정했어. 오고타이는 살리타이를 사령관으로 임명한 후 고려를 침략하도록 했어. 그래, 고려─몽골 전쟁이 시작된 거야^{1231년}.

민중의 투혼은 빛났다

몽골군은 파죽지세였어. 순식간에 개경이 포위됐지. 어쩔 수 없이 고종은 항복해야 했어. 몽골군은 고려와 강화를 맺고 이듬해 본국으로 철수했지. 그래, 1차전은 고려의 완벽한 패배였어.

이제 고려는 과거보다 더욱 많은 공물을 보내야 했어. 당연히 몽골의 간섭도 더욱 심해졌지. 최우가 대책을 논의하기 위해 회의를 소집했어. 결론은 "싸우자!"였단다. 최우는 강화도 천도를 결정했어. 이윽고 고려 조정이 통째로 강화도로 옮겨 갔어[1232년].

몽골은 고려의 천도를 반역 행위로 해석하고 응징하기로 했어. 결국 강화도 천도가 이뤄진 바로 그해, 살리타이가 다시 대군을 이끌고 고려를 침략했지. 2차 침략인 셈이야. 몽골군은 서경, 개경에 이어 남경[서울]까지 순식간에 점령했어. 그러나 물을 건너야 하는 강화도까지는 점령하지는 못했어.

살리타이는 고려에 사신을 보내 항복을 요구했어. 최우는 귀를 막아 버렸어. 그러자 몽골군은 남쪽으로 말머리를 돌렸어. 이내 몽골군은 한반도를 폐허로 만들기 시작했단다. 가는 곳마다 살인과 약탈을 자행했고 많은 고려 백성을 포로로 끌고 갔지. 무능한 조정 때문에 백성만 큰 고통을 치르고 있는 거야. 화가 나지 않니?

살리타이 군대는 곧 경기 광주에 이르렀어. 몽골 군대는 쉽게 이곳을 함락할 거라고 생각했을 거야. 그러나 고려 민중의 저항이 만만찮았어. 살리타이는 광주성을 함락시키지 못했어. 그는 진로를 바꿔

강화의 고려궁터 · 1232년(고종 19) 최우가 몽골의 침략에 대항하기 위해 강화도로 수도를 옮긴 뒤 1234년에 세운 궁궐과 관아 건물이 있던 자리이다.

처인성 싸움(전쟁기념관 소장)

우선 처인 부곡^{오늘날의 용인}부터 공략하기로 했어. 부곡민들은 양민보다 못한 대우를 받는 사람들이었지만 애국심은 웬만한 장수보다 높았어. 승려 출신의 장수 김윤후가 민중을 지휘하고 있었지.

"아무리 적장이 용맹하다 해도 이곳은 우리의 근거지다. 모두 제자리를 흔들림 없이 지켜라!"

이윽고 전투가 벌어졌어. 민중의 군대를 얕본 살리타이에게 누군가 화살을 쏘았어. 명중! 살리타이가 거꾸러졌어. 대장을 잃은 몽골 군대는 후퇴하기 시작했어. 그래, 고려 민중이 대승을 거둔 거야!

철수하는 몽골군을 쫓아 고려 정부군이 반격에 나섰어. 빼앗겼던 몇 개의 마을을 되찾는 성과를 거뒀지. 다만 몽골군이 철수하면서 대구 부인사에 있던 초조대장경을 태워버린 점은 두고두고 안타까운 대목이야. 우리의 중요한 문화재가 사라져 버렸잖아? 그래도 이

때의 대승은 고려의 기상이 죽지 않았다는 것을 보여준 쾌거라 할
수 있어.

이쯤에서 강화도 천도를 결정한 최우의 이야기를 들어 볼까? 그의
전략은 무엇이었을까?

불필요한 천도 때문에 몽골이 또 침략한 게 아닙니까?

"아니다. 몽골의 간섭이 점점 심해졌다. 어차피 몽골은 다시 침략했을
것이다. 우리에게는 결사항전 외에는 대안이 없었다. 몽골은 유목 민족
이다. 해상전은 약하지 않겠는가? 실제로 몽골 군대는 강화도까지 오지
못했다. 내 전략이 맞아떨어진 게 아니고 무엇이겠는가?"

강화도 천도가 혹시 다른 목적이 있었던 건 아닙니까?

"솔직히 최씨 정권의 권력을 유지하려는 목적이 있었다. 끝까지 항복하
지 않고 강화도에서 버티면 되니까! 게다가 강화도에 있으면 전국에서
올라오는 세금을 거두는 데 큰 지장이 없다. 최상의 요새가 바로 강화도
였다."

**그렇게 안전하니까 강화도 성에서 매일 잔치나 벌이며 흥청망청한
겁니까?**

"흠흠. 그건…. 권력자가 그럴 수도 있는 것 아니냐? 게다가 백성보다 조
정이 중요하다. 조정이 아무런 피해가 없으니 그걸로 된 것이다. 원래 백
성은 목숨 걸고 나라를 지켜야 하지 않느냐? 하늘을 우러러 난 잘못한
게 없다!"

그 말은 최씨 무신정권이 썩을 만큼 썩었다는 이야기로 들립니다. 어떻게 생각하십니까?

"뭐라? 이런 고얀! 더 이상 이야기하기가 싫구나. 썩 물러가라."

고려, 몽골에 무릎 꿇다

얼마 후 몽골이 다시 고려를 침략했어[1235년]. 3차 전쟁이 터진 거야. 당시 몽골은 중국 남송을 공격하던 길이었어. 혹시 고려가 남송을 지원할까 봐 미리 기를 꺾어놓으려는 의도에서 고려를 침략했던 거지.

몽골군은 온양, 죽산, 예산까지 진격했어. 무려 4년간 한반도를 유린하고 다녔지. 그 유명한 황룡사 9층 목탑도 이때 파괴됐단다. 이 와중에 강화도의 최우 정권은 뭘 하고 있었을까?

뾰족한 수가 없었어. 그저 몽골 군대가 제풀에 꺾여 돌아가는 걸 기다리는 것 말고는…. 그러면서도 대신들을 불러 잔치판이나 벌였

팔만대장경 경판 · 고려가 대몽항쟁을 펼친 19년 동안 부처의 힘으로 몽골을 물리치기 위하여 제작한 팔만대장경의 경판 가운데 하나이다. 이와 같은 경판이 8만 장이 넘기 때문에 팔만대장경이라고 부른다.

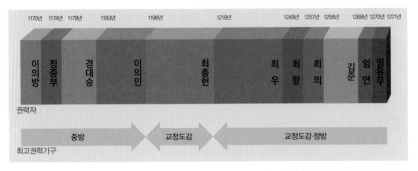

무신정권 시대의 권력자들 · 1170년 무신정변을 일으킨 후 무신들 사이에 권력 투쟁이 벌어졌다. 권력자가 여러 차례 바뀐 후 1196년 최충헌이 권력을 장악해 최씨 정권 시대를 열었다. 1258년 김준이 최씨 정권을 무너뜨렸다.

어. 또 하나. 최우는 부처의 힘을 빌려 몽골을 격퇴하기로 했어. 역사적인 대작 팔만대장경은 이렇게 해서 제작되기 시작한 거야.

하지만 이것도 역시 소용이 없었어. 결국 고려왕이 몽골에 입조하기로 약속했어. 흡족한 표정을 지으며 몽골군이 이듬해 고려를 떠났지. 하지만 고려는 이 약속을 지키지 않았어. 고종은 다른 왕실 사람을 보내면서 왕의 동생이나 태자라고 속였지.

그렇게 시간이 흐르는 동안 몽골 진영에 변화가 생겼어. 오고타이칸이 죽고, 귀위크 대칸이 즉위했어1246년.

귀위크는 첫째, 고려 조정이 강화도에서 나와 개경으로 돌아갈 것과 둘째, 고려왕이 입조할 것을 요구했어. 고려가 말을 듣지 않자 군대를 보내려 했지. 하지만 갑자기 귀위크가 사망했어. 그 뒤를 이어 몽케 대칸이 즉위했어.

고려 진영에도 큰 변화가 있었어. 최우가 세상을 떠난 거야1249년.

최충헌과 최우는 비록 독재자이기는 했지만 강력한 리더였어. 그러나 이들로부터 권력을 물려받은 최우의 아들 최항은 그렇지 못했어. 최항은 8년 만에 병에 걸려 죽는단다.

어쨌든 이 최항이 권력을 잡고 있을 때 몽골 군대가 다시 고려를 침략했어. 이게 4차 침략이야. 그 후 5차, 6차, 7차 침략을 당하면서 고려 조정의 여론은 몽골에 완전 항복하는 쪽으로 기울어 갔어. 다만 최씨 정권은 이를 완강하게 거부했어. 항복하면 자신의 권력을 유지할 수 없잖아?

최항이 병으로 세상을 떠나자¹²⁵⁷년, 그의 아들 최의가 권력을 이어받았어. 그러나 최의는 권력을 지키지 못했어. 1년 후 김준이라는 인물에게 살해되고 만 거야. 김준은 최씨 가문의 노비 출신이었어. 상전을 배신하고 권력을 차지한 셈이지.

최의를 마지막으로 최씨 무신정권 시대는 종말을 고했어. 김준은 김씨 무신정권 시대를 열었을까? 아니야. 무신정권 초기의 혼란이 그대로 재현됐단다. 또다시 무신들의 권력쟁탈전이 시작된 거야.

이런 상황에서 고려와 몽골의 강화가 서서히 진행되고 있었어. 고려 조정은 왕이 강화도에서 몽골에 입조하겠다고 약속했어. 약속을 지키겠다는 의지를 보이기 위해 태자를 포함해 인질 40명을 몽골에 보냈지. 강화도의 성을 허물라는 몽골의 요구도 받아들였어. 맞아. 고려가 확실하게 항복한 거야. 이렇게 해서 28년 만에 고려의 대몽 항쟁은 종결됐어.

이 와중에 고종이 세상을 떠났어. 몽골에 볼모로 갔던 태자가 귀국

개성의 고려궁터 · 개성에 있는 고려 궁궐터 가운데 정전인 회경전이 있던 자리이다. 1270년 몽골과 강화한 뒤 고려 조정은 39년 만에 개경으로 돌아왔다.

해 원종24대에 올랐어. 원종은 아버지 고종이 그랬던 것처럼 태자를 몽골에 인질로 보내야 했어. 그러나 자신은 강화도에서 나오지 않았단다. 사실 원종이 나오고 싶어도 그럴 수 없었어. 아직도 무신세력이 모든 결정을 하고 있었거든.

이 무렵 무신들의 권력 다툼이 다시 도졌어. 김준이 최측근인 임연에게 살해됐어. 임연은 김준을 아버지라 부르며 따랐던 인물이었지. 상전이었던 최의를 김준이 배신했던 것처럼 아버지와 같던 김준을 임연이 배신한 거야. 임연은 최씨 정권처럼 임씨 정권을 열려고 했어. 원종을 왕에서 끌어내리기도 했지. 그러나 이번엔 쉽지 않았어. 몽골의 압력이 강했기 때문이야. 결국 몽골의 도움을 받은 원종이 왕에 복위했고, 임연은 몰락했지. 임유무가 그 뒤를 이었지만 그도 마찬가지로 살해됐어. 이로써 무신정권 시대는 막을 내렸지[1270년].

바로 그해, 고려 조정이 수도 개경 환도를 선언했어. 강화도로 옮긴 지 39년 만의 귀환이었지. 이 순간부터 고려는 몽골의 지배 하에 들어갔단다. 1271년 몽골은 중국 대륙을 차지한 뒤 원나라를 세웠어.

나라마다 다른 왕의 호칭

몽골에서는 부족장을 칸이라 불렀어. 여러 부족이 모여 나라를 이루면 왕이 탄생하는데, 이 왕은 대 칸이라 불렸지. 몽골 제국을 세운 칭기즈 칸은 이런 여러 칸 중에서도 으뜸이었어. 하늘이 내린 칸이었지.

전통적으로 중국에서는 왕을 천자 또는 황제라 불렀어. 천자는 하늘의 아들이란 뜻이야. 중국은 스스로를 천하의 중심이라 생각했어. 그러니 이런 호칭을 썼던 거야. 일본에서는 왕을 천황이라고 했어. 우리나라에서는 일본 왕을 일왕이라고 표기하지.

우리나라에서는 대체로 왕이란 호칭을 썼지만, 고구려에서는 태왕이라고 부르기도 했어. 태왕은 왕보다 등급이 높아. 광개토대왕의 경우 연호인 영락을 써서 영락태왕이라고도 했지.

이슬람권에서는 종교적 지도자를 칼리프라고 불렀어. 시간이 지나면서 이슬람 수니파에서 이탈한 시아파는 종교적 지도자를 이맘이라 불렀지. 정치권력을 지닌 왕에 대해서는 술탄이라고 했어. 다만 이란 계열의 국가에서는 왕을 샤라고 했단다.

유럽에서는 신성로마 제국의 왕을 황제라고 했고, 나머지 왕국의 왕은 그냥 왕이라고 했어. 자, 이제 복잡했던 왕의 호칭이 싹 정리됐지?

대헌장 체택(1215년)

프랑스 파리대학 설립(1170년)

칭기즈칸, 몽골제국 건설(1206년)

몽골, 독일 슐레지엔 진출(1241년)

몽골, 바그다드 점령(1258년)

아이유브 왕조 출범(1169년)

무신정변 발생(1170년)
최충헌, 최씨 정권 확립(1196년)
만적의 난(1198년)
팔만대장경 완성(1251년)

가마쿠라 바쿠후 출범(1185년)

대헌장, 왕의 권력을 제한하다

1170년 결국 무신정변이 터졌어. 무신들은 왕까지 죽여 버렸지. 그러나 곧 그들끼리 권력 투쟁을 벌였어. 이의방에 이어 정중부, 경대승, 이의민이 차례로 권력을 잡았지만 곧 최충헌이 확고한 1인자가 됐어1196년. 최씨 무신정권이 확립된 거야.

일본에서도 비슷한 시기 무인정권이 들어섰단다. 고려 무신정변이 터지고 15년이 지난 1185년, 미나모토노 요리토모는 가마쿠라에 바쿠후를 설치했어. 이 일본 바쿠후 정치는 19세기 후반까지 계속된단다.

고려가 어수선한 시기, 유럽 곳곳에 대학이 생기기 시작했어. 1088년 이탈리아에서 유럽 최초 대학인 볼로냐 대학이 세워졌어. 이어 여러 대학들이 생겨났는데, 영국 옥스퍼드 대학1167년, 프랑스 파리 대학1170년이 대표적이야.

이슬람 세계에도 변화가 있었어. 이 무렵 기독교를 믿는 유럽과 이슬람을 믿는 중동은 십자군 전쟁을 치르고 있었어. 3차 십자군 전쟁에서 이슬람 세계의 영웅으로 떠오른 살라딘이 이집트에 아이유브 왕조를 세웠지1169년. 고려에서 무신정변이 일어난 다음 해, 아이유브 왕조는 인근의 파티마 왕조를 무너뜨렸단다.

13세기 들어 세계적으로 굵직한 사건이 많이 터졌어. 1201년 터진 4차 십자군 전쟁 때는 기독교 군대가 보물을 찾겠다며 같은 편인 동로마 콘스탄티노플을 공격했어. 약탈 전쟁으로 변질된 거야.

유럽 정치에서도 큰 사건이 터졌어. 영국에서 귀족들이 왕의 권리를 제한하고 의회의 권한을 보장하는 대헌장, 다른 말로 마그나 카르타를 채택한 거야1215년. 신하들이 왕의 권력을 제한하고, 이를 문서로 규정한 것은 처음 있는 일이었어.

몽골의 칭기즈칸은 부족을 통일한 후 1218년부터 본격적인 정복 전쟁에 착수했어. 금, 서요, 중앙아시아의 호라즘에 이어 러시

미나모토노 요리토모 목상

아 키예프 공국까지 정복했지. 그러거나 말거나. 고려에서는 무신정권의 집권이 계속되고 있었어.

1231년 몽골의 살리타이가 고려를 침략하면서 고려─몽골 전쟁이 터졌어. 최우 정권은 일단 항복했다가 강화도로 수도를 옮겼어. 화가 난 몽골이 2차 침략을 해 왔지. 몽골은 1234년 금을 멸망시킨 후 다시 고려를 침략했어. 비슷한 시기에 칭기즈칸 손자 바투는 독일 슐레지엔까지 진출했고1241년, 또 다른 손자 훌라구는 바그다드를 점령했단다1258년.

1258년 최씨 정권이 무너지고 1270년 무신정권 시대가 끝났어. 고려 원종은 몽골에 항복한 뒤 수도 개경으로 돌아왔어. 이때부터 고려는 사실상의 몽골 속국으로 전락했지.

3

마지막 개혁,
그리고 멸망

고려 후기
13세기 후반~14세기 후반

연표	1280년	1285년	1351년	1356년	1359년	1366년	1388년	1392년
	원, 정동행성 설치	일연 『삼국유사』 저술	공민왕 등극	친원파 숙청, 쌍성총관부 수복	홍건적, 고려 침략	전민변정 도감 설치	이성계 위화도 회군	고려 멸망, 조선 건국

기마전투도 • 철갑옷을 갖춘 무사들이 쫓고 쫓기며 전투를 벌이는 장면을 그린 고분 벽화이다.

몽골 지배를 받다

무신정권 시대는 대체로 부패했어. 그나마 최씨 집권 때는 좀 나았다고 할 수 있지만, 그렇다고 해서 정치를 잘했다는 뜻은 아니야. 인사권과 군사권을 모두 장악해 국정을 엉망으로 만들었지. 대몽항쟁을 하겠다는 명분을 내세워 강화도로 천도를 했으면서도 실제 항쟁은 거의 하지 않았어. 이러니 백성의 삶은 고통 그 자체였지. 무신정권이 잘했다는 느낌은 별로 들지 않지?

그 무신정권의 사병 집단이었던 삼별초는 개경 환도를 반대하며 저항했어. 배중손이 이끄는 삼별초는 강화도에서 저항하다 진도, 제주도로 옮기며 최후까지 항전했어. 그러나 고려와 원나라의 연합군을 이길 수는 없었어. 결국 항쟁은 실패로 끝나고, 원은 제주도에 탐라총관부를 설치했지.

고려, 국가 품격이 떨어지다

이제 고려는 원의 지배를 받게 됐어. 그러나 원이 직접 고려에 총독을 파견하지는 않았단다. 원은 고려왕을 마음대로 주무르는 방식을 택했어. 그래서 이 시기를 원 간섭기라고 불러. 보통 이때부터를 고려 후기로 규정한단다.

고려 원종은 원의 지배를 받은 첫 왕이었어. 그래도 묘호에 종宗자를 쓸 수 있었던 점은 행운이야. 그다음 왕들부터는 원에 대한 충성을 뜻하는 충忠자를 맨 앞에 넣어야 했거든. 이런 왕들은 충렬왕25대에서부터 충정왕30대까지 총 6명이었어.

또 고려왕들은 왕이 되기 전에 원으로 끌려가 인질 생활을 해야 했어. 그곳에서 의무적으

몽골의 고려 지배와 삼별초의 항쟁
· 고려는 끝내 몽골의 지배를 받았다. 몽골은 쌍성총관부와 동녕부, 정동행성 등 잇달아 식민지배기구를 한반도에 세웠다. 이에 맞서 삼별초는 민중과 힘을 합쳐 저항했지만 몽골을 몰아내지는 못했다.

로 원의 왕실 여성을 부인으로 맞아들여야 했지. 그 후로도 쭉 그곳에서 살다가 왕이 될 무렵 고려로 돌아왔어. 완전히 원의 사위나라^부_{마국}가 된 거야.

이때부터 궁중 용어도 바뀌었어. 이전의 왕들은 자신을 가리킬 때 짐이라고 불렀어. 이 단어는 중국 진시황제가 자신을 부를 때 쓰면서부터 왕이 왕 자신을 가리키는 호칭이 됐어. 바로 이 단어를 이후 고려왕들은 사용할 수 없었어. 그 대신 한 단계 낮은 과인이란 단어를 써야 했지. 이렇게 격이 떨어진 단어는 또 있어. 폐하는 전하로 바뀌었고, 태자는 세자로 떨어졌지.

여기서 끝난 게 아니야. 원래 고려의 중앙 통치조직은 2성6부였

몽고습래회사 · 원과 고려 연합군의 수군이 일본군을 공격하는 모습을 일본인이 그린 그림이다.

어. 성종 때 중국 관제를 벤치마킹해 만들었지? 원은 작은 나라인 고려가 거대한 중국의 제도를 따라하는 건 격에 맞지 않다고 생각했어. 결국 2성6부를 첨의부와 4사 체제로 강등시켜 버렸어.

원은 고려를 복속시키자 일본에도 욕심을 냈어. 원의 세조 쿠빌라이가 일본 가마쿠라 바쿠후에 조공을 바치고 원에 복속하라고 요구했지. 가마쿠라 바쿠후는 거절했어. 원은 일본을 치기로 하고 전쟁 준비에 돌입했어.

이 무렵 원종이 세상을 떠났어. 그러자 원에 볼모로 간 세자가 돌아와 왕에 올랐어. 그는 원에서 이미 쿠빌라이의 딸 제국대장공주와 결혼을 했어. 이 왕이 충렬왕이야. 왕의 이름 앞에 충忠자가 붙은 첫 번째 왕이지1274년.

충렬왕이 왕에 오른 후 가장 먼저 한 일은 일본 정벌을 준비하는 거였어. 하기 싫어도 어쩔 수 없었지. 원 세조 쿠빌라이가 강요하는데 어떻게 마다하겠어? 쿠빌라이는 고려에 일본 정벌에 동원할 병사를 내놓으라고 했어. 이때 고려가 내놓은 병사들로 '동로군'이 조직됐어.

곧 원―고려 연합군의 1차 일본 정벌이 시작됐어. 그러나 연합 함대는 태풍을 만나 궤멸하고 말았어. 많은 고려 병사가 어이없게 목숨을 잃었어. 1차전은 이렇게 실패로 끝났어.

원은 일본 정복을 포기하지 않았어. 아니, 오히려 더 착실하게 준비해 나갔어. 어떻게? 고려 땅에 일본 정벌을 준비하는 기구인 정동행성을 설치한 거야.

이 정동행성이 주축이 돼 2차 일본 정벌을 준비했어. 정벌에 쓸 군선 300여 척도 고려 백성의 세금으로 만들었어. 이어 2차 일본 정벌이 시작됐어. 신통하게 이번에도 태풍이 불어닥쳤어. 참패. 결국 일본 정벌은 이것으로 끝이 났어. 다만 정동행성은 폐지되지 않고, 고려 내정을 간섭하는 기구로 탈바꿈했어. 정동행성은 훗날 공민왕의 개혁 때 폐지된단다.

충렬왕 때부터 몽골 풍습과 문화가 한반도에 널리 퍼졌어. 머리 주변을 깎는 변발 풍습도 들어왔는데, 많은 고려 대신들이 이 변발을 따라 했지. 원에 빌붙는 친원파 귀족들도 늘어났어. 그들을 권문세족이라 불렀는데, 원의 힘을 믿고 온갖 부정부패를 저질렀어.

의미 없는 고려 왕위

허수아비 왕…. 충렬왕의 심정이 그러지 않았을까? 그는 세자에게 왕위를 물려주고 정치에서 손을 뗐어1298년. 이 왕이 충선왕26대이야.

충선왕은 왕후부인인 계국대장공주와 사이가 좋지 않았어. 둘 사이에 갈등이 점점 커졌어. 그러다가 결국에는 왕후가 음모를 꾸며 국새를 빼앗는 사건이 발생했지. 충선왕은 원에 의해 강제로 왕위를 박탈당했어.

원은 충렬왕을 복귀시켰어. 마음대로 왕도 그만두지 못하는 신세였으니 이런 왕이 무슨 일을 할 수 있겠어? 아니, 그건 둘째치고 뭔가

하고 싶기나 하겠어? 충렬왕은 그저 사냥이나 하고, 연회나 베풀면서 시간을 보냈단다. 그러다가 재위 34년 만에 세상을 떠났어[1308년].

다시 충선왕이 왕에 복귀했어. 왕의 자리가 무슨 학교 회장 자리도

고릉 · 쿠빌라이의 딸인 제국대장공주의 능이다. 충렬왕은 제국대장공주와 결혼했고 이후 고려는 대대로 원의 사위 나라가 되었다.

아니고, 너무하지 않니? 그런데 충선왕은 왜 왕위를 빼앗겼던 걸까? 그 사연을 알아볼까?

그는 다른 왕과 마찬가지로 세자로 책봉되고 나서 원에 건너갔어. 거기서 몽골 황족인 계국대장공주를 아내로 맞았는데, 여기에서 문제가 생겼어. 세자가 이미 결혼한 몸이었던 거야. 게다가 부인이 세 명이나 됐어. 하지만 계국대장공주와 결혼해야 해. 그렇다면 첫째 부인, 즉 왕후의 자리는 당연히 그녀가 차지하겠지? 나머지 부인들의 서열은 한 단계씩 내려갔어. 시작부터 계국대장공주와 충선왕의 사이가 살짝 벌어지는 듯한 느낌이지?

이듬해 어머니 제국대장공주가 갑자기 병으로 죽었어. 급히 귀국한 세자는 궁중에 권력 암투가 있었다는 사실을 알게 됐어. 세자는 권력 다툼을 벌인 40여 명을 모두 처형했지. 그 가운데는 아버지 충렬왕의 측근도 있었나 봐. 그렇지 않아도 정치가 싫어지려는 상황이

었는데…. 충렬왕은 아들에게 왕위를 물려주고 뒤로 빠졌어. 이미 살펴본 내용이야.

충선왕은 권문세족의 권력이 너무 커졌다고 생각했어. 바로 개혁에 착수했지. 그들의 정치 기반인 정방을 없애고, 부당하게 얻은 토지를 빼앗아 백성에게 나눠주려 했어. 군대와 세금 제도도 손볼 작정이었지. 원에 대해서도 무조건 고개를 조아리지 않겠다는 자주 외교를 표방했단다.

왕후 계국대장공주가 개혁의 발목을 잡았어. 그녀는 충선왕이 여러 부인 가운데 조씨 부인을 특히 총애한다며 질투했어. 왕과 왕비 사이가 멀어졌겠지? 계국대장공주는 남편을 혼내주기로 했어. 그래, 음모를 꾸민 거야. 계국대장공주는 원의 사신에게 고려 국새를 가져가라고 했어. 국새가 졸지에 사라졌어! 국새 파동 후 충선왕은 원으로 소환됐어. 이때 충렬왕이 복귀했다고 말했지?

표면상 이 사건은 계국대장공주의 질투가 원인이었어. 그러나 진짜 이유는 따로 있었단다. 바로 충선왕의 개혁 정치가 원인이었어.

태평소 · 원 간섭기가 지속되면서 원과 고려는
문화적으로도 서로 영향을 주고받았다.
원에서는 고려의 풍속이 유행했고,
고려에는 몽골의 풍습과 문화가 많이 들어왔다.
음악에 미친 영향은 그다지 크지 않았으나
태평소는 몽골에서 들어온 악기이다.

이제현 초상 · 이제현이 충선왕을 따라 원에 갔을 때 그곳 화가가 그린 초상화이다. 이제현은 충선왕이 연경에 세운 만권당에서 원의 유명 인사들과 교류했다.

권문세족은 자신들을 압박하는 충선왕을 몰아내고 싶었을 거야. 원도 자주 외교를 표방한 충선왕이 마음에 들지 않았겠지. 이런 요인들이 작용해 폐위된 거라고 볼 수 있어.

충선왕은 아버지에게 왕위를 넘기고 원으로 돌아갔어. 약 10년이 흘러 원의 황제 성종이 사망했어. 황제의 자리를 놓고 권력 투쟁이 시작됐지. 충선왕은 무종의 편에서 황위 계승을 도왔어. 그 공로로 충선왕이 고려 국왕으로 복귀할 수 있었던 거야.

개혁이 이어졌어. 충선왕은 다시 권문세족을 억눌러 조정의 기강을 확립하려고 했지. 세금 제도를 뜯어고치고, 농업을 장려했어. 인재라고 판단되면 파벌을 가리지 않고 과감히 등용했지. 그러나 충선왕은 머지않아 정치에 염증을 느끼기 시작했어. 원에서 오래 생활을 하다보니 그곳이 더 좋다고 생각했던 것 같아. 충선왕은 툭하면 원으로 갔다가 나중에는 아예 그곳에 머물러 버렸어. 돌아오라는 대신들의 요청도 무시했지. 충선왕은 원에서 전지라는 문서를 내려 통치를 했어. 충선왕은 끝내 원에서 세상을 떠났단다.

충숙왕27대과 충혜왕28대도 원에 의해 왕에서 끌어내려졌다가 복위하는 과정을 밟았어. 두 국왕이 모두 정치보다는 주색잡기에 더 관심이 많았다는 것도 공통점이야. 충숙왕은 원에 의해 귀양을 가야 했고, 그곳에서 죽었어. 독살됐다는 이야기도 있는데 확실하지는 않아. 어쨌든 이 무렵 고려왕은 원 황제의 신하에 불과했어. 그러니 원의 황제들이 자기 마음대로 고려 국왕의 폐위와 복위를 반복했던 거겠지.

그 뒤를 이은 충목왕29대이나 충정왕30대도 모두 무기력했어. 게다

왜구 · 16세기에 명의 해안 마을을 약탈하는 왜구를 중국인이 그린 그림이다. 왜구는 중국이나 고려의 해안 지방을 노략질하던 일본의 해적이다. 고려 말기에는 왜구와 홍건족의 침입으로 큰 피해를 입었다.

천산대렵도 · 공민왕이 그렸다고 전하는 그림이다. 말을 탄 인물이 몽골 풍습에 따라 변발을 하고 있다.

가 이 무렵부터는 외적의 침략도 급속하게 늘었어. 고려의 혼란은 언제 끝날까?

어느덧 14세기 중반으로 접어들고 있었어. 그렇잖아도 혼란스러운 고려에 또 골칫거리가 생겼어. 새로운 적이 등장한 거야. 바로 왜구와 홍건적이었어. 왜구는 해안 지대를, 홍건적은 북방 국경 지대를 약탈했어. 하지만 충정왕은 그저 잔치나 할 뿐….

그렇잖아도 허수아비 왕에 신물이 나 있는 민심이 등을 돌렸어. 대신들도 마찬가지. 결국 몇 명의 대신들이 원 황실에 왕을 폐위시켜 달라고 정식으로 요청했단다. 당시 왕을 임명하거나 쫓아내는 게 모두 원 황실의 권한이었잖아? 아무리 그래도 신하들이 다른 나라에 왕을 바꿔 달라니…. 어이가 없지?

대신들이 차기 왕 후보로 꼽은 인물은 충정왕의 숙부 강릉대군이었어. 원 황실이 이 요청을 수락했어. 충정왕을 폐위시키고 강릉대군을 왕에 앉힌 거야. 이렇게 해서 공민왕31대이 등극했어1351년. 충정왕은 강화도로 추방됐고, 이듬해 독살됐지. 왕의 최후라고 하기에는 정말 비참하지?

좀 이상한 점이 있지? 공민왕은 왜 묘호 앞에 충 자가 없지? 다 이유가 있어. 공민왕은 원으로부터 벗어나기 위해 대대적인 개혁을 추진한 왕이야. 그러니 원에 충성할 이유가 없는 거지.

권문세족, 고려를 장악하다

보통 고려를 귀족시대라고 불러. 왜 그러겠어? 초기부터 여러 형태의 귀족이 번갈아가며 등장했기 때문이야.

막 고려가 건국됐을 때는 호족들이 주도권을 잡았어. 이 호족들은 광종의 개혁으로 치명타를 맞고 휘청거렸지. 고려의 정치—경제 체제가 안정되면서 호족들은 점차 중앙의 귀족으로 변신했어. 그들이 문벌귀족이지.

하지만 무신정변 이후 문벌귀족은 자취를 감췄어. 모든 권력은 무신들이 장악했지. 몇 안 되는 유학자들이 조정에 남아 있었지만, 그들은 무신정권을 도와주는 역할밖에 하지 못했어.

그러다가 몽골의 침략을 받았어. 고려가 무릎을 꿇었고, 일부 귀족들이 원나라에 빌붙기 시작했어. 그들은 한때 잘나가던 문벌귀족, 그이상으로 많은 권력을 누렸어. 이들이 권문세족이야. 여러 권문세족 가운데 특히 세력이 강했던 집안으로는 기씨 가문이 있어.

당시 원은 고려에 여성을 보낼 것을 강요했어. 신분에 상관없이 수많은 여성들이 원으로 끌려갔어. 이들을 공녀라 불렀지. 기씨 가문의 딸이 공녀로 갔어. 이 여성은 원나라 궁궐로 들어가 궁녀가 됐어. 그러다가 황제의 눈에 들어 후궁이 됐고, 얼마 지나지 않아 황제의 아들을 낳으면서 황후에까지 올랐단다. 이 여성이 기황후야.

이 소식에 덩실덩실 춤을 춘 사람은 기씨 가문 사람들이었어. 원 황후의 집안이 되었잖아! 기황후의 친오빠인 기철은 원으로부터 벼슬을 하사받기도 했어. 이제 고려에서 그들을 무시할 사람은 없어. 왕이라 해도 마찬가지야. 그러니 기씨 가문은 최고의 권문세족으로 떠올랐어.

고려는 이런 친원파 권문세족에 휘둘렸어. 정치뿐 아니라 고려 경제가 모두 권문세족의 손아귀로 들어갔지. 권문세족은 토지를 야금야금 늘렸어. 마침내는 어마어마한 넓이의 땅을 확보했지. 하루 종일 걸어도 권문세족 한 명의 땅을 벗어나지 못할 정도로!

이러니 농민은 살 방도가 없었어. 땅을 모두 빼앗겼잖아? 세금 부담을 견디지 못해 도망 다니다 정처 없이 떠도는 유랑민이 되거나 노비가 됐어. 고려 경제가 몰락하고 있는 소리가 들리니? 더불어 고려라는 국가도 기울고 있었어.

그래도 뜻있는 지식인들은 우리 민족의 자주성을 지키기 위해 무진 애를 썼어. 승려 일연과 문신 이승휴가 대표적이야. 이들은 원의 간섭에 우리 민족이 저항해야 한다고 생각했어.

민족의식을 깨우기 위한 방법은 여러 가지가 있을 거야. 두 지식인이 택한 것은 책이었어. 일연은 『삼국유사』를, 이승휴는 『제왕운기』를 썼지. 이 두 책에서 우리 민족의 시조인 단군 이야기가 처음 등장했어. 그 전까지 눈여겨보지 않았던 단군의 역사를 우리 역사로 인식한 거지. 두 책 모두 원 간섭기가 시작되고 얼마 지나지 않은 1280년대에 만들어졌단다.

몽골 지배가 남긴 것

항복하는 순간부터 고려는 사실상 몽골의 지배를 받기 시작했어. 고려 사람들은 몽골식 복장을 했고, 몽골식 변발을 했어. 두루마기와 저고리도 새로운 패션이 됐지. 여성들이 머리를 땋아 도투락댕기를 달거나 귀에 구멍을 뚫어 귀고리를 하는 풍습이 모두 이 무렵 몽골로부터 전래됐단다.

언어 생활도 달라졌어. 장사치, 벼슬아치처럼 특정 직업의 사람을 가리키는 '치'라는 단어도 몽골에서 왔고, 임금의 음식상을 뜻하는 수라도 몽골에서 수입됐단다. 오늘날 우리가 즐겨먹는 만두나 설렁탕, 어른들의 소주도 모두 이때 전래됐어.

공민왕이 대대적인 개혁을 하면서 이런 몽골 풍습을 모두 금지했어. 그러나 몽골식 복장의 일부와 변발 풍습이 사라졌을 뿐 나머지 풍습은 그대로 전해져 내려왔지. 이런 풍습을 흔히 몽골풍이라고 한단다.

고려, 결국 스러지다

공민왕이 왕에 오를 무렵 원은 서서히 기울고 있었어. 공민왕은 원의 간섭을 완전히 끊을 수 있는 좋은 기회라고 생각했지. 대대적인 개혁을 시작했어.

공민왕은 즉위하자마자 변발과 몽골 복장을 폐지했어. 개혁에 성공하려면 친원파 권문세족을 제거해야 하겠지? 이듬해 공민왕은 귀족들이 전횡을 일삼는 정방을 없애 버렸어. 공민왕은 귀족들에게 빼앗긴 왕권을 되찾을 작정이었어. 그래, 고려를 부활시키기 위한 마지막 개혁이 시동을 건 거야. 그러나 안타깝게도 결과는 썩 좋지 않았어.

공민왕, 마지막 개혁을 추진하다

즉위 이듬해, 공민왕은 개혁 조서를 발표했어. 이 조서에 따라 각 기관은 중요 정책을 5일마다 왕에게 보고해야 했어. 왕과 신하들이 정치와 사회 문제를 토론하는 서연도 부활됐지. 부패한 정치와 제도에 대한 신랄한 비판이 쏟아졌어.

하지만 뜻하지 않은 돌발 사건이 생겼어. 공민왕이 원에 있을 때부터 보필해 왔던 조일신이란 인물이 정변을 일으킨 거야. 공민왕으로

서는 믿는 도끼에 발등이
찍힌 셈이지. 이 정변이
처음에는 성공하는 것처
럼 보였어. 조일신은 공
민왕을 협박해 우정승의
자리에 앉았고, 자신의
측근들을 모두 고위직에
임명했지.

공민왕은 일단 머리를
숙였어. 숨을 고르면서
반격을 준비했지. 공민왕
은 비밀리에 여러 대신들

공민왕 부부 영정 · 조선의 종묘에 있는 공민왕 신당에 모신 영정으로, 공민왕과 노국대장공주를 함께 그렸다. 공민왕은 원의 지배에서 벗어나기 위해 반원 자주 개혁을 실시했다.

과 만남을 가졌어. 반격의 준비가 끝났어. 곧 조일신 체포 작전이 시
작됐지. 공민왕의 지시를 받은 김첨수가 조일신을 제거하고, 그의 측
근을 모두 투옥시켰어. 공민왕은 왕권을 되찾았어.

공민왕은 중단될 뻔했던 개혁을 다시 이어갔어. 부패한 관리들, 사
회윤리에 어긋나는 음탕한 관리들을 모두 감옥에 가뒀어. 이 칼날의
최종 목표가 누구일까? 바로 권문세족들이야. 왕의 본격적인 공격이
시작됐어.

적을 일거에 쓰러뜨리려면 적의 머리를 쳐라! 그렇다면 타깃이 누
구일까? 바로 기철이었어. 맞아, 기황후의 친오빠 말이야. 공민왕은
기철을 비롯해, 권겸, 노정 등 친원파 권문세족의 우두머리를 모조리

공민왕의 영토 회복 · 공민왕은 몽골 풍습을 하나씩 폐지했다. 또 몽골을 몰아내고 영토를 되찾는 등 잇달아 개혁에 성공했다. 그러나 재위 말년으로 갈수록 개혁에서 멀어져, 결국 고려의 부흥에는 성공하지 못했다.

제거했어1356년, 병신정변.

내부 단속이 끝났지? 공민왕은 곧바로 원과의 싸움에 돌입했어. 우선 원의 연호와 관제를 따르지 않을 것이며 고려는 황제의 나라라고 선포했단다. 뿐만 아니야. 원의 내정간섭 기구인 정동행성을 폐지했어. 나아가 원이 100년 넘게 장악하고 있는 식민통치기구인 쌍성총관부화주, 오늘날의 평안남도 영흥군를 공격해 되찾았어. 본격적인 영토회복 운동을 펼친 거야.

당시 화주에는 이자춘이란 인물이 살고 있었어. 그는 우리와 같은 민족이었지만 이 무렵에는 원의 버슬을 하고 있었어. 쌍성총관부가 원의 기구였으니까 그랬지.

이자춘은 곧 마음을 바꿔 고려의 편에 섰어. 그의 아들이 바로 이성계였어. 이자춘과 이성계 부자는 고려군에게 성문을 활짝 열었어.
그 덕분에 고려 군대가 큰 어려움 없이 쌍성총관부를 접수할 수 있었
던 거란다. 이때의 공로
로 이자춘과 이성계는
고려의 벼슬을 얻었지.

비슷한 시기에 공민
왕은 최영을 요동 지방
으로 파견했어. 압록강
너머에 있는 원의 영토
를 공략하기 위해서였
지. 최영의 원정은 성공
적이었어. 마침내 고구
려의 옛 땅인 요동 지방
의 일부를 회복한 거야!
고구려를 계승한다는
고려의 건국이념이 되
살아나고 있는 것 같지?

이 무렵의 군사적 업
적은 주로 최영과 이성
계 두 사람이 주축이 돼
이뤄졌어. 최영은 오예
포를 노략질하던 왜구

함흥본궁도 · 이성계가 왕이 된 뒤 조상들이 살던 집터에 세운 함흥본궁을 그린 그림이다. 이성계의 조상은 화주에 살면서 대대로 원의 벼슬을 했다.

를 물리쳤고, 이어 벌어진 홍건적과의 싸움에서도 혁혁한 전과를 올렸어. 4만에 이르는 홍건적이 쳐들어와 잠시 서경을 함락시킬 때가 있었어1359년. 고려로서는 큰 위기를 맞은 셈이지. 이때도 최영과 이방실이 맹활약을 한 끝에 홍건적을 격퇴했단다.

그 후 고려 출신으로 원의 장수가 된 최유가 1만 명의 병사를 이끌고 침략해 왔어. 이번에도 최영과 이성계가 물리쳤어. 여진의 침략은 이성계가 물리쳤고, 또 다른 원의 군대는 최영이 격파했지. 얼마 지나지 않아 왜구가 다시 경남 진해로 쳐들어왔어. 정말 쉴 틈이 없지?

거의 모든 전쟁에서 고려가 승리했지만 부작용도 있었어. 오래 전쟁을 하다 보니 국력이 약해진 거야. 이런 상황에서 공민왕의 왕후인 노국대장공주가 아이를 낳다 세상을 떠났어. 공민왕의 슬픔은 아주 컸어. 슬픔이 큰 탓이었을까? 공민왕은 정치에 염증을 느꼈어. 불교에 푹 빠졌지.

다행히 개혁은 계속됐어. 공민왕이 승려 신돈에게 개혁의 총지휘권을 넘겨준 거야. 이로써 개혁 2탄이 시작됐어.

개혁의 실패, 고려 기울다

신돈은 개혁을 총괄하는 임시기구인 전민변정도감을 설치했어. 우선 신돈은 권문세족들이 강제로 빼앗아간 토지를 원래 주인에게 돌려주도록 했어. 억울하게 노비가 된 사람은 본래의 신분으로 돌려놓았지. 학문을 강화하기 위해 성균관도 부활시켰어. 신돈이 불도저처럼 개혁을 밀어붙인 덕분에 권문세족의 세력은 크게 약해졌지.

원은 점점 기울었고, 얼마 후에는 중국 본토에서 명나라가 탄생했어1368년. 명은 원을 무너뜨리고 몽골족을 멀리 몽골 초원으로 쫓아냈지. 그렇지만 아직도 요동 지방에는 몽골 세력이 남아 있었어. 이성계가 바로 그 요동 지방을 공격했어. 이성계는 요녕성의 오로산성을 점령한 뒤 요동 지방의 고려인을 데리고 귀환했단다.

이 무렵 제주도에는 몽골 사람이 많이 살고 있었어. 삼별초 항쟁이 실패한 후 제주도가 몽골의 목마장으로 변했기 때문이지. 고려 토벌군이 곧 제주도를 공격해 그들을 몰아냈어. 반란이 일어나긴 했지만

개성 성균관 · 공민왕은 성균관을 부활시켜 이색, 정몽주, 정도전 등에게 성리학을 연구하게 했다.

현릉과 정릉 · 공민왕 부부의 능이다. 반원 자주 개혁을 추진하다가 왕비의 죽음으로 의욕을 상실한 공민왕은 신돈에게 개혁을 맡겼다. 하지만 이 개혁은 실패했다.

최영이 진압했지. 그 후 제주도는 완전한 고려의 영토가 됐어.

신돈의 개혁은 얼마 지나지 않아 벽에 부닥치고 말았어. 반대 세력이 워낙 강했기 때문이야. 목표를 잃은 신돈이 부패하기 시작했어. 어쩌면 이 대목은 훗날 조작된 것일 수도 있어. 신돈을 깎아내리기 위해 그를 음란한 사람으로 왜곡했다고 주장하는 학자들도 꽤 많단다.

어쨌든 신돈은 유배됐다가 살해됐어. 신돈의 죽음은 개혁이 끝났다는 뜻이기도 해. 공민왕도 말년으로 갈수록 음란해졌어. 젊은 소년들을 뽑아 시중들게 했는데, 이들을 모아 자제위란 기관까지 만들었지.

공민왕의 죽음도 명예와는 거리가 멀었어. 대신들로부터 살해됐거든. 여기에 가담한 대신들 가운데 홍윤이란 인물은 공민왕의 후궁과 부적절한 관계를 맺기도 했어. 왕의 여자를 넘본 것도 모자라 마침내 왕까지 죽여 버린 셈이지. 고려가 멸망할 날이 얼마 남지 않았다는 걸 알 수 있겠지?

왕이 살해되는 초비상사태가 발생하자 조정이 극도로 혼란스러워졌어. 시중인 이인임이 즉각 진상 조사에 나섰어. 곧 홍윤과 최만생 등 일당이 적발됐어. 그들은 사지가 찢겨 죽는 거열형을 받았어. 동시에 삼족이 몰살됐지.

왕이 후계자를 정하기도 전에 비명횡사했으니 혼란은 이루 말할 수가 없었겠지? 그 혼란을 빨리 수습해야 나라가 유지될 수 있을 거야. 시중 이인임은 공민왕과 궁녀 사이에서 태어난 아들을 왕에 앉혔어. 바로 우왕32대이야.

이 궁녀의 이름은 반야였어. 원래 신돈의 시녀였던 걸로 알려져 있지. 그렇다면 공민왕이 신하의 시녀와 부적절한 관계를 가졌던 것일까? 이 점은 확실하지 않아. 우왕이 공민왕의 아들이 아니라 신돈의 아들이라고 주장하는 사람들도 있어. 훗날 이성계가 이런 주장을 했지. 이성계는 우왕이 왕족 혈통이 아니기 때문에 사실상 고려 왕통은 공민왕 때 끊어졌다고 주장했단다.

이성계의 주장이 사실일까? 글쎄. 확실한 것은 알 수 없어. 어쩌면 이성계가 역성혁명을 일으킬 때 자신의 행동을 정당화하기 위해 이런 주장을 폈을지도 몰라. 이 주장이 사실이라면 고려 왕조를 끝내고 조선 왕조를 개국한 이성계의 행동은 반역이 아니게 돼. 이미 공민왕 이후로 사실상 고려 왕조가 멸망했잖아? 혹시 이성계가 노린게 이 점이 아니었을까?

어쨌든 우왕은 10세의 어린 나이에 왕에 올랐어. 당연히 제대로 왕 노릇을 할 수 없었지. 처음에는 이인임이 권력을 장악했어. 그러나 곧 최영과 이성계가 이인임을 제거하는 데 성공했어. 이인임은 유배를 떠났지. 믿고 의지하던 이인임이 사라졌으니 우왕은 초라해졌어. 그래도 당장 우왕이 쫓겨나지는 않았어. 위화도 회군 사건이 터지기 전까지는 말이야.

고려를 강타한 위화도 회군

우왕이 즉위한 후 고려 조정은 명을 멀리하고 원을 다시 가까이했어. 명이 기분 좋을 리 없겠지? 이런 상황에서 명으로부터 통지문 하나가 날아왔어.

"대국 명은 오랑캐인 원을 몰아내고 천하를 관장하고 있다. 그러니 원의 영토였던 쌍성총관부는 명의 영토가 된다. 이에 그 지역에 철령위를 설치해 대명 제국이 통치하겠노라."

그동안 서로 눈치만 보던 친명파와 친원파가 본격적으로 논쟁을 시작했어. 그러자 최영이 우왕을 만나 담판을 지었지.

"전하, 명의 요구를 들어줘서는 안 됩니다. 오히려 지금은 원과 명이 교체되는 시기라 어수선합니다. 바로 이때 명의 기지인 요동을 정벌해야 할 것으로 사료됩니다."

당시 신흥 세력의 중심인 이성계는 요동 정벌에 반대했어. 이성계는 즉각 '4대 불가론'을 주장하며 반발했어.

"전하, 이 전쟁은 올바른 전쟁이 아닙니다. 첫째, 고려라는 작은 나라가 명이란 큰 나라를 거역해서는 안 됩니다. 둘째, 농번기인 여름에 군사를 일으키는 것은 옳지 않습니다. 셋째, 정벌을 틈타 남쪽의 왜구가 침략해 올 가능성이 있습니다. 넷째, 때가 장마철이니 병사들은 병을 앓을 것이고 활의 아교가 녹아 무기는 제 기능을 할 수 없을 것이옵니다."

이성계의 주장이 전혀 설득력이 없는 것은 아니야. 그러나 권력은 최영이 더 강했어. 우왕은 최영의 손을 들어줄 수밖에 없었지.

"최영을 요동 정벌 사령관인 팔도도통사에 임명하고, 이성계를 우군도통사, 조민수를 좌군도통사에 임명하노라. 당장 요동 정벌을 시

이성계 발원 사리구 · 조선 건국 전에 이성계가 새로운 세상을 꿈꾸며 금강산 월출봉에 봉안한 사리구이다. 이성계는 최영의 요동 정벌 주장을 네 가지 이유를 들어 반대했다.

제3장 첫 통일 왕조 서다

위화도 회군 · 요동 정벌에 나선 이성계는 왕명을 거역하고, 위화도에서 군대를 돌렸다. 이 반란을 통해 권력을 장악함으로써 신진사대부가 개혁 전면에 나설 수 있었다. 위화도 회군은 조선 건국의 신호탄이었다.

작하라!"

이성계는 불만이었지만 왕명을 거스를 수는 없었어. 군대를 이끌고 평양을 나섰지. 압록강 하류에 있는 섬 위화도까지 가는 데 19일이 걸렸어. 이성계는 부대를 휘 둘러봤어. 많은 병사들이 피로 때문에 녹초가 돼 있었어. 마침 장마철인지라 강물까지 엄청 불어 있었지. 이성계는 조민수를 불렀어.

"좌군도통사, 더 이상 진군은 무리요."

"전하와 팔도도통사께 다시 회군을 청하는 게 어떻겠소?"

"알겠소. 그렇게 하리다."

이성계는 고개를 끄덕였어. 이윽고 불가론과 함께 회군이 불가피함을 담은 편지를 평양으로 보냈지. 편지를 본 최영과 우왕이 발끈했어.

"뭐라? 회군을 한다? 아닐 말이지. 속히 진군하라 이르게!"

답신은 이성계의 예상대로였어. 이성계는 고민에 빠졌어.

'그래, 군대를 돌려 개경을 치자!'

이성계는 조민수를 설득해 군대를 돌리기로 했어. 드디어 회군이 결정됐어. 두 장수는 신속하게 움직였어. 즉각 개경으로 군대를 진군시켰지. 이 사건이 바로 위화도 회군이야1388년. 이 사실을 접한 최영은 크게 놀랐어.

태조 이성계 어진 · 이성계의 장년의 모습을 그린 초상화이다. 이성계는 요동 정벌을 반대했지만 명령에 따라 진군했고, 결국 압록강에 있는 위화도에서 군대를 돌려 개경을 점령하고 실권을 잡았다.

"이성계가 반란을 일으켰다? 내 이놈을 죽여 갈아 마시리라!"

최영과 우왕은 즉시 개경으로 돌아가 반란군을 맞을 채비를 했어. 반란군은 9일 만에 개경에 도착했어. 전투가 벌어졌지. 이성계의 군대가 더 강했어. 그래, 반란이 성공한 거야. 반란군은 우왕과 최영을 체포하고 권력을 장악했지.

이성계는 우왕을 신돈의 자식이라며 폐위시키고 강화도로 보내 버렸어. 우왕은 뒤를 이은 창왕과 함께 이듬해 그곳에서 피살된단다. 누가 죽였느냐고? 그야 새 나라를 세우려는 이성계 일파였지. 우왕은 폐위된 바람에 왕이란 시호도 받지 못했단다. 자, 이성계의 소감을 들어 볼까?

요동 정벌을 왜 그로록 반대하신 겁니까?

"이미 4대 불가론을 통해 내 뜻을 밝혔다. 조선은 명을 쳐서 이길 수 없었을 것이다."

위화도 회군이 정권을 차지하려는 계략이라는 평가에 대해 어떻게 생각하십니까?

"당시 고려 조정은 부패해 있었다. 최영 장군은 비록 청렴하긴 했지만, 구세력을 대표하는 인물이었다. 그들이 조정을 주무르는 한 고려는 맑아질 수 없었다. 그들을 제거하기 위해 거사를 한 것이다."

왕까지 제거한 것은 다른 의도가 있다는 뜻이 아닙니까?

"그건 아니다. 우리는 새 왕조가 아니라 새 정치를 세우려 했다. 나를 비롯한 신흥무인 세력과 정도전을 비롯한 신진사대부! 이 두 세력이 힘을 합쳐 새로운 정치를 이루려 했다. 왕이 방해가 된다면, 제거해야 하지 않겠는가?"

새 왕조, 즉 조선을 세우기 위한 군사 반란이 아니란 이야기입니까?

"회군을 할 때는 새 왕조를 염두에 두지 않았다. 우왕, 창왕에 이어 공양왕을 폐할 때는 정몽주도 우리와 뜻을 같이 했느니라. 정몽주가 누구인가? 목숨을 걸면서까지 조선 창건을 반대한 인물이 아닌가? 새 왕조 건설은 그후 역사의 순리를 따른 것이니라. 위화도 회군을 군사 반란으로 규정하지 마라."

고려, 멸망하다

이성계의 위화도 회군에 대해서는 오늘날 평가가 다양해. 확실한 사실은, 이 사건을 기점으로 고려의 주도권이 신진세력으로 옮아갔다는 거야. 신진세력은 크게 두 부류였어. 이성계와 같은 신흥무인이 한 세력이고, 정도전이나 정몽주와 같은 신진사대부가 또 하나의 세력이었지.

신진사대부는 공민왕의 개혁 정치 때 조정으로 많이 진출했어. 그들은 성리학을 배운 유학자들이었지. 성리학은 송나라 때 탄생한 유학의 한 부류인데, 우주의 원리를 탐구하는 심오한 학문이었어. 그 성리학이 고려에는 원 간섭기에 유학자 안향에 의해 전파됐지.

신진사대부들은 젊었고, 개혁을 원했어. 그러니 공민왕 이후 고려 조정에서 두각을 나타낼 수밖에 없었어. 신진사대부들은 권문세족의 부정부패를 날카롭게 비판했어. 위화도 회군은 세상을 바로잡아

최영의 묘 · 최영은 원의 세력을 축출하고 홍건적과 왜구를 물리치는 과정에서 성장한 무인 세력의 대표였다. 같은 무인으로 성장 과정이 비슷한 후배 이성계와 협력했으나 요동 정벌을 두고 대립했다.

야 한다고 생각하던 그들이 이성계를 비롯한 신흥무인들과 연대해 만든 '작품'이었지. 당연히 위화도 회군에 성공한 후로는 신진사대부가 권력의 중심 세력이 됐어. 권문세족은? 이제 몰락만 남겨 놓고 있는 처량한 신세가 됐지.

우왕이 폐위된 후 9세의 아들이 왕이 되었어. 이 창왕33대은 이성계 일파의 지시에 따라 최영을 충주로 유배 보냈다가 죽여 버렸어. 이성계가 시키는 대로 다 했지만 창왕은 곧 버림받았어. 이성계가 우왕이 신돈의 자식이니 창왕 또한 신돈 혈통이라며 폐위해 버린 거야.

그 뒤를 이어 공양왕34대이 등극했어. 지렁이도 밟으면 꿈틀거린다고 했지? 고려의 국왕들이 바로 그 지렁이 심정이었을 거야. 공양왕이 등극하던 해, 폐위된 창왕은 우왕과 함께 이성계를 제거할 계획을 세웠어. 그러나 반란을 시도하기 전에 적발되고 말았어. 이성계는 창왕을 우왕이 있는 강화도로 유배 보냈어. 그러고는 그곳에서 두 명을 모두 죽여 버렸단다.

그런데 의문이 있어. 창왕이 정말로 이성계를 죽이려고 우왕과 모의했을까? 그 두 명이 그럴 만한 힘이 남아 있었을까? 혹시 이성계 일파가 암살을 정당화하기 위해 기록을 조작한 것은 아닐까? 글쎄. 역사만이 그 진실을 알고 있을 거야.

이성계의 권력은 갈수록 강해졌어. 그러나 고려를 끝까지 지키려는 충신들도 있었어. 바로 이 대목에서 신진사대부가 두 파벌로 나뉘었어. 온건파 사대부는 고려를 개혁하는 점은 찬성하지만 고려 왕조를 뒤엎는 데는 찬성하지 않았어. 대표적인 인물이 정몽주였지. 또 다른 파벌은 혁명파^{강경파}였어. 그들은 고려 왕조를 뒤엎어 버리고 역성혁명을 일으켜 새 왕조를 세워야 한다고 주장했어. 대표적인 인물이 정도전이야.

정몽주는 민중에게 큰 존경을 받고 있었어. 그 때문에 이성계 일파는 어떻게든 정몽주를 영입하려 했어. 그러나 정몽주의 마음은 움직이지 않았어. 이성계의 아들 이방원이 나섰어. 이방원은 더 이상 새 나라 건국을 지체할 수 없다고 생각하는 강경파였지.

이방원은 정몽주에게 함께 새 나라를 세우자고 설득했어. 둘이 술잔을 주고받으며 이런저런 얘기를 나눴지.

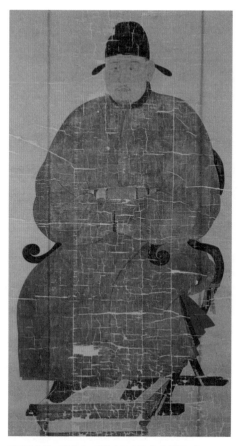

정몽주 초상 · 정몽주는 정도전 등과 함께 성리학을 바탕으로 고려 사회의 모순을 비판하며 성장한 신진사대부이다. 온건한 개혁을 주장했으며 새로운 왕조 건설에는 반대했다.

"이런들 어떠하리, 저런들 어떠하리 만수산 드렁칡이 얽혀진들 어떠하리 우리도 이같이 얽혀서 백 년까지 누리리라"

이방원이 이렇게 '하여가'를 지어 노래하자 정몽주는 이렇게 답했어.

몽주운명 · 『오륜행실도』에 실려 있는 판화이다. 정몽주가 이방원 일파에게 선죽교에서 죽임을 당하는 모습을 그렸다.

"이 몸이 죽고 죽어, 일백 번 고쳐 죽어 백골이 진토되어 넋이라도 있고 없고 님 향한 일편단심이야 가실 줄이 있으랴."

이방원은 정몽주를 설득할 수 없다는 사실을 깨달았어. 동지가 아니면 적! 결국 이방원은 선죽교에서 정몽주를 잔인하게 살해했단다.

이제 더 이상의 걸림돌은 없어. 이성계, 이방원, 정도전 등이 주축이 돼 공양왕을 끌어내렸어. 이번에는 후임 왕을 세우지 않았어. 새 왕조가 들어섰지. 바로 조선이야 1392년.

폐위된 공양왕은 원주로 유배를 갔다가, 간성으로 유배지를 옮겼어. 결국 그곳에서 아들들과 함께 살해됐지. 이로써 고려 왕조의 역사도 끝나고 말았단다.

이성계가 왕에 올랐지만 당장 나라 이름을 바꾸지는 않았어. 백성들의 반발이 두려웠기 때문이야. 고려의 충신들을 끌어들이려는 노력도 아끼지 않았어. 그러나 고려 충신들은 끝까지 이성계 왕조에 협조하지 않았어.

고려 충신들은 두문동이란 곳에 들어가 숨어 살았어. 이성계 부하들이 그들을 끌어내기 위해 불을 질렀지만 고려 충신들은 불에 타 죽으면서도 나오지 않았지. 두문불출이란 말이 여기에서 비롯됐단다.

삼국유사 vs 삼국사기

1280년을 전후로 승려 일연이 쓴 『삼국유사』는 1145년 김부식이 쓴 『삼국사기』와 더불어 현존하는 가장 오래된 역사책이라고 할 수 있어. 두 책을 비교해 볼까? 우선 책의 분량만 놓고 보면 『삼국사기』가 압도적으로 많아. 『삼국사기』는 왕의 이야기를 다룬 「본기」 28권, 제도와 문물을 다룬 「지」 9권, 연표를 뜻하는 「표」 3권, 왕 이외의 인물 이야기를 다룬 「열전」 10권 등 총 50권으로 구성돼 있어. 반면 『삼국유사』는 총 5권으로 돼 있는데, 1권과 2권은 삼국 역사를 다뤘고, 3~5권은 불교 이야기를 다뤘지.

내용을 보면, 『삼국사기』는 정사로 볼 수 있어. 반면 『삼국유사』는 주로 야사를 다뤘지. 이는 『삼국사기三國史記』와 『삼국유사三國遺事』의 한자에서도 알 수 있단다. 『삼국유사』는 역사가 아니라 '일이나 사건事'을 다룬 거야. 일연 자신도 "『삼국사기』를 존중하며 정사에 실리지 못한 단군과 가야의 이야기를 보완한다"고 밝혔단다.

『삼국사기』의 사관은 대체로 유교합리주의에 기반을 두고 있어. 그러나 신라를 중심으로 저술하다 보니 고구려와 백제를 폄하하고, 중국에 대한 사대주의가 곳곳에 녹아 있는 것은 '불편함'으로 지적되지. 반면 『삼국유사』는 진취적이라는 평가를 받고 있어. 일연은 몽골의 지배하에 고통을 당하고 있던 고려 민중의 민족의식을 고취하기 위해 이 책을 썼단다.

삼국사기

◆ 역 사 리 뷰 ◆

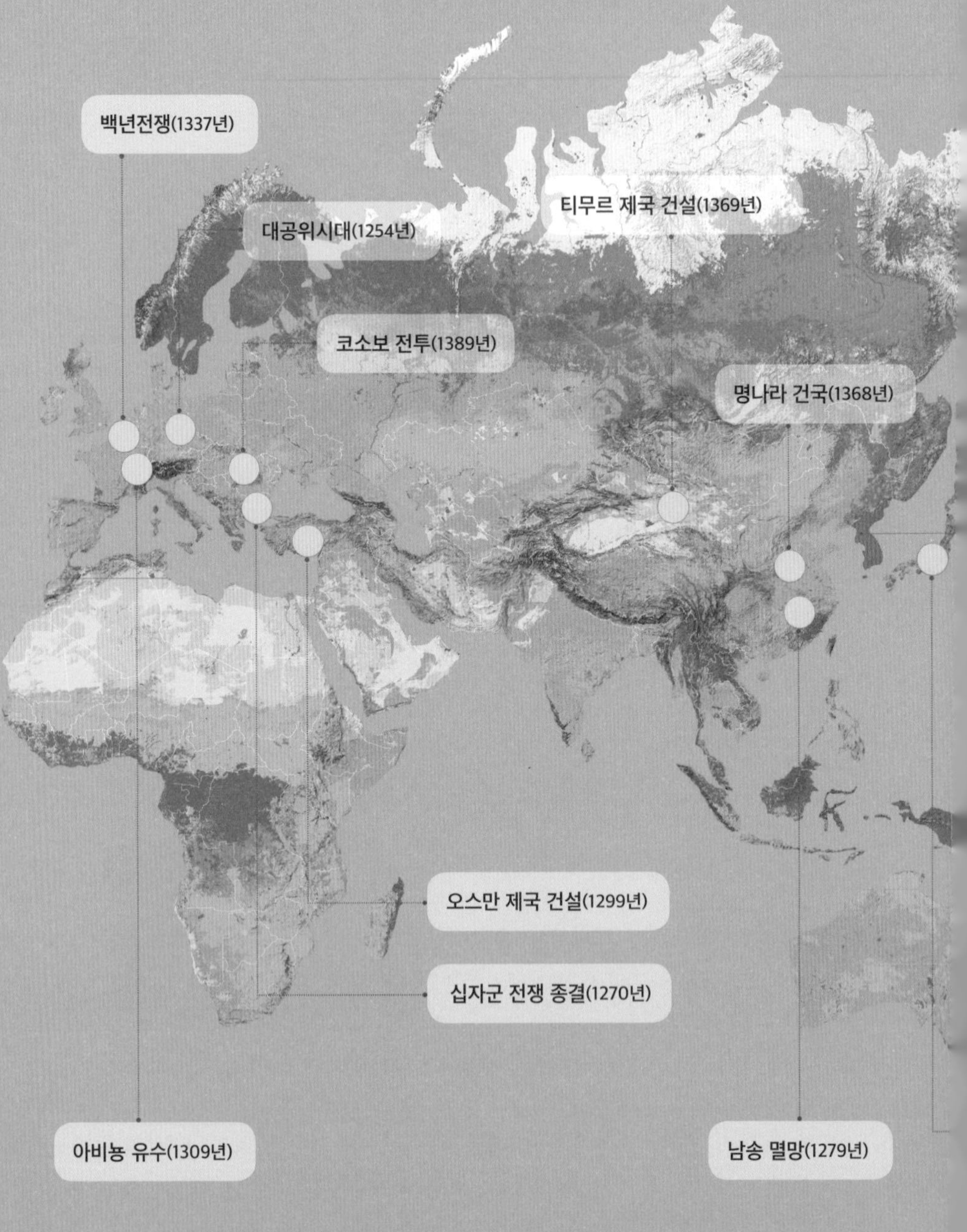

백년전쟁(1337년)

대공위시대(1254년)

티무르 제국 건설(1369년)

코소보 전투(1389년)

명나라 건국(1368년)

오스만 제국 건설(1299년)

십자군 전쟁 종결(1270년)

아비뇽 유수(1309년)

남송 멸망(1279년)

일연 『삼국유사 저술』(1285년)
쌍성총관부 수복(1356년)
위화도 회군(1388년)
고려 멸망, 조선 건국(1392년)

몽골 1차(1274년)—2차(1281년) 일본 원정

칭기즈칸의 군대, 세계를 정복하다

몽골은 1271년 나라 이름을 원으로 바꿨어. 이어 1차 일본 원정[1274년]과 2차 원정[1281년]을 단행했지만 모두 실패했지. 일본은 태풍의 도움을 받아 고려와 달리 잘 버틴 거야. 반면 남송은 원의 공격을 이기지 못하고 멸망했단다[1279년].

유럽을 볼까? 오스만투르크족은 소아시아에 오스만 제국을 세웠어[1299년]. 훗날 유럽을 벌벌 떨게 만든 바로 그 이슬람 제국이 이때 탄생한 거야. 신성

백년전쟁에서 활약한 잔 다르크

로마 제국에서는 황제를 선출하지 못하는 사태가 벌어졌어. 이 기가 막힌 시기를 대공위시대라고 한단다[1254년]. 반면 영국에서는 민주주의의 토대가 하나씩 구축되고 있었어. 1265년 영국의회가 만들어졌고, 1295년에는 평민들도 의회에 참여했지.

1270년 십자군 전쟁이 공식 종결됐어. 이후 교황의 권위가 추락했지. 결국 교황이 로마로 돌아가지 못하고 프랑스에 갇히는, 아비뇽 유수가 발생했단다[1309년]. 프랑

스와 영국은 백년전쟁을 시작했어[1337년].

　고려 공민왕은 마지막 개혁을 추진했어. 신돈은 1366년 전민변정도감을 설치해 친원파를 몰아내려 했지만 실패했어. 바로 이 무렵 중국에서 명이 새로 건국됐어[1368년]. 몽골은 멀리 북쪽으로 밀려났지. 그런 몽골 세력 가운데 한 명인 티무르가 제국을 세우며 제2의 몽골 신화를 만들어갔단다[1369년].

　고려의 운명도 다했어. 1388년 이성계가 요동 정벌 도중 위화도에서 군대를 돌렸고, 곧 조선을 건국했지[1392년]. 이 무렵 서양에서는 오스만 제국의 용맹이 빛을 발했어. 오스만 제국은 1369년 동로마로부터 아드리아노플을 빼앗은 데 이어 세르비아와 기독교 연합군을 코소보 전투에서 대파했단다[1389년]. 7년 후인 1396년에는 헝가리까지 진출했어.

명나라를 세운 홍무제

세금과 토지 제도의 변화, 복잡하죠?

회사에 다니면 월급을 받게 돼. 이 월급에서 일정 비율을 정부가 가져가는데, 이게 근로소득세야. 일(근로)한 대가로 받은 월급소득에 매기는 세금이란 뜻이지. 부모님으로부터 재산을 물려받을 때도 세금을 내지. 그건 상속세라 불러. 아파트를 살 때는 취득세를, 아파트를 팔 때는 양도소득세를 내. 운전면허를 딸 때도 면허세란 세금을 낸단다.

이처럼 세금의 종류는 셀 수 없이 많아. 중앙정부가 받는 세금은 국세, 지방정부가 받는 세금은 지방세야. 근로소득세나 상속세, 양도소득세는 국세에 해당하고, 취득세와 면허세는 지방세에 해당하지.

국민이 내는 세금으로 나라는 살림을 해. 이는 과거에도 마찬가지였어. 세금이 없으면? 나라가 유지될 수 없지.

고대시대 때부터 백성들은 나라에 세금을 냈어. 세금은 크게 세 가지였어. 조세(전세)와 공납, 역이 바로 그거야.

조세는 토지에 매기는 세금이야. 일종의 토지세라고 할 수 있어. 수확량의 일정 부분을 세금으로 내지. 삼국시대 때는 10분의 1을 세금으로 냈어. 공납은 그 지방의 특산물을 세금으로 내는 제도야. 예를 들면 제주도는 귤이나 옥돔을, 전남 영광은 굴비를, 울릉도는 오징어를 내는 식이지. 조세와 별도로 공납을 내야 했기에 백성들은 이중 부담을 떠안아야 했어.

이밖에 역의 의무를 졌는데, 이는 노동력을 나라에 제공하는 형태의 세금이야. 역은 크게 요역과 군역으로 나뉘어. 요역은 성을 쌓거나 도로나 저수지를 만드는 등 토목공사에 동원돼 노동력을 제공하는 거야. 군역은 일정 기간 군대에 복무하는, 요즘으로 치면 국방의 의무에 해당하지.

삼국시대에는 15~60세의 남성에게 이 3대 세금을 매겼단다. 물론 귀족은 납세의 의무가 없었어. 노비도, 사람대접을 받지 못했기에 납세의 의무를 지지 않았지. 오로지 평민들만 세금을 냈어. 고려시대에도 이 세금 제도는 크게 달라지지 않았어. 다만 납세의 의무를 진 연령대가 16~60세로 살짝 바뀌었을 뿐이야.

조선시대에도 세금 제도의 기본 골격은 다르지 않아. 하지만 세금 액수를 정하는 방법이 훨씬 정교해졌어.

세종대왕은 토지가 비옥한지, 그해에 풍년이 들었는지 아니면 흉년이 들었는지에 따라 세금을 달리 매겨야 한다고 생각했어. 그리고 전국의 농민을 대상으로 여론조사까지 벌였지. 그 결과 정한 세금 제도가 바로 전분6등법과 연분9등법이야.

전분6등법은 토지가 비옥한 정도에 따라 1~6등급으로 나누는 거야. 연분9등법은 풍흉에 따라 9등급으로 나눠, 가장 높은 1등급은 토지 1결당 쌀 20두를 세금으로 내도록 했어. 2등급은 18두, 3등급은 16두⋯. 이렇게 1등

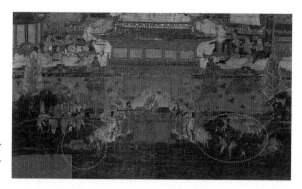

고려 불화에 나타난 농민(표시한 부분이 농민들이다)

급이 낮아질 때마다 2두씩 깎아줬지. 그렇게 하면 가장 낮은 9등급은 4두를 내게 돼. 아주 합리적이지? 조선 후기로 가면서 이 조세는 가장 낮은 등급, 즉 1결당 4두로 고정된단다.

공납에도 변화가 생겼어. 조선 초기까지만 해도 그 전과 마찬가지로 각 집마다 정해진 분량의 특산물을 세금으로 냈지. 하지만 16세기 들어 방납 업자가 등장하면서 이런 풍경이 바뀌게 됐어. 방납은 각 집을 대신해 특산물을 내주고, 그 대가를 받는 제도야. 어떤 방납업자들은 이 제도를 악용해 터무니없이 높은 대가를 달라고 요구하기도 했어.

방납의 폐단이 심해지면서 공납을 쌀로 통일해 내도록 하자는 의견이 나왔어. 광해군 시절 이 아이디어가 실제 정책으로 집행되는데, 바로 대동법이야. 대동법은 토지를 가진 사람만 특산물 대신 쌀로 세금을 내도록 했어. 토지가 없는 농민은 공납에서 면제가 된 거지. 양반들은 반발했지만 광해군은 이 제도를 밀어붙였어.

역의 경우에도 변화가 생겼어. 요역만 주로 하고, 군역을 하지 않는 사람들이 늘어났어. 그들은 군역에서 면제되는 대신 2필의 군포를 냈어. 이 제도가 방군수포제야. 조선 후기로 가면서 이 군역에서도 부패가 심해졌어. 그러자 영조가 2필에서 1필로 줄여 주는 개혁을 실시했지. 그게 바로 균역법이야.

세금은 아닌데, 세금처럼 반강제적으로 내야 하는 것을 보통 준조세라고 한단다. 조세는 아니지만 조세에 준한다는 뜻이지. 오늘날을 기준으로 하면, 국민건강 보험료나 국민연금 보험료가 여기에 해당돼. 이런 보험료들은 안 내면 강제로 징수하지.

조선시대에도 이와 비슷한 게 있었어. 바로 환곡이야. 환곡은 봄에 곡식을 빌려주고 가을에 돌려받는 제도야. 빈곤층을 돕기 위한 취지로 시행됐지. 곡식이 필요하지 않으면 안 빌리면 돼. 문제는, 관리들이 강제로 환곡을 떠맡겼다

는 데 있어. 그 과정에서 농간이 개입
됐지.

조선 후기에 수많은 민란이 일어
났는데, 그 원인이 삼정문란이었어.
여기서 말하는 삼정이 바로 전정조세,
군정, 환곡이란다. 이 삼정에 대해서
는 2권에서 자세히 다룰 거야.

요즘 토지는 재산의 일부분이야.
돈을 주고 땅을 사면 그게 곧 자기
땅이 돼. 물론 땅마다 상업용지니
농업용지니 하는 구분이 있기는 하

지주와 소작인의 관계를 보여주는 풍속화

지만 법의 테두리 안에서 누구나 땅을 소유할 수 있지.

하지만 근대 무렵까지만 해도 토지는 백성들에게 생명의 젖줄이었어. 토
지를 가지고 있느냐, 남의 토지를 경작하느냐에 따라 신분도 달라지지. 또
한 토지 제도는 국가의 가장 중요한 경제 정책 중 하나였어. 농업을 주업으
로 했기 때문이야. 따라서 토지 제도가 엉망이 되면 민란도 많이 일어났어.

통일신라 이전에는 뚜렷한 토지 제도가 없었어. 귀족이나 공신들에게 녹
읍과 식읍을 준 게 고작이었지. 통일신라로 접어들면서 신문왕은 토지 제도
를 개혁했어. 녹읍을 폐지하고, 관리들에게 관료전을 준 거야. 그러나 말기
로 접어들면서 조정과 사회가 혼탁해지는 바람에 다시 녹읍이 부활했지.

본격적인 토지 정책이 시행된 것은 고려 때야. 경종은 관료와 명망가들에
게 등급별로 토지를 나눠주는 전시과를 시행했어. 물론 땅을 준 것은 아니
고, 그 땅에서 세금을 받을 권리, 즉 수조권을 준 거였어. 이 토지에서 일하
는 농민은 세금을 국가가 아닌, 관리에게 낸 거지. 관리는 정부로부터 월급

을 받는 대신 이 수조권을 받고 살았어.

그러나 공신과 관료가 늘어나면서 토지 제도의 개혁이 필요해졌어. 퇴역 관료가 땅을 반환하지 않았으니, 새로운 관료에게 줄 토지가 부족해졌겠지? 목종은 명망가를 빼고, 전현직 관리에게만 땅을 줬어. 전시과를 고쳤다 해서 개정전시과라 부르지. 문종에 이르니 토지가 더 부족해졌어. 다시 구조조정이 필요하겠지? 문종은 현직관리에게만 토지를 주기로 했어. 이게 경정전시과야.

운영만 잘되면 전시과는 그나마 괜찮은 제도였어. 그러나 고려 후기로 갈수록 권문세족들이 토지를 독점하는 경향이 강해졌어. 그러면 또 토지가 부족해지겠지? 아닌 게 아니라 권문세족은 대토지 농장을 운영하며 부를 누렸지만 신진 관료들은 땅을 얻지 못했어.

고려 후기에 개혁이 시작됐어. 위화도 회군을 통해 이성계와 신진사대부가 권력을 잡았지. 신진사대부들은 토지개혁을 실시했어. 그게 바로 과전법이야.

과전법은 사실 전시과와 크게 다르지 않아. 전현직 관리에게 토지의 수조권을 줬거든. 다만 경기 지역에 한해 이 제도를 시행했고, 지급 대상이 신진사대부였다는 점이 다르다면 다를까?

태조 이성계는 조선을 세운 후 이 과전법을 그대로 이어 시행했어. 조선의 7대 왕 세조는 현직 관리에게만 땅을 주는 직전법을 실시했는데, 이 또한 고려 때의 토지 제도와 본질적으로 다르지는 않아.

성종 때 이르러 새로운 토지 제도가 실시됐어. 바로 관수관급제야. 그 전까지는 관리들이 수조권을 챙겼지? 그러다보니 지나칠 정도로 많은 생산량을 농민들에게서 빼앗아가는 부작용이 생겼어. 관수관급제는 정부가 세금을 거둬 관리들에게 나눠주는 방식이었어. 그 전의 방식보다 합리적인 것 같지?

명종 때는 아예 수조권 제도를 폐지했어. 사실 관수관급제를 시행하면서 예정된 일이었지. 명종은 오늘날의 월급처럼 관리들에게 녹봉을 줬어.

유형원의 『반계수록』

아 참, 고려나 조선 모두 개인이 소유하는 토지도 존재했어. 이런 땅을 고려 때는 민전, 조선 때는 사전이라 불렀어. 이런 토지를 가진 주인은 세금을 국가에 따로 냈단다.

16세기부터 많은 양반들이 땅을 넓히기 시작했어. 그 결과 대지주들이 생겨났고, 농민들은 소작농전호이 됐어. 이렇게 해서 자연스럽게 지주전호 제도가 자리 잡기 시작했어. 이 제도는 일제강점기까지 쭉 이어지다 광복 이후 토지개혁 과정에서 사라졌단다.

18세기를 전후해서 조선은 이미 근대의 반열에 들어섰어. 성리학에 반발해 실학이 학자들 사이에서 인기를 모은 것도 그 때문이야. 실학의 한 학파인 중상학파는 상공업을 진흥시켜서 부국강병을 이루자고 주장하고 있었어. 당시로서는 상당히 급진적인 요구라 할 수 있지.

토지 제도를 개혁해야 한다는 목소리도 커졌어. 실학의 중농학파에서 이런 주장을 강하게 펼쳤지. 중농학파의 선구자로, 17세기의 인물인 유형원은 저서 『반계수록』을 통해 모두가 토지를 균등하게 나눠 가져야 한다고 주장했어. 그렇게 해야 대지주들이 토지를 닥치는 대로 늘리는 '겸병'을 막을 수 있다는 거야. 이게 균전론이란다.

유형원의 뒤를 이은 이익은 한전론을 주장했어. 이 학설은, 모든 농민이 생계를 유지할 수 있도록 최소한의 토지를 가지게 하자는 거였어. 만약 모든 농지를 거래할 수 있도록 하면 돈 많은 양반은 가난한 농민들로부터 거의 강제로 땅을 사들일 거야. 그렇게 하면 가난한 농민은 생계유지에 필요한 최소한의 땅마저 없어지게 돼. 이를 막기 위해 최소한의 땅을 빼고 나머지 땅만 거래할 수 있도록 하자는 거야. 그렇게 하면 장기적으로 모든 사람이 평등하게 토지를 소유하게 될 거라고 이익은 생각했어.

중농학파 실학자의 대표 격인 정약용은 공동농장을 중심으로 한 여전론을 주장했어. 토지가 있으면 공동농장의 농부가 함께 농사를 짓고, 그 땅에서 나오는 수확물을 나눠 갖는 제도야. 이때 수확물을 나누는 기준은, 일을 얼마나 많이 했느냐 하는 거였어. 많이 일한 사람이 많이 가져가자는 주장인 셈이지. 나중에 정약용은 여전론을 철회하고 정전제를 주장했단다. 공동의 농지에서 나오는 수확물은 세금으로 내고, 나머지 땅에서 나오는 수확물은 각자 가져가자는 거야.

안타깝게도 실학자들의 여러 개혁론은 단 하나도 정부 정책에 반영되지 않았단다. 그때문에 여전히 세도 가문은 대토지를 겸병하는 반면, 농민은 손바닥만 한 땅도 갖지 못했어. 이런 현실을 뒤엎은 인물은 흥선대원군이었어. 대원군은 권력을 장악한 후 대토지 겸병을 금지했어. 세도 가문의 입지가 많이 줄었겠지?

그 후 조선은 근대를 맞으면서 많은 정치적 사건에 휘말렸어. 그 가운데 하나가 근대 개혁을 표방한 갑신정변이었지. 갑신정변의 주역들은 모두 대토지를 갖고 있는 가문 출신이었단다. 그래서였는지, 그들의 개혁 항목에 토지개혁은 들어 있지 않았어. 이 비판을 의식해서였을까? 1894년의 갑오개혁과, 이후 을미개혁 때는 토지개혁이 거론됐어. 문제는, 지주의 권리를 보호해 주는 방향으로 개혁이 이뤄졌다는 데 있었지.

지주와 소작인의 관계를 인정하는 제도는 그 후로도 50년간 더 지속됐어. 1950년, 농지개혁이 실시되면서 비로소 이 제도가 폐지됐단다.

사진 자료 제공처 및 출처

고려대학교박물관 341

국립경주박물관 160, 175, 184, 188, 239, 241

국립공주박물관 192, 193(왼쪽), 197

국립국악원 403

국립김해박물관 68

국립민속박물관 183, 186

국립부여박물관 113, 115, 198

국립전주박물관 413, 421, 423

국립중앙박물관 20, 26, 27, 41, 83, 101, 104, 114, 124, 143, 172, 180, 252, 255, 283, 288, 299, 334, 335, 338, 339, 347, 350, 353, 404, 406, 419, 425, 427, 435

국립춘천박물관 52

김대성 16, 19(아래), 22, 25, 34, 58, 63, 90, 92, 130, 144, 155, 156, 168, 183, 197, 236, 244, 260, 295, 298, 305, 323, 352, 370, 371, 402, 415, 421

두산백과사전 두피디아 162, 173

문화관광부 243

문화재청 23, 65, 66, 280, 364, 411

삼성미술관 리움 263, 314

서울대학교 138, 141, 362, 390

서울대학교 규장각 한국학연구원 149, 297

서울대학교박물관 182, 269, 272

연합뉴스 46, 56, 163, 237, 378, 437

예술의전당 331

위키피디아 193(오른쪽), 430, 431

육군박물관 80

장덕진 222, 226, 245, 373, 384, 416

전쟁기념관 200, 207, 217, 329, 360, 385, 396

최몽룡 62

충북대학교박물관 17, 19(위)

한국미술사진연구소 188, 232

한국은행 화폐금융박물관 340

한양대학교박물관 22, 26

호림박물관 327

외우지 않고 통째로 이해하는

통 한국사 1

초판 1쇄 발행 2012년 09월 05일   지은이 김상훈
초판 9쇄 발행 2015년 05월 11일   펴낸이 김선식

개정판 1쇄 발행 2015년 09월 05일   경영총괄이사 김은영
개정판 10쇄 발행 2022년 02월 14일   콘텐츠사업본부장 임보윤
개정 2판 1쇄 발행 2023년 09월 21일   콘텐츠사업8팀장 전두현
개정 2판 3쇄 발행 2024년 06월 25일   콘텐츠사업8팀 김상영, 김민경, 장종철, 임지원

마케팅본부장 권장규   마케팅2팀 이고은, 배한진, 양지환   채널 2팀 권오권
미디어홍보본부장 정명찬
브랜드관리팀 안지혜, 오수미, 김은지, 이소영
뉴미디어팀 김민정, 이지은, 홍수경, 서가을
크리에이티브팀 임유나, 박지수, 변승주, 김화정, 장세진, 박장미, 박주현
지식교양팀 이수인, 염아라, 석찬미, 김혜원, 백지은
편집관리팀 조세현, 백설희, 김호주   저작권팀 한승빈, 이슬, 윤제희
재무관리팀 하미선, 윤이경, 김재경, 이보람, 임혜정
인사총무팀 강미숙, 김혜진, 지석배, 황종원
제작관리팀 이소현, 김소영, 김진경, 최완규, 이지우, 박예찬
물류관리팀 김형기, 김선민, 주정훈, 김선진, 한유현, 전태연, 양문현, 이민운
외부스태프 디자인 어나더페이퍼

펴낸곳 다산북스   출판등록 2005년 12월 23일 제313-2005-00277호
주소 경기도 파주시 회동길 490 다산북스 파주사옥 3층
대표전화 02-704-1724   팩스 02-703-2219   이메일 dasanbooks@dasanbooks.com
홈페이지 www.dasanbooks.com   블로그 blog.naver.com/dasan_books
종이 아이피피   인쇄 및 제본 북토리   제본 다온바인텍   후가공 제이오엘엔피

ISBN 979-11-306-4627-5 (04900)
      979-11-306-4626-8 (세트)

다산북스(DASANBOOKS)는 독자 여러분의 책에 관한 아이디어와 원고 투고를 기쁜 마음으로 기다리고 있습니다. 책 출간을 원하는 아이디어가 있으신 분은 다산북스 홈페이지 '투고원고'란으로 간단한 개요와 취지, 연락처 등을 보내주세요. 머뭇거리지 말고 문을 두드리세요.